中国指数研究

理论与实践

中国指数研究院 著

CHINA INDEX RESEARCH

Theory and Practice

经济管理出版社
ECONOMY & MANAGEMENT PUBLISHING HOUSE

图书在版编目（CIP）数据

中国指数研究理论与实践/中国指数研究院著. —北京：经济管理出版社，2016.3
ISBN 978-7-5096-4275-7

Ⅰ.①中…　Ⅱ.①中…　Ⅲ.①统计指数—研究—中国　Ⅳ.①C829.2

中国版本图书馆 CIP 数据核字（2016）第 045208 号

组稿编辑：勇　生
责任编辑：勇　生　郑　亮
责任印制：黄章平
责任校对：王　淼

出版发行：经济管理出版社
（北京市海淀区北蜂窝 8 号中雅大厦 A 座 11 层　100038）
网　　址：www. E-mp. com. cn
电　　话：(010) 51915602
印　　刷：三河市延风印装有限公司
经　　销：新华书店
开　　本：787mm×1092mm/16
印　　张：18.5
字　　数：344 千字
版　　次：2016 年 3 月第 1 版　2016 年 3 月第 1 次印刷
书　　号：ISBN 978-7-5096-4275-7
定　　价：198.00 元

编委会名单

序　言

中国房地产指数系统是适应中国房地产业发展的内在要求，为促进房地产的成熟和健康发展，促进房地产投资科学化而设立的。历经20年的发展，中国房地产指数系统与时俱进，不断创新，目前涵盖了新房价格指数、百城价格指数、二手住宅销售价格指数、中国物业服务价格指数等一系列房地产行业指数和延伸指数。20年间，中国指数研究院为适应中国房地产行业和市场快速发展需求，先后出版了第一版和第二版《中国房地产指数系统理论与实践》。

随着中国房地产市场步入平缓增长的“新常态”，传统的研究方法已不能满足对房地产市场的研究需求。与此同时，金融行业快速发展推动了房地产投融资模式出现巨大变革，以房地产为标的的金融创新产品不断涌现，持续为房地产投资市场增加了新的活力。未来，“房地产+金融”将成为房地产行业的重要发展方向。基于此，中国指数研究院在继续深耕房地产指数研究的基础上，增加了对我国金融指数的理论与实践研究。2015年中国指数研究院联合博时基金管理有限公司和中证指数有限公司共同编制和发布了国内第一只房地产大数据股票指数——中证房天下大数据指数，该指数于2015年9月正式对外发布。

从长远看，中国经济转型升级的步伐持续加快，在此背景下，加强对反映我国经济、重点产业现状及变化趋势的指标研究显得愈加重要和迫切。为了适应中国不同产业领域的最新发展需求，中国指数研究院将指数研究范围扩大至宏观经济、金融、航运等领域，编著完成了《中国指数研究理论与实践》。本书的篇章结构分为指数概论、房地产指数理论与实践、金融指数理论与实践和其他重要指数理论与实践四个部分，有效地完成了从房地产指数研究向中国指数研究的过渡。本书内容上增加了对中国指数的现状与发展的梳理，以及中国房地产指数系统的最新研究成果，同时新增了中证房天下大数据指数等与房地产金融相关的指数介绍，以及我国股票价格指数、债券价格指数、基金价格指数、指数期货、指数期权等金融指数及其衍生品和居民消费价格指数、生产者价格指数、人民币指数、航运指数等其他重要指数的介绍等。

总之，本书对中国指数的理论与实践进行了系统和全方位的介绍，意在为我国各行业的发展，尤其是房地产业和金融业的发展提供理论参考与支持。

感谢国务院发展研究中心、建设部、国土资源部、中国银监会、中国房地产业协会、清华大学、北京大学等单位多年来对中国房地产指数系统的监督指导；感谢全体研究人员对中国房地产指数系统的理论研究、技术改进等做出的不懈努力；感谢广大读者对《中国房地产指数系统理论与实践》前两版的肯定和良好评价；特别感谢孙尚清、周干峙、厉以宁、李京文、周叔莲、萧灼基、沈建忠、张跃庆、印堃华、冯长春、柴强、季如进、李伏安、刘洪玉、陈小洪、孟晓苏、杨慎、胡存智、秦虹、贾海、谢伏瞻、谢家瑾、卜永祥、顾林、李俊波、任兴洲、张涛、周金涛等专家和学者参与历次中国房地产指数系统相关研究成果的鉴定会，并对中国房地产指数系统的完善和发展提出宝贵意见。

中国指数研究院院长

莫天全

2016 年 1 月 1 日

目　录

前　言

2005年以来，中国经济迅速发展，在互联网产业的带动下，各行各业的发展均迈上了一个新的台阶，尤其是近年来我国的房地产业和金融业快速成长，房地产、金融方面的创新产品层出不穷，房产众筹、电商营销、微信购房节等售房模式齐上阵，打破了房企传统的销售模式；国内第一只房地产大数据股票指数——中证房天下大数据指数以及国内首只公募房地产信托基金——鹏华前海万科REITs等金融产品给我国房地产行业注入了新的生命力。

中国房地产行业在经历了多年的迅猛发展之后，2014年步入调整期，各地商品住宅库存量高企，市场预期转变，进一步影响了整体新开工节奏，房地产投资增速明显下滑，房地产行业融资规模增速也有所下降；同时国内贷款在房地产资金来源中的比例继续保持小幅下降，房地产直接融资比例显著提升（如上市房企通过A股再融资、债券票据等方式在资本市场直接融资比例提升）。2015年上半年，央行连续降准降息，降低信贷门槛，调整个人住房转让营业税免征期，构建宽松的市场环境，市场资金的流动性明显释放，推动房地产市场回暖。目前来看，宏观经济筑底企稳的基础尚不牢固，房地产在维稳经济增长中的作用仍很关键，未来一段时期适时适度地进行货币政策调整依然具备一定的空间。

与此同时，我国经济自进入“新常态”以来，经济增长从要素和投资驱动转向创新驱动，创新驱动成为中国经济转型升级的主要动力。而金融是现代服务业的龙头，是资本运作创造价值的直接体现，金融创新是经济领域中各行各业高速发展的动力之一。目前，在宏观经济下行压力下，一方面，我国坚定不移地推进金融创新以达到支持经济转型的目的；另一方面，从资本市场行情来看，2015年的股市大幅波动也显示出我国金融创新的重要性与必要性。

综合来看，在我国货币政策相对宽松和金融创新的推进下，“房地产+金融”将成为房地产业未来发展的重要趋势，房地产信托、房地产基金将为房地产投资增加新的活力。

随着中国经济的发展和人民生活水平的不断提高，反映各行各业发展状况的指数不断出现，且不同行业之间的结合指数产品也层出不穷，如房地产与金融的结合产品。针对中国市场上的各种指数，中国指数研究院以全新的视角，在2005年编著的《中国房地产指数系统理论与实践》第二版的基础上，提升研究高度、扩大研究范围，完成了《中国指数研究理论与实践》的撰写工作。本书新增内容归纳如下：

● 增加了中国指数的现状及未来发展趋势。

● 更新了房地产价格指数的编制方法。

● 增加了国外房地产指数实例。

● 增加了百城价格指数和二手住宅销售价格指数、住宅租赁价格指数。

● 增加了中国房地产指数系统的延伸指数。

● 增加了房地产指数的产业应用。

● 介绍了我国金融指数的产生、发展及分类。

● 归纳总结了目前我国股票指数、债券指数和基金指数等金融指数，以及国际著名的金融指数。

● 对金融衍生工具进行了简单介绍。

● 增加了与我们日常生活息息相关的居民消费价格指数、生产价格指数、制造业采购经理指数、中国大宗商品价格指数、人民币指数等指数。

本书包括四个部分，第一篇为指数概论篇，对指数的概念、编制等进行了详细介绍，同时对中国指数的现状进行理论分析。第二篇为房地产指数理论与实践篇，首先对中国房地产指数系统进行了详细阐述，尤其是对中国房地产指数系统中的新房价格指数、百城价格指数、二手房销售价格指数及租赁价格指数进行了系统分析；其次对中国房地产指数系统的延伸指数，如物业服务价格指数、中国房地产顾客满意度指数等也进行了详细分析；最后根据不同的编制方法，对国外著名的房地产指数进行了描述。第三篇为金融指数理论与实践篇，首先介绍了我国金融指数的产生、发展及分类；其次重点阐述了我国现有的股票指数、债券指数和基金指数等金融指数，以及国际上部分著名的金融指数；最后对金融衍生工具进行了简单介绍。第四篇为其他重要指数理论与实践篇，对与我们日常生活息息相关的居民消费价格指数、生产价格指数、制造业采购经理指数、中国大宗商品价格指数、人民币指数等指数作了阐述。

第一篇
指 数 概 论

第一章　指数理论

第一节　指数的概念及意义

一、指数的定义与性质

指数的概念有广义和狭义之分。广义的指数泛指反映社会现象在不同时期的数量对比关系的相对数，狭义的指数定义为综合反映由多种要素组成的经济现象在不同时间和空间条件下平均变动的相对数。

指数作为经济分析的一种特殊统计方法，它主要用于反映事物数量的相对变化程度。概括地讲，指数具有以下性质：

1. 相对性

指数是总体各变量在不同场合下对比形成的相对数，它可以度量一个变量在不同时间或不同空间的相对变化，如一种商品的价格指数或数量指数，这种指数称为个体指数；它也可用于反映一组变量的综合变动，如消费价格指数反映了一组指定商品和服务的价格变动水平，这种指数称为综合指数。总体变量在不同时间上对比形成的指数称为时间性指数，在不同空间上对比形成的指数称为区域性指数。

2. 综合性

指数是反映一组变量在不同场合下的综合变动水平，这是就狭义的指数而言的，它也是指数理论和方法的核心问题，实际中计算的主要是这种指数。没有综合性，指数不可能发展为一种独立的理论和方法论体系。综合性说明指数是一种特殊的相对数，它是由一组变量或项目综合对比形成的。

3. 平均性

指数是总体水平的一个代表性数值。平均性的含义有两种：一是指数进行比较的综合量作为个别量的一个代表，这本身就具有平均的性质；二是两个综合量对比形成的指数反映了个别量的平均变动水平，如物价指数反映了多种商品和服务项目价格的平均变动水平。

二、指数的意义

指数能够用来反映复杂社会经济现象总体的综合变动方向和变动程度，也可用来分析社会经济现象在长时间内的变化趋势，同时又可以对社会经济现象进行综合评价和测定。基于此，它既可以反映社会经济现象的整体情况，又可以反映不同行业、不同商品、不同现象等的变动情况；既可以描述历史发展状况，又可以预测未来的发展趋势。具体的意义有以下四个方面：

1. 为政府宏观调控服务

政府部门可根据指数的变化来判断各社会经济活动，如商品价格、房地产市场的走势，决定未来的政策取向，促进国民经济的持续、稳定和健康发展。

2. 为消费者的消费行为提供指导

消费者的消费行为受商品价格、销量等因素的影响较大，而反映这些因素变化的指数将给消费者提供指导。

3. 为生产商、营销商、开发商等提供参考

生产商、营销商、开发商等源头企业可根据指数来判断商品的未来销售情况及趋势，从而进一步决定其生产和开发策略。

4. 为科学研究提供学术依据

为科研机构提供有力的支持，也为各社会经济现象的评估提供重要依据。

三、指数的分类

1. 根据反映现象范围的不同，指数可分为个体指数和综合指数（或总指数）

个体指数说明单个事物或现象在不同时期的变化程度，综合指数说明多种事物或现象在不同时期的综合变化程度。多数情况下，为了抽象表示多种事物的一般变化，需要编制综合指数。个体指数可以看作是综合指数的一部分或特例情

况，它是只表示一种事物或现象的“综合”指数。例如，商品零售物价总指数即为综合指数，北京房价指数即为个体指数。

2. 根据比较的维度不同，指数可分为时间指数和空间指数

时间指数是对现象进行时间上的比较后得出的相对结果，它反映现象在时间上的变化过程和程度，统计上任何利用时间序列数据建立的指数都可看作是时间指数。常见的时间指数有消费品零售价格指数、股票价格指数、房地产价格指数等。时间指数根据基期的不同又可进一步分为定基比指数、同比指数与环比指数。定基比指数的基期固定在某一时期，其他时期均与该固定基期比较。同比指数与环比指数的基期则随报告期的变化而变化，其中同比指数以前一年的同期为基期，也称为年度同比指数；环比指数以同年的前一时期为基期，也称为月度环比指数。例如，国家统计局每月公布的居民消费价格指数有两种形式，一种是以“上年同月=100”为基础的年度同比指数，另一种是以“上月=100”为基础的月度环比指数。

空间指数是在同一时期内对现象进行空间上的比较后得出的相对结果，它反映现象在空间上的变化程度。

3. 根据计算方法不同，指数可分为简单指数（或不加权指数）和加权指数

简单指数是把参与指数计算的每个事物或现象的重要性视为相同，对数据进行算术平均或求和等简单运算后求得的指数。由于不考虑重要性程度的差别，简单指数不用权重编制指数，因此其只是一种粗略的方法，现在国际上很少使用。

加权指数是根据事物或现象的重要程度赋予不同的权重，对数据进行加权运算后得到的指数，如百城价格指数。

4. 根据反映现象的内容不同，指数可分为数量指数和质量指数

数量指数反映事物或现象规模的变化，如销售量、竣工量、投资额等。质量指数反映事物或现象质量水平的变化，如价格、成本等。例如，商品销售量指数为数量指数，新房价格指数为质量指数。

第二节　指数的编制

指数编制过程中，需要重点解决的问题包括样本的选取、基期的确定、权重的设定及计算方法的选择。

一、样本

指数主要用于反映现象的综合变化程度，因而应以全面的数据资料作为计算依据。但实际上，收集全样本数据往往不可能也不必要。在实际应用中，编制指数所依据的均为抽样数据。因此，样本选取得科学与否，是决定指数结果准确性的重要前提。一般而言，所选样本应遵循以下三点要求：

1. 充分性

即要求样本容量足够大。若总体所包括的项目很多，而样本容量很小，往往不能代表总体的性质。例如，编制消费价格指数，至少应选几百种乃至上千种的代表消费项目，才能使指数较准确地反映消费价格的变动水平。

2. 代表性

即要求样本能充分反映总体的性质。在选择样本项目时，要求所选的每一项目与代表的实际项目在性质上应保持一致，而各样本项目之间在性质上应有较大差异。例如，编制物价指数时，首先应对商品项目进行科学的分类，使类内同质、类间异质；其次在各类中选择能代表价格变动趋势的商品作为代表性商品。

3. 可比性

即要求在不同时间或空间上，用于对比的各样本项目在定义、计算口径、计算方法、计算单位等方面保持一致。

二、基期

基期的选择通常由计算指数的预期目的和用途决定。对时间指数而言，基期应该根据以下两点确定：

1. 选择一个正常时期或典型时期作为基期

即用作比较的基期应能代表事物发展的正常状态或典型状态，而非正常的波动时期通常不具有代表性，不宜选作基期。

2. 报告期距基期的长短应适当

报告期距基期的间隔应根据所研究现象的特点和研究目的而定。例如，可采用 1 周、1 月、1 季或 1 年等作为间隔期。一般而言，对于发展变化较快的现象，报告期距基期的间隔不宜过长。报告期距基期的时间越久，指数代表性通常就越差。例如价格指数，因商品价格的相对趋势随时间变化，而且消费结构和商品质量也随时间变化，若报告期与基期间隔太远，指数就失去了现实意义。

三、权重

指数的权重是加权指数法中必须考虑的重要因素，它是权衡各商品数量或质量变化对总指数变动影响的统计指标，关系到指数的代表性和准确性。在加权综合指数法中，权重一方面权衡各商品数量或质量变化的重要性；另一方面将不能直接相加的商品价值量转化为可相加的价值量。在加权平均指数法中，权重仅权衡商品数量或质量变化的重要性。

在指数编制的实践中，选择权重应注意以下问题：

1. 权重内容的选择要服从于研究目的

权重内容的选择如果与指数编制目的脱节，编制的结果将毫无意义。例如，居民消费价格指数可以以居民家庭生活消费支出为权重；股票价格指数可以以股票的发行量或流通量为权重。

2. 权重形式的选择要取决于客观资料条件

权重的形式主要分为相对数和绝对数，如我国早期在编制农村零售物价指数时，根据农村住户调查，取得消费支出资料，以消费支出结构这个相对数为权重；而在编制股票价格指数时，由于市场资料易于取得，因此可用发行量或流通量等绝对数作为权重。

3. 权重时期的选择要考虑计算结果的实际经济意义

权重时期的选择是指采取变动权重（一般为报告期权重）、固定权重（一般指基期权重），或者修正权重（如交叉权重等）。通过变动权重与固定权重计算的指数都具有实际意义，但两者又分别具有针对性及独特的经济意义。用变动权重加权，计算结果现实意义强；而用固定权重加权，计算结果利于动态比较。

四、计算方法

指数的计算方法主要有简单指数法和加权指数法两种。每种指数计算方法又包括若干计算公式。简单指数法排除重要性或权重对事物的影响，只研究事物某种表象的变化，它包括简单求和、简单算术平均、简单几何平均、简单中位数等方法。加权指数法则是将不可度量的多种变量通过加权的方法求得反映复杂现象变化的指数，它包括加权综合指数和加权平均指数方法。加权综合指数先求得总量而后比较得到总指数，著名的拉氏指数与帕氏指数都属于加权综合指数；加权平均指数是先求得个体指数，再对个体指数平均求得总指数。

下面以价格为例来介绍指数的编制方法，即以商品价格（P）和数量（A）为例，来说明报告期（下标 t）相对于基期（下标 0）的指数编制方法。

1. 简单指数法

（1）简单求和法。

该方法将报告期内的各种物量之和与基期内的各物量之和进行比较，计算公式为：

$$I = \frac{\sum P_t}{\sum P_0}$$

该方法的主要缺陷是：

1）指数结果受计量单位的影响。

2）即使计量单位一致，指数的计算受极值的影响很大，个别拥有极大或极小值的事物将会支配指数结果的高低。

（2）简单算术平均法。

该方法先求得每种商品的个体指数，再对个体指数作算术平均，计算公式为：

$$I = \frac{1}{N} \times \sum \frac{P_t}{P_0}$$

简单算术平均法以相对数或相对指标为基础计算指数，克服了简单求和法的重大缺陷，但它依然没有考虑到各商品之间重要性的差异。

（3）简单几何平均法。

该方法先求得每种商品的个体指数，再对个体指数作几何平均，计算公式为：

$$I = \sqrt[N]{\prod \frac{P_t}{P_0}}$$

（4）简单中位数法。

该方法先求得每种商品的个体指数，再从个体指数序列中选出中位数作为指数值，计算公式为：

$$I = \left(\frac{P_t}{P_0}\right)_{\frac{N+1}{2}}$$

简单中位数法可以很好地避免指数序列两端极值的影响，但有时与平均值指数结果相差较远，缺乏代表性。

2. 加权平均指数法

（1）加权算术平均指数。

加权算术平均指数是对个体指数采用加权算术平均法计算的总指数，计算公式为：

$$I=\sum\left(\frac{P_t}{P_0}\times\frac{P_0A_0}{\sum P_0A_0}\right)$$

其中$\frac{P_t}{P_0}$为个体价格指数，个体指数的权重就是基期各商品的价值在所有商品价值中的比重。

（2）固定权重指数。

加权算术平均指数法可以采用固定权重来计算。实际上，通常采用较为典型的经济发展期的价值总量结构（W）作为固定权重，该权重在相当长的一段时间内（如 5~10 年）不会改变。计算公式为：

$$I=\frac{\sum\frac{P_t}{P_0}\times W}{\sum W}$$

采用固定权重的加权算术平均指数法，不仅可以避免每次编制指数时权重资料的来源问题，同时也便于比较不同时期的指数值。

3. 加权综合指数法

加权综合指数法是将不同量度的商品通过加权方法求和，再比较总量来说明复杂现象的综合变动。不同种类的商品，由于计量单位不同，其价值量不能相加。因此需要把计量单位不同的各商品价值量转化为计量单位相同或无计量单位（无量纲）的价值量，转化的过程就是加权的过程。在计算指数时，运用于分子分母上的权重时期固定，而需度量的因素（如商品价格）的时间下标可在基期或者报告期。拉氏指数（Laspeyres Index）把权重固定在基期，是为了单纯反映商品价格的综合变动，计算公式为：

$$I=\frac{\sum P_tA_0}{\sum P_0A_0}$$

如果权重固定在报告期，则称为帕氏指数（Passche Index），计算公式为：

$$I=\frac{\sum P_tA_t}{\sum P_0A_t}$$

由于帕氏指数把权重固定在报告期，它不但反映了商品价格变动的影响值，也反映了商品价格和权重同时变动的影响值（拉氏指数和帕氏指数的详细介绍请参见第二篇房地产指数理论与实践）。

为保证指数质量，选择哪种形式和哪些计算公式就成为编制指数的基本问题。选择指数计算的方法和公式可依据国内外指数编制的广泛实践。具体来说，可依据以下规则来选择计算方法和公式。

1）尽量使用加权指数法。加权指数法，以权重反映商品数量或质量变化的重要性，可充分表现商品总量与结构的动态变化，因此大大优于简单指数法。在指数的编制中，如果不同商品的变化对商品整体产生不同的影响力，那么应尽量创造条件，采用加权指数法，如帕氏指数法、拉氏指数法等。目前，国内外物价总指数的编制基本上不再使用简单指数法，但某些指数由于受限于客观条件，不能采用加权指数法计算，仍保留简单指数计算方法，如有些股票价格指数，因其样本的特殊情况（如各样本单位的重要性差异不大），仍采用简单指数法。

2）根据数据的结构和总量情况选择计算方法。在选择指数计算方法时，应考虑基础数据的收集情况。如在计算股票价格指数时，由于股票交易通过电子系统进行，每一项交易的价格、数量都有详细的记录，因此计算方法和公式的选择范围就比较广。

3）指数结果应具有实际的经济意义。在具有同等数据资料的条件下，选择的计算方法得出的结果，都应保证实际的经济意义。例如，在编制农副产品收购价格指数时，采用加权调和平均指数还是加权算术平均指数，其计算结果将直接反映计算期较基期收购价格的平均变动程度，分子与分母之差则反映农副产品收购价格变动对农民货币收入的影响程度。如果采用后者，虽然它是变动权重结构，但计算结果的意义，绝无前者实际和充分。

4）保证计算的简明性和结果的敏感性。例如，简单算术平均指数法比简单几何平均指数法寓意明确。因此，在物价指数的编制中多用简单算术平均指数法。又如，简单算术平均指数法又比简单中位数指数法所计算的结果敏感度高。

第二章　中国指数的现状与发展

第一节　中国指数的分类

中国指数的种类繁多，覆盖经济社会的各行各业，根据各指数反映的商品内容或生产要素的不同，中国指数可以分为房地产指数、金融指数、商品指数、其他经济指数等经济类指数及非经济类指数。在各类指数中，价格指数是我们日常生活中遇到最多、应用最广的指数，如我们生活中常见的居民消费价格指数、大宗商品价格指数、股票指数、百城价格指数等，均属于价格指数范畴。

价格指数是研究价格动态变化的重要工具，它作为衡量价格水平变化的重要宏观经济指标，近年来受到政府、企业和各界人士的广泛关注。随着我国市场经济的不断完善和发展，价格指数在我国的应用范围日益扩大，各种专业价格指数、区域商品价格指数等新的价格指数不断涌现，并在经济社会生活中发挥着愈加重要的作用。现阶段，价格指数已然成为度量商业与经济发展的重要手段。

价格指数本质上反映的是供给与需求的对比关系，在供不应求和供过于求的情况下，价格指数会有不同的表现，而这种表现成为宏观调控部门的政策依据。具体来说，当价格指数持续上升时，可能是宏观经济过热的表现；当价格指数持续下跌时，可能是经济萎缩的信号。所以，一方面，宏观调控部门需要密切关注价格指数的变化，以利于其对未来政策的制定；另一方面，价格指数还可以评价政府宏观政策的实施效果。

目前，我国编制的主要价格指数和非价格指数如表 2-1 所示。

表 2-1　我国编制的主要指数分类

类别	价格指数	非价格指数
房地产指数	新房价格指数 百城价格指数 主城区二手住宅销售价格指数 住宅租赁价格指数 中国物业服务价格指数 中国土地价格指数 70 个大中城市住宅销售价格指数 香港大学房地产价格指数	中国房地产顾客满意度指数 国房景气指数 中国房地产投资综合指数 中国幸福宜居指数 房地产市场透明度指数 房地产企业信心指数
金融指数	上证综合股票价格指数 深证综合股票价格指数 沪深 300 指数 香港恒生股票价格指数 中国债券指数 中信债券指数 中国银行银债指数 上证基金指数 深证基金指数	民间借贷利率指数
商品指数	中国大宗商品价格指数 企业商品交易价格指数 义乌·中国小商品价格指数 大宗商品供需指数	义乌·中国小商品景气指数
其他经济指数	居民消费价格指数 工业品生产价格指数 农产品生产价格指数 商品零售价格指数 固定资产投资价格指数	制造业采购经理指数 中国物流业景气指数 人民币指数
非经济类指数		空气质量指数 生活质量指数 食品安全指数 教育投入指数

资料来源：中国指数研究院综合整理。

我国指数名目繁多，目前仍处于不断增加的过程中，体现了我国经济的蓬勃发展及指数理论与技术的不断进步。

第二节 中国指数的编制

一、中国指数的发展概况

现阶段我国指数主要以价格指数为主，这里我们对我国价格指数编制的历史概况进行简单介绍。

我国编制的第一个价格指数是1867年编制的进出口商品价格指数。1919年9月，国民政府财政部驻沪调查货价局基于150种居民生活日用品和大宗进出口物品编制了上海趸售物价指数。1942年开始编制全国趸售价格指数和全国零售价格指数，调查城市由最初的重庆、成都等10个城市逐步扩展到上海、北平等27个城市。

新中国成立初期，我国编制的价格指数主要有关内5大区批发价格指数、8大城市零售价格指数、京津沪3大城市和全国10个城市的职工生活费价格指数等。“一五”期间，我国基本形成了较完整的国内贸易各商品流通环节的价格指数体系，编制了全国各大城市的零售价格指数、全国城市零售价格总指数、农村零售价格指数等。1956年我国首次计算了主要工农业商品单项比价，编制了工农业商品综合比价指数、农村工业品零售价格指数等。截至1965年，我国共有146个市、256个县编制了城乡零售价格指数。

1979年我国开始编制服务项目价格指数和城市农副产品市场价格指数，1985年开始编制农民生活费用价格指数，1986年开始试点编制工业品出厂价格指数、进出口价格指数和商业批发价格指数。

1991年开始编制固定资产投资价格指数，1994年开始编制居民消费价格指数、商品零售价格指数和企业商品价格指数。1995年中国房地产指数系统开始编制中国房地产北京价格指数，随后逐步推广到上海、深圳、广州等主要城市。1998年国家统计局在全国35个大中城市开展房地产价格指数的编制。

2001年，居民消费价格指数的编制方法采用新的计算公式，并且增加了新的商品和服务项目。2003年，对商品零售价格指数和农业生产资料价格指数的编制方法进行了修改。2005~2006年中国指数研究院先后编制了主城区二手房销售价格指数和租赁价格指数。另外，2005 年下半年，国家统计局将房地产价格统计从 35 个大中城市扩展到 70 个大中城市。2010 年百城价格指数发布，城市覆盖达到 100 个，是我国城市覆盖最广的房价指数。2013 年，反映城市物业服务价格水平的中国物业服务价格指数发布。

对于金融指数来说，1989 年我国第一个股价指数——静安股价指数（后改名为上海证券综合指数）诞生。随着我国证券市场的发展，后续的股价指数不断涌现。2000 年左右，我国开始编制和发布债券价格指数。

二、中国指数的编制机构

我国各类指数的编制单位由原本集中度较高的企业或部门（以国家统计局为主）逐渐扩展到我国各行各业可以编制满足需要的指数的单位。近年来，我国一些行业主管部门、行业协会、新闻媒体等均纷纷编制符合自身行业需求的指数。例如，商务部监测“国内农副产品价格”和“国内生产资料价格”、山西省联合新华社编制了“煤炭交易价格指数”、义乌市政府组织编制的“义乌·中国小商品指数”等。针对不同的指数类型，编制单位主要有国家统计局、上海证券交易所、深圳证券交易所、中国人民银行、中国指数研究院等，同时还有各主要研究中心、行业协会、普通企业单位、著名大学等。

以房地产指数为例，现阶段，我国房地产指数的编制单位以中国指数研究院（1995 年开始编制房地产指数）和国家统计局为主（见表 2-2）。

表 2-2　我国主要房地产指数的编制单位

指数名称	基本概念	发布时间	编制单位
新房价格指数	反映十大城市住宅、写字楼、商铺价格水平变动及综合变动趋势和程度的相对数	1995 年	中国指数研究院
百城价格指数	反映全国 100 个城市在不同时点在售新房的价格水平及其不同时点的变化情况	2010 年	
主城区二手住宅销售价格指数	反映十大城市二手住宅价格变化情况的统计指标	2005 年	
住宅租赁价格指数	反映一定时期内普通住宅租赁价格水平变动趋势和幅度的相对数	2006 年	
中国物业服务价格指数	反映一定时期内城市物业服务市场价格整体发展趋势的相对数	2013 年	
中国房地产顾客满意度指数	以顾客满意程度平均值或其他数值为基础编制的用来分析顾客满意程度的指数	2005 年	

续表

指数名称	基本概念	发布时间	编制单位
70个大中城市住宅销售价格指数	反映一定时期房屋销售价格变动程度和趋势的相对数	2005年（前身是1998年开始发布的35个大中城市房价指数）	国家统计局
国房景气指数	对房地产业发展变化趋势和变化程度的量化反映	1997年	
中国典型城市住房同质价格指数	针对我国新建商品住房市场和存量住房市场采用同质价格指数编制方法编制	2014年	北京大学林肯研究院城市发展与土地政策研究中心和清华大学恒隆房地产研究中心

资料来源：中国指数研究院综合整理。

三、编制方法

结合第一章指数概论中指数的编制方法，我国指数的编制主要采用简单平均法、加权平均法和加权综合法。

以我国房地产指数的编制为例，我国房地产指数的编制方法主要以加权综合法中的拉氏公式法为主，如中国指数研究院编制的新房价格指数（写字楼、商铺价格指数）、主城区二手房价格指数和租赁价格指数等均采用了拉氏公式法。另外，部分采用加权平均法，如百城价格指数。

在我国金融指数的编制中，使用最多的是加权综合法中的帕氏公式法（主要是市值加权），如深圳证券综合指数、上证国债指数、中证债券指数等均采用了帕氏公式法。

具体的编制方法请参见第二篇房地产指数理论与实践、第三篇金融指数理论与实践和第四篇其他重要指数理论与实践。

第三节　中国指数的未来发展

随着我国经济的发展和人民生活水平的不断提高，指数种类愈加丰富。同时，伴随着指数理论的发展及社会公众对统计质量数据需求的提高，我国指数的编制方法也在不断进步。就此，我们从指数的种类和编制方法两个方面来阐述中国指数现存的不足及未来的发展趋势。

一、 指数种类相对较少

虽然我国指数的品种类别已经相当可观，但对于一些细分市场仍然缺乏相应的指数，如我国房地产指数的覆盖城市数量有待进一步扩大和完善，物业类型中的细分类型（公寓、别墅、商品住宅等）的指数有待全面发展。另外，与国际上其他指数产品相对成熟的国家相比，我国指数的种类相对较少，特别是金融指数，如金融指数的衍生品指数、与房地产相关的金融指数等均较为稀少。

对于投资者来说，一方面，随着市场投资风险的加大，他们寻求避险工具的愿望日益迫切，而金融衍生品能够在一定程度上起到避险功能，受市场需求推动，未来金融衍生品将越来越多；另一方面，随着我国金融改革的不断推进，房地产金融化的产品也会随着市场的需要及政策的鼓励、支持而不断出现，其中不乏指数化的产品（如 REITs 指数等）涌现，这些均可以为投资者提供更加广泛的投资品种，促使其合理配置资金，降低投资风险。

二、编制方法有待提高

编制方法表现在质量数据和方法的选取上。一方面，对于数据缺失的领域，不能编制指数，如服务品的价格指数编制；对于一些成熟的指数，也需要进一步提高质量数据，需要考虑新的消费结构和商业模式的发展，以更好地反映指数的变化。例如，对于居民消费价格，我国对更新换代速度较快的产品的质量调整做得尚不够，在电子商务上交易的价格如何纳入指数统计中，仍需要相关机构逐步解决。另一方面，对于方法的选取，目前我国编制的一些指数方法还不成熟，有待在实践中继续完善。以二手房价格指数为例，随着我国房地产市场的发展，新房的数量将逐渐减少，二手房交易的占比将不断增加，特别是城市的中心城区。而二手房样本量的增加无疑给原本的编制方法带来挑战，新的计算方法的选取将成为改进指数的关键。

指数可以反映复杂社会经济现象总体的综合变动方向和变动程度，以及社会经济现象的变化趋势。随着旧产品的迭代更新、新产品的不断涌现，顺应市场发展和公众需要的指数将层出不穷，中国指数的未来发展将步入新的阶段。

第二篇
房地产指数理论与实践

第三章 房地产价格指数理论

第一节 房地产价格指数概念

一、房地产价格指数的定义与特点

房地产价格指数是一个相对指标，用来反映不同时期房地产市场价格水平的变化趋势和程度，包括土地交易价格指数、房地产销售价格指数、房地产租赁价格指数等。土地交易价格指数是指房地产开发商或其他建设单位在进行房地产开发前，为取得土地使用权而实际支付的价格变动趋势和程度的相对数，交易价格不包括后继开发费用、税费、手续费等，主要分类为住宅用地、商办用地、工业用地、旅游用地等；房地产销售价格指数是指一定时期内房屋销售价格变动趋势和程度的相对数，包括商品房、公有和私有房屋等各大类房屋的销售价格的变化情况；房地产租赁价格指数是反映一定时期内房屋租赁价格总水平的变动趋势和程度的相对数，包括住宅租赁、办公楼租赁、商业用房租赁、厂房租赁等。

房地产价格指数应该尽量排除各种外界因素的影响，而只反映由市场供求变化和货币购买力所引起的价格变化，形成所谓的纯粹价格指数。

房地产以及房地产市场的特点决定了房地产价格指数不同于一般的价格指数：一方面，与一般物价指数相比，房地产价格指数既是对整个国民经济物价指数体系的完善，为国家监控房地产行业市场服务，又是对行业市场更细的把握，在更大程度上为市场服务；另一方面，与金融证券指数相比，房地产价格指数的编制要困难得多。

1. 产品的流动性不同

金融证券具有高度的流动性，而房地产流动性很低。

2. 产品的差异性不同

金融证券可以认为是无差别的，而房地产的产品具有唯一性，同质的产品很难找到。

3. 单位产品的价值量不同

每股股票只有几元到几十元，政府国债也不过每份几百元，而房地产各类产品少则几万元多则几百万上千万元。

4. 市场统一性不同

证券市场在相当范围内可以作为统一市场，其供需差异是可以通过调拨产品或资金弥补的，而房地产产品不能互相替代，因此无法调拨。既无统一的市场，又无同质的产品，其产品价格指数的编制与股票指数相比要困难得多。

5. 资料获取的难易度不同

证券市场的交易价格和成交量一般可准确、及时地获取，而房地产市场的欠公开性，使得实际资料的获取非常困难。

这些差异造成房地产不能像证券一样有中央市场。这要求房地产价格指数既要注重市场的区域性，编制地区指数；也要注意物业的差别，编制分物业指数。另外，房地产生产经营的长期性和市场的不统一性也决定了房地产不能像证券指数那样，做到日报甚至是即时计算，而是按月、季甚至是更长的时间间隔来计算。

二、房地产价格指数的发布意义

房地产价格指数是房地产市场中最重要的指标之一，其发布具有重要意义。它既可以反映国家或地区房地产市场的整体情况，又可以反映市场中不同物业类型的价格变动；既可以描述房地产市场的历史发展状况，又可以预测未来的发展趋势，具体的发布意义有以下四个方面：

1. 为政府宏观调控服务

房地产是国民经济的基础性、先导性行业，房地产业已经成为国民经济的支柱产业。政府部门可根据指数的变化来判断房地产市场的走势，决定未来的政策取向，进而有效地控制土地市场的供应，以防止房地产“泡沫”的产生，促进国民经济的持续、稳定和健康发展。

2. 为消费者购房提供指导

投资者和消费者对于房价涨跌的理解，主要包括两方面因素：一方面是市场因素的影响，供不应求时价格上涨，供大于求时价格下跌；另一方面是非市场因素的影响，如建造质量、小区规划和环境提升了，价格也会上涨。由此可见，投资者和消费者在判断房地产市场走势时并不能简单地从表面看价格的涨跌，因为无法轻易区分价格的变化究竟是由市场因素引起的，还是由非市场因素引起的，这显然给投资者和消费者带来不利。而房地产价格指数则是剔除非市场因素来反映市场因素引起的房地产价格变化。

3. 为开发企业提供参考

开发企业可根据价格指数来判断地块的未来销售价格及趋势，从而进一步决定其土地竞拍策略。同时，价格指数还可以给项目开盘定价提供参考。

4. 为科学研究和中介机构提供学术依据

为科研机构和中介人员提供有力的支持，也为房地产评估提供重要依据。因为房地产评估涉及交易、抵押、查封、拍卖等一系列事项，估价师可根据指数的变动情况来判定评估标的价值，从而合理地计算出物业的价格水平。

第二节　房地产价格指数的编制方法

目前，世界各国的房地产价格指数种类繁多，编制方法也多种多样。但总体来看，编制方法可分为简单方法、特征价格法、重复销售法、混合方法和分层法五类。其中，特征价格法和重复销售法是当前国际上最普遍使用的房地产价格指数方法。

一、简单方法

1. 平均值法（Mean Price Method）

平均值法是以房地产样本的个体指数的平均值来编制指数。计算公式为：

$$I = \frac{1}{N} \times \sum \frac{P_t}{P_0}$$

该方法较为简单，但在样本数据缺乏的情况下，仍可反映房地产市场的一般波动状况。

特别地，加权平均法是对房地产样本的个体指数赋予权重进行加权平均，计算公式为：

$$I=\frac{\sum \frac{P_t}{P_0}\times W_t}{\sum W_t}$$

其中，W_t 可以为 A_0、A_t 或者其他被赋予的权重。

2. 中值法（Median Price Method）

中值法选取房地产样本的个体指数的中位数来编制价格指数。计算公式为：

$$I=\left(\frac{P_t}{P_0}\right)_{\frac{N+1}{2}}$$

房地产市场的平均价格易受极值（即极高或极低价格）的影响，而中位数价格则能很好地避免极值的影响，反映市场变动的集中趋势，因此代表性较强。运用中值法非常简便，不需经过复杂的运算程序。从某种程度上讲，中值法甚至比加权平均法更能反映房地产市场的真实情况。因为加权的方法虽然能在一定程度上降低房地产品质差异对指数的影响，但并不能完全消除这一影响；而且随着时间的变化，房地产品质的差异可能因为加权的原因而对指数产生较大的偏误。因此，在国外房地产价格指数的实践中，加权平均法多用于地价指数的编制，很少用于编制房地产销售价格指数。

3. 成本投入法（Input Cost Method）

成本投入法根据各项营造投入成本（包括材料及人工费用等）的变化情况，以算术平均法来计算房地产价格指数，它是早期编制房地产价格指数的重要方法。在规范的市场运作背景下，成本投入法对新建房屋价格的走势分析有一定的适用性，能够反映出房地产价格变化的某些规律。

但成本投入法不能用来反映土地价格和二级、三级市场的房屋价格变化。一方面，因为土地和二级、三级市场上的房屋（尤其是写字楼和商业物业）价格都是一种产出价格，主要不是由生产成本决定，而是由房地产的效用决定并受供求关系影响，如果用房地产投入要素成本的变动来反映房地产价格的变动，就会有较大的偏差；另一方面，在生产力提高的情况下，成本投入价格指数往往会高估房地产价格指数。因此，该方法在理论基础和实际应用方面的科学性较差，目前已经很少使用。

4. 拉氏指数（Laspeyres Index）

拉氏指数也称拉斯贝尔指数或拉斯贝尔指数公式。计算公式为：

$$I=\frac{\sum P_t A_0}{\sum P_0 A_0}$$

拉氏指数由德国经济学家埃蒂恩·拉斯贝尔（Etienne Laspeyres，1834~1913）在 1864 年提出。它是一种固定权重的综合指数法，其最大的特点是将权重固定在基期，以单纯反映房地产价格的综合变动。拉氏指数使用固定的权重来代表市场中各产品的典型使用量或总量，这个“典型”的时期即为基期。在基期收集完产品用量或总量数据后，确定权重并使其在指数各计算期内保持不变。而报告期则需要不断收集最新的价格数据，但采用的权重都相同。

5. 帕氏指数（Paasche Index）

帕氏指数由德国经济学家哈曼·帕许（Hermann Paasche，1851~1925）在 1874 年提出。计算公式为：

$$I=\frac{\sum P_t A_t}{\sum P_0 A_t}$$

帕氏指数是一种非固定权重的综合指数法，其主要特点是权重随报告期不同而变化，根据当前市场的产品使用量和总量情况，反映房地产价格的综合变动。帕氏指数使用非固定的权重来代表市场中各产品的典型使用量或总量，这个“典型”的时期即为报告期。报告期需要同时收集最新的价格数据，和用以确定权重的产品用量或总量数据。

帕氏指数可以反映市场结构的即时变化，这一点要明显优于拉氏指数。但是，帕氏指数的权重必须每年甚至每月重新定义，这样使得时间和数据收集的成本大大增加；而且每过一年或一月，以前的指数值都必须根据新的权重加以调整。

6. 费雪理想指数（Fisher Ideal Index）

费雪理想指数是拉氏指数与帕氏指数的几何平均值。计算公式为：

$$I=\sqrt{\frac{\sum P_t A_t}{\sum P_0 A_t}\times\frac{\sum P_t A_0}{\sum P_0 A_0}}$$

费雪指数是美国著名经济学家欧文·费雪（Irving Fisher，1911；1922）集大成之作。该指数是在归纳前人指数研究的基础上，通过少数基本公式和几条构造规则，制定的一套包容大部分前人研究成果的指数构造体系。人们今天才开发出来的很多新方法也能够被适当扩展后的费雪指数所包容，其方法论的先进性无疑成就了费雪数十年来在指数领域不容置疑的权威地位。当然，该指数体系仍然存在不尽完善之处，尤其表现在它未能涵盖一些既在理论方面重要，又具有实际意义的指数研究成果，如经济含义非常直观的中位数指数，甚至连国际对比中非常流行的 PPP 指数等都没有纳入该体系。

与帕氏指数相似，费雪指数对报告期产品的价格和数量等数据收集的要求很高。新西兰使用费雪指数来编制外贸指数，就是因为有海关部门提供的各时期的进出口价值和容量数据。

二、特征价格法

1. 特征价格法（Hedonic Price Method）的理论基础

特征价格法的应用源于“特征价格理论”。该理论最早由美国经济学家 Lancaster K. J. 于 1966 年创立，其含义为消费者在追求效用最大化的过程中，对某种属性每增加一个单位的消费，所愿意支付的边际费用。Griliches（1971）和 Rosen（1974）为特征价格法的发展提供了进一步的理论支持。他们认为，商品由一系列不同的特征组成，而商品的市场价格则应与这些特征联系起来，每一项特征的货币价值量均可通过观察同质（具有相同特征）商品的价格变化计算出来。在购买商品时，消费者支付的价格实际上是每一项特征价格的总和。商品总价与特征价格间的关系可表达为：

$$P = f(X_1, X_2, X_3, \cdots, X_n)$$

其中，P 是商品的市场价格，X 是商品的特征。

2. 影响房屋价格的特征

近几十年来，特征价格法大量用于商品估价，但其最为广泛的用途是在研究房地产市场的外部特征变量上，并根据对特征变量的量化研究生成房地产价格指数。目前在国际上，英国、日本、韩国均采用特征价格法来生成房地产价格指数。该方法是把房屋的价格分成两部分，一部分是房屋特征改变而引起的价格变动，另一部分是随时间变化的价格变动。房屋特征包括三个方面：一是房屋的结构特征，如草坪尺寸、房间的大小和面积、浴室的个数等；二是房屋的环境质量或社区质量，如房屋税收、犯罪率、学校的质量等；三是房屋的位置因素，如与上班地点和购物中心的距离、是否有公共交通等。通过特征价格模型分析房屋的特征变量，并据此测算随时间变化的标准房屋的价格（保持所有房屋特征不变）。

2001 年国外学者对北京房地产价格的影响特征作了系列研究，他们对包括建筑结构（居住面积、浴室数、卧房数），区位（距离、东部、西部、北部、南部），环境（公共设施）和风险（预估的建筑风险）在内的多项特征变量进行调查。结果显示，西部和北部的特征价格要高于南部和东部，而距离市区 CBD 的距离对房屋价格也有明显影响。由于常见的环境特征包括噪声、犯罪率和空气污染度等数据不易获得，研究中只采用了 1 个环境特征变量进行研究，这就是公共设施。公共设施是指房屋周围的公共设施，如幼儿园、休闲娱乐中心、小学和中学、诊所、杂货店、警察局等。使用一个哑元变量来表示该特征，如果居住小区同时包括以上各种公共设施，则哑元变量值取 1，否则取 0。研究还表明，购房者愿意花更多的钱获得质量相对较高的房屋，以保护自己免受低质房屋的困扰，降低购房风险。该研究还使用一个哑元变量来近似表示购房者普遍关注的建筑风险。购房者对建筑风险的评估是根据市场现有的一些信息，如公司资质、住宅小区奖或者其他一些质量认证，如 ISO9000。如果房地产开发企业是由中国建设部评定的一、二级房地产开发企业，或该住宅获得过权威机构颁发的高品质奖项，则其建筑风险可取值为 0。

3. 特征价格模型

房地产特征价格理论认为，房地产由众多不同的特征组成，而房地产价格是由所有这些特征带给人们的效用或享受程度决定的。由于各特征的质、量、组合方式均不同，使得房地产价格产生差异。因此，在控制房地产特征不变的情况下，可将房地产价格变动中的特征因素分解，求出各项特征的隐含价格。从价格的总变动中逐项剔除特征变动的影响，剩下的便是由供求关系引起的纯粹价格变动。

房地产价格一般与房屋本身、区位、社区环境等特征相关。控制一部分特征因素，那么不同的房地产价格就可以归结为其他特征差异带来的价格差。如果一批房屋除了空气污染度不同外，其余特征都相同，那么拥有较好空气质量的房屋价格必然更高，这部分高出来的价格即反映了人们愿意为干净的空气所支付的价格。

实际操作中，此方法需要大量的房地产交易价格数据和特征项数据，才能够建立回归模型以计算房地产各项特征与价格之间的关系。回归分析可将房地产价格与其特征紧密联系起来，计算在其他特征保持不变时，某一具体特征的变化引起的价格变化。然而，回归分析也可能因为方法本身的特点而使计算过程变得复杂。例如，价格和特征之间可能不是线性关系，特征变量之间有可能相关或共线，价格数据不呈现正态分布等。因此，应根据不同情况考虑使用不同的模型。

一般情况下，对房地产各项特征变量分别求偏导数，取得各特征变量的隐性价格，也就是对商品总价格的影响程度。假定这种影响在一定时间内固定不变，那么在缺乏同质商品的情况下，就可以以非同质房地产为分析对象，从价格的总变动中逐项剔除各特征的隐性价格，最后得到只由供求关系引起的价格变动。房地产价格与各特征的隐性价格间的关系可以表示为：

$$P = \beta_0 + \beta_1 X_1 + \beta_2 X_2 + \cdots + \beta_i X_i + \varepsilon$$

其中，P 是价格，X_i 是特征，β_i 是特征的价格系数，ε 是随机误差变量。

当数据不充分或变量设置存在缺陷时，上面的模型就不再适用，因此，必须采用其他形式的模型来进行修正。线性模型、半对数模型和双对数模型被提出。

（1）线性模型。

线性模型表达的是房地产价格与特征之间的线性关系，上面的一般模型即是一种线性模型：

$$P = \beta_0 + \beta_1 X_1 + \beta_2 X_2 + \cdots + \beta_i X_i + \varepsilon$$

其中，X_i 是房屋的第 i 个特征变量，β_i 是消费者愿意为这第 i 个特征支付的边际价格。实际上，Rose 在 1974 年就指出，价格与特征变量的关系应该是非线性的。因此，目前最常用的是对数模型。

（2）半对数模型和双对数模型。

半对数模型是只对表达式左边的变量即房地产价格求对数，而双对数模型或全对数模型则是对表达式两边的变量取对数。对数模型使我们能测量因变量对自变量的相对影响。房屋的价格公式为：

$$P = \alpha X_1^{\beta_1} X_2^{\beta_2} X_3^{\beta_3} \cdots X_i^{\beta_i} e^{\varepsilon}$$

其中，X_i 是房屋特征，ε 是误差项。对上面的公式取双对数，得：

$$\ln P = \ln\alpha + \beta_1 \ln X_1 + \beta_2 \ln X_2 + \beta_3 \ln X_3 + \cdots + \beta_i \ln X_i + \varepsilon$$

参数 β_i 是价格对该特征属性的弹性系数。

通常特征价格法采用半对数或双对数模型，以房地产价格的对数为因变量。这样，公式中的弹性系数反映某个特征变量增加一个单位量时的价格变化。对数模型相对于线性模型的好处是：①各特征变量的单位价格增量可以变化。例如，对一套价值 500000 美元的房子增加一个居室的价格可能比一套价值 100000 美元的房子增加一个居室的价格高；②弹性系数可以直接反映某特征在增加一个单位量时，房屋价格增长的百分比；③双对数模型可以使异方差性问题最小化。

4. 特征价格法的优缺点

（1）特征价格法的优点。

1）容易大规模取样。房屋销售数据和特征数据非常容易通过多种渠道获得，还可通过其他相关联的二手数据，生成分析所需的描述性变量。

2）模型的经济意义比较直观，计算相对简单。模型与购房者的实际选择紧密相关，能直观、及时地反映市场价格和房屋特征变化。

3）方法灵活，可以同时考虑多种房屋产品和特征间的相互关系，模型也可根据具体情况即时更改。

（2）特征价格法的缺点。

1）模型假设购房者对房屋产品的特征组合有决定性作用，但实际上房屋产品可能更多地受到外部因素的影响，使得市场上产品的特征组合不能全面地反映购房者意愿。

2）过于依赖模型的具体函数形式。

3）模型的计算结果受限于具体选择的特征变量。

4）容易存在多重共线性问题，从而掩盖市场供求关系对房地产价格的真实影响。

三、重复销售法

Baily、Muth 和 Nourse 在 1963 年提出利用重复销售的房屋数据来构建指数模型。该方法利用房地产的重复交易案例，通过同一栋房屋在不同时期售出的价格数据来计算房地产价格指数。由于是在不同的时期考察相同的房屋样本，样本在结构、材料、外部品质等方面均相同，这样就免去了控制房地产品质的麻烦。保证不同时期对比样本的同质性，生成的价格指数就能够反映出房地产市场供求关系的变化。该方法的最大优点是基于同一宗房地产的价格变化，在剔除房屋折旧的影响后，根据重复销售法（Repeat Sale Method）编制的指数可以满足房地产价格“同质性”可比的需要。

重复销售法不需要找出价格指数变化的特征因素变量，因为同一宗房地产的特征在不同时期基本是维持不变的。用哑元变量表示同一宗房地产第一次和之后各次的交易，对价格的对数用最小平方（Least Squares，最小二乘法）回归，即可得出房屋价格在一定时期内的平均变化。由于同一物业多次交易的间隔可能不同，Case 和 Shiller 在 1987 年提出用标准最小平方法（Generalized Least Squares）

来纠正随时间变化的误差。重复销售法的两个假设是：①各房屋品质特征在不同次交易时的隐性价格保持不变；②交易多次的房屋样本能代表不同时期房屋买卖的实际情况。

将房屋第二次售价取对数减去第一次售价的对数得到：

$$P_i^2 - P_i^1 = \left(\sum_{j=1}^{J} \beta_j X_{ji}^2 + \sum_{t=1}^{T} c_t D_t^2\right) - \left(\sum_{j=1}^{J} \beta_j X_{ji}^1 + \sum_{t=1}^{T} c_t D_t^1\right) + e_i^{21}$$

其中，P_i^2 是 P_i^1 第二次和第一次交易的价格，X_{ji}^2 和 X_{ji}^1 代表第二次和第一次的房屋品质特征和区位特征变量，如果房屋品质特征和区位特征及它们的弹性系数在这两次交易中保持不变，则两次价格的差异是二次交易内时间的函数。上述公式因而简化为：

$$P_i^2 - P_i^1 = \sum_{t=1}^{T} c_t (D_t^2 - D_t^1) + e_i^{21}$$

为了估算上述公式，自变量改写成对数价格：ln（P_i^2/P_i^1），对第一次交易，时间哑元变量取-1，对第二次交易，时间哑元变量取+1，其他时间则取 0。系数 c_t 代表 t 期的累积价格指数的对数。将指数规范化到 1.0，开始时期的哑元变量取 0。所以，重复销售法的主要优点就是只需要交易价格的信息，不需要直接测量房屋特征。但同时，方法本身的缺陷也限制了它的广泛运用：

1）重复销售法需要大量的交易数据，而这些数据往往不易获得。有两次或者多次重复出售的价格记录有限，样本容量相对较小，抽样误差较大。

2）重复交易的周期很难与指数的周期相匹配。

3）房产再次交易前，若发生重大整修或品质变化，会影响到价格指数的真实性。即使房地产品质在两次交易之间没有发生改变，也难以保证该房地产在不同的时期能够给人们带来相同的效用。

4）只利用重复交易价格信息而偏废一次性交易资料，难以保证资料的市场性。

5）重复销售模型中存在多重共线性的问题，使用年限和两次出售间隔完全共线。

6）重复销售法受个别样本观察值的影响较大。

四、混合方法

鉴于特征价格模型和重复销售模型的缺陷，Case 和 Quigley 在 1991 年提出了将二者混合并利用广义最小二乘法（GLS）分析随机误差变量方差的方法。该方法被称为“混合方法”（Pooled Method），又称 Pooled GLS 模型。1997 年 Hill、Knight 和 Sirmans 对 Pooled GLS 模型进行了改进，提出基于最大似然估计法（MLE）的 Pooled MLE 模型。

1. Pooled GLS 模型

因为 Hedonic 模型和重复销售模型中都含有折旧系数 θ 和价格指数参数 β，Pooled GLS 模型将两者结合在一起，用矩阵表示如下：

$$\begin{bmatrix} \ln P \\ \Delta \ln P \end{bmatrix} = \begin{bmatrix} XAD \\ OST \end{bmatrix} \begin{bmatrix} \alpha \\ \theta \\ \beta \end{bmatrix} + \begin{bmatrix} \upsilon \\ e \end{bmatrix}$$

考虑到异方差问题，该模型用 GLS 法估计此联立方程组的各个参数。

Pooled GLS 模型的特点是：①特征价格模型和重复销售模型的数据都可用，价格数据资料比较容易获得，而且抽样误差较小；②在进行参数估计时，可能存在多重共线性问题影响了估计的效果。

2. Pooled MLE 模型

假设共有 $N+N_R$ 宗房地产的价格数据，其中 N 个数据是特征价格法样本，即房地产只出售过一次。其余 N_R 宗房地产属于重复销售样本，同一宗房地产有一次以上的价格资料。

由于存在多重共线性，不失一般性，对于特征价格法样本，假设：

$$\upsilon_{it} = \rho\upsilon_{it-1} + u_{it}$$

其中 ρ 为自相关系数，$|\rho|<1$。进一步假设 u_{it} 具有异方差性，$Var(u_{it}) = \sigma_i^2$，因此有：

$$Var(\upsilon_{it}) = \frac{\sigma_i^2}{1-\rho^2}，Cov(\upsilon_{it},\ \upsilon_{it+si}) = \frac{\sigma_i^2\rho^{si}}{1-\rho^2}$$

对于重复销售数据，随机误差项 $e_i = \upsilon_{it+si} - \upsilon_{it}$ 有方差：

$$Var(e_i) = \frac{2\sigma_i^2(1-\rho_i^3)}{1-\rho^2}$$

假设误差 υ_{it} 和 e_i 服从正态分布，则 $N+N_R$ 个样本的似然函数为 $L = L_1 + L_2$，其中：

$$L_1 = -\frac{N}{2}\ln(2\pi) - \frac{1}{2}\sum_{i=1}^{N}\ln\left(\frac{\sigma_i^2}{1-\rho^2}\right) - \frac{1}{2}\sum_{i=1}^{N}\frac{\upsilon_{it}^2}{\sigma_i^2/(1-\rho^2)}$$

是 N 个特征价格法样本的对数似然函数。

$$L_2 = -\frac{N_R}{2}\ln(2\pi) - \frac{1}{2}\sum_{i=1}^{N_R}\left[\frac{2\sigma_i^2(1-\rho^{si})}{1-\rho^2}\right] - \frac{1-\rho^2}{2}\sum_{i=1}^{N_R}\frac{e_i^2}{2\sigma_i^2/(1-\rho^{si})}$$

是 N_R 个重复销售数据的对数似然函数。令 L→∞，估计出方差 σ_i^2 和自相关系数 ρ，然后再估计出混合模型中的所有未知参数。

Hill 等利用随机模拟实验表明，采用 Pooled MLE 模型估计房地产价格指数比其他模型有更小的渐近方差。

Pooled MLE 模型的特点是：①特征价格模型和重复销售模型的数据都可用，价格数据资料比较容易获得，抽样误差较小；②克服了重复销售模型的缺陷，可估计出折旧系数；③克服了特征价格模型的缺陷，合理地考虑了序列相关问题，使估计效果比其他各种模型更为优越；④由于对数似然函数是非线性的，估计参数的计算较为复杂，需要进行算法分析，但现成的软件包，如 SHAZAM、LIMDEP 和 GAUSS 等均可以帮助运算。

五、分层法

分层法（Stratification Methods）亦可称为综合调整法（Mix-adjustment Methods），是指把房地产市场划分为细分的子市场（子样本）或阶层，每阶层包含房屋的地理位置相近且特征相似。将房价数据分配到不同的阶层来估算每层的平均价格或价格中位数，对各阶层的平均价格或价格中位数进行加权后得到综合价格，进而计算价格指数。

分层法的计算需要进行分层和权重计算。具体来看，首先选取房屋的特征属性，如地理位置、房龄、房屋面积等，假设有 M 个特征变量，各特征变量又有 n_m（m = 1，…，M）种分类，进而根据这些分类将房地产划分成 $K = \Pi n_m$ 个阶层。

根据各阶层房地产交易额的比重大小计算权重（有些指数采用的是住宅存量的总价值）ω_k，有 $\sum\omega_k = 1$，k = 1，…，K。

其次需计算各阶层房产在各个时期交易价格的平均值或中位数，抑或根据特征价格模型计算的价格估计值，基期的价格平均值或中位数或特征价格估计值记为 p_k^0，报告期的价格平均值或中位数或特征价格估计值记为 p_k^t。

最后指数可以通过两种方法进行计算，一种是将报告期和基期的各阶层的价格平均值或中位数或特征价格估计值分别与各自的权重相乘，再进行比较得出指数，计算公式为：

$$Index_t = \frac{\sum \omega_k \times p_k^t}{\sum \omega_k \times p_k^0} \times 100$$

另一种是将报告期和基期的各阶层的价格平均值或中位数或特征价格估计值先进行比较，再与各自的权重相乘得到指数，计算公式为：

$$Index_t = \sum \left[\omega_k \times \left(\frac{p_k^t}{p_k^0} \times 100 \right) \right]$$

分层法较为简单，可以计算不同地理位置和不同房地产类型的细分市场指数，同时还可以对不同时期房屋构成的变化进行质量调整。但其本身依然存在着不足，分层过程中如果对阶层的划分较为粗糙，阶层内的房屋构成的变化将引起层级指数产生偏差，而如果划分过于精细，阶层内某一时期的样本量过大或过小或没有样本均会对指数产生影响。另外，如果某些特征属性未被考虑在内，该属性带来的房屋品质差异将不能进行质量调整，如房龄不作为分层变量，将不能对因折旧带来的房屋品质差异进行质量调整。

第三节　国外主要房地产价格指数

一、美国标普/凯斯—席勒房价指数

1. 简介

标普/凯斯—席勒房价指数（S&P/Case-Shiller Home Price Indices）由 Karl E. Case 和 Robert J. Shiller 于 20 世纪 80 年代提出，由标普道琼斯指数公司、Core-Logic 和 MacroMarkets LLC 公司协议编制并发布，是目前美国最权威的商业住房价格指数。

标普/凯斯—席勒房价指数覆盖了 20 大都会区的分区指数、10 大都会区综合指数和 20 大都会区综合指数，三个价格分段指数（低端 Low-tier、中端 Middle-tier 和高端 High-tier），同时也覆盖了全美房价指数（S&P/Case-Shiller U.S. National Home Price Index），这些指数均发布了季节性调整数据和非季节性调整数据。标普/凯斯—席勒房价指数的编制是基于二手独立屋的交易数据，采用重复销售法。

10 大都会区综合价格指数覆盖区域为波士顿、芝加哥、丹佛、拉斯维加斯、洛杉矶、迈阿密、纽约、圣迭戈、旧金山和华盛顿；20 大都会区在以上 10 大都会区的基础上增加了凤凰城、坦帕、亚特兰大、底特律、明尼阿波利斯、夏洛特、克里夫兰、波特兰、达拉斯和西雅图。

标普/凯斯—席勒房价指数分类如图 3-1 所示。

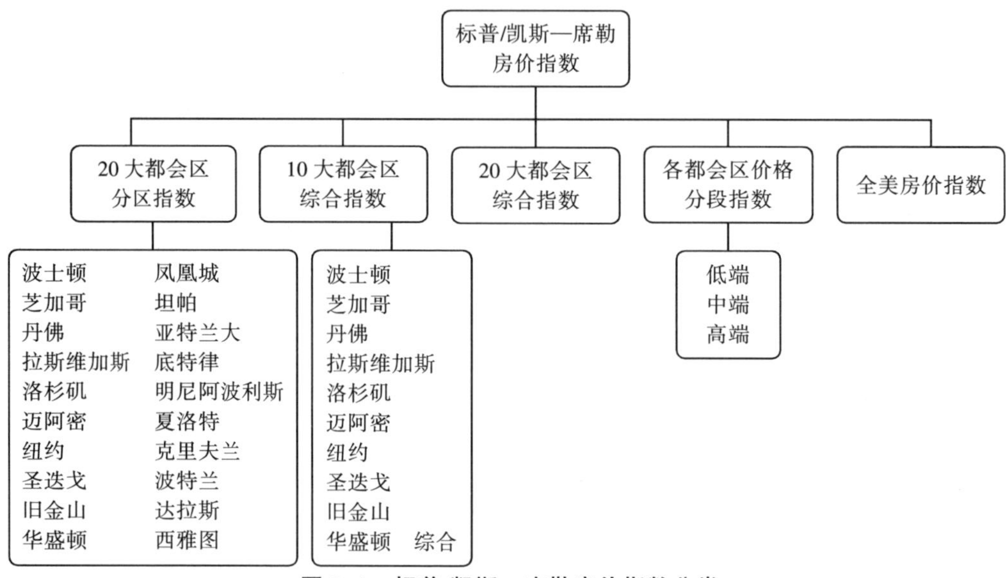

图 3-1 标普/凯斯—席勒房价指数分类

资料来源：中国指数研究院综合整理。

2. 数据采集与选取

标普/凯斯—席勒房价指数的房屋交易数据来自于 Core Logic，Core Logic 的数据一部分是从联邦、各州和地区政府获得，另一部分是从贷款服务机构、房产经纪人等处获得。房屋销售数据一般包括房屋的地址、销售日期、销售价格、物业类型等，部分还会包括卖房人和买房人的名字，以及贷款额度。标普/凯斯—席勒房价指数采取的样本均至少销售两次，不包括新房、公寓（Condominiums，Co-ops/apartments）、多家庭住宅（Multi-family Dwellings）及其他不被定义为独立屋的物业类型。

可用的销售对（房屋销售对是指对一个销售房屋，如果该房屋早期的销售记录被找到，这两次交易就被配成对）是指独立交易（Arms-length Transactions）的独立屋，不包括：

1）非独立交易房屋，如家庭内部转移的房屋。

2）物业类型变化的房屋，如独立屋变成公寓。

3）具有不可信交易数据的房屋。

虽然剔除的样本随着市场的变化而变化（取决于交易样本有多少可用的详细信息），但是对于非重复的数据来说，非独立交易的样本剔除率（该类样本与总样本数的比例）一般在5%以内；同样，6个月以内交易两次的样本，剔除率也低于5%；新房或者在建住宅占整体销售数据的比例由当地市场决定，因为建筑活动和经济发展均具有周期性，且现有房屋的房龄和住房条件及市场的供需情况均有所不同。基于以上因素，整个交易数据的不合格样本剔除率在0%~15%之间。

3. 权重

标普/凯斯—席勒房价指数的编制是为了反映特定区域内房产市场的房价平均变化，而单个房屋的价格变动并不能代表其所在地区的整体房价变化水平，因此，该指数在计算过程中对房屋销售对赋予权重，进行加权计算。基于区域的统计分布，对不同的房屋价格变化分配不同的权重，权重分配原则如下：

1）异常价格：价格变化越大，权重越小（对质量变化及不能代表该区域市场价格变化的房屋赋予较小的权重）。

2）高交易频率：剔除6个月内交易次数超过一次的房屋。

3）时间间隔调整：销售对第一次与第二次交易的时间间隔越长，权重越小。

4）房屋初始价值：每个销售对被赋予等同其第一次销售价格的权重，以确保该指数可以追踪市场上所有房屋的总价值或者平均价值。

各都会区综合指数和全美房价指数的权重均为独立屋存量的总价值。

10大都会区综合指数的权重基准期为1990年1月、2000年1月和2014年3月，20大都会区综合指数的基准期为2000年1月和2014年3月。1990年1月基准期用于1987年1月至1999年12月的10大都会区综合指数的计算，2000年1月基准期用于2000年1月至2014年2月的10大都会区和20大都会区综合指数的计算，2014年3月以来两个综合指数的计算均使用2014年3月基准期。2014年3月基准期的独立屋存量采用的是美国社区调查局2012年公布的5年期样本数，以2010年为中心。

全美房价指数的权重基准期为1990年1月、2000年1月和2010年1月。1990年1月基准期的独立屋存量总价值用于计算1975年1月至1999年12月的综合指数，2000年1月基准期用于计算2000年1月至2009年12月的综合指数，2010年1月基准期用于计算2010年1月以来的综合指数。

4. 计算方法

（1）都会区分区房价指数。

标普/凯斯—席勒房价指数的编制采用带权重的重复销售法（Repeat Sales Method）。重复销售法是根据同一宗房屋在不同时期售出的价格来计算房地产价格指数，不受房屋类型、大小及物理特性的变化等因素的影响。

标普/凯斯—席勒房价指数为月度计算，时间从 1987 年 1 月开始，指数基期为 2000 年 1 月，基点为 100 点（非季节性调整）。该指数计算是在连续 3 个月累积的房屋销售对（Home Sales Pairs）上使用重复销售法。连续 3 个月是指公布指数当月及前两个月，如 2005 年 12 月的指数是基于 2005 年 10 月、11 月和 12 月的重复销售数据。

（2）都会区综合房价指数。

10 大都会区综合指数和 20 大都会区综合指数均可以反映都会区整体的独立屋价值，计算公式为：

$$Index_{Ct}=\left(\sum_{i}(Index_{it}/Index_{id})\times V_{id}\right)/Divisor_{d}$$

其中，$Index_{Ct}$ 代表 t 时期的综合指数，$Index_{it}$ 代表 i 都会区在 t 时期的价格指数，$Index_{id}$ 代表 i 都会区在权重基准期 d 的指数，V_{id} 是 i 都会区在基准期 d 的房屋存量的总价值。对每一个基准期选择一个 Divisor 因子将上述公式中的分子转换成一个指数形式。

各权重基准期 10 大都会区独立屋存量、单价及总价值如表 3-1 所示。

表 3-1 各权重基准期 10 大都会区独立屋存量、单价及总价值

	存量（套）			平均套价（千美元）			总价值（百万美元）		
	1990 年	2000 年	2010 年	1990 年	2000 年	2010 年	1990 年	2000 年	2010 年
波士顿	834851	926956	1010192	192	299	402	160291	277160	406097
芝加哥	1347250	1567442	1776011	138	212	289	185921	332298	513267
丹佛	480023	598679	725943	97	230	300	46562	137696	217783
拉斯维加斯	155741	321801	532152	107	172	182	16664	55350	96852
洛杉矶	2284576	2449838	2599395	284	323	510	648820	791298	1325691
迈阿密	892931	1116437	1281940	136	167	285	121439	186445	365353
纽约	3390191	3772351	3993438	205	270	465	694989	1018535	1856949
圣迭戈	554821	628531	705280	221	328	471	122615	206158	332187
旧金山	867454	947910	1029903	290	465	565	251562	440778	581895
华盛顿	1036528	1249060	1470049	204	235	421	211452	293529	618891
因子（Divisor）							2989671	3739247	3480688

资料来源：美国统计局，Core Logic，中国指数研究院综合整理。

各权重基准期 20 大都会区独立屋存量、单价及总价值如表 3-2 所示。

表 3-2　各权重基准期 20 大都会区独立屋存量、单价及总价值

	存量（套）		平均套价（千美元）		总价值（百万美元）	
	2000 年	2010 年	2000 年	2010 年	2000 年	2010 年
波士顿	926956	1010192	299	402	277160	406097
芝加哥	1567442	1776011	212	289	332298	513267
丹佛	598679	725943	230	300	137696	217783
拉斯维加斯	321801	532152	172	182	55350	96852
洛杉矶	2449838	2599395	323	510	791298	1325691
迈阿密	1116437	1281940	167	285	186445	365353
纽约	3772351	3993438	270	465	1018535	1856949
圣迭戈	628531	705280	328	471	206158	332187
旧金山	947910	1029903	465	565	440778	581895
华盛顿	1249060	1470049	235	421	293529	618891
亚特兰大	1133333	1558975	182	218	206267	339857
夏洛特	381179	532081	181	244	68993	129828
克里夫兰	630903	674367	144	175	90850	118014
达拉斯	1272865	1672174	163	201	207477	336107
底特律	1342871	1446191	189	122	253803	176435
明尼阿波利斯	819651	973551	179	218	146718	212234
凤凰城	860573	1253604	178	191	153182	239438
波特兰	521592	621776	194	292	101189	181559
西雅图	788452	930770	259	397	204209	369516
坦帕	676744	829161	115	183	77826	151736
因子（Divisor）					5249761	5137802

资料来源：美国统计局，Core Logic，中国指数研究院综合整理。

（3）价格分段指数。

在计算三个价格分段指数之前，需要计算出低端与中端、中端与高端的分割点，来确保每个价格段拥有相同的交易量。三个价格段的划分依据是销售对首次的销售价格（虽然不同时期的单个房屋会在不同价格段之间转移，但是首次销售价格依然作为划分三个价格分段的依据），在此基础上根据等同的交易量将销售价格分成三段。表 3-3 是 2014 年 1 月至 2015 年 2 月纽约的三个价格分段指数（分割点根据 2015 年 2 月样本选取，季节调整后）。

（4）全美房价指数。

标普/凯斯—席勒全美房价指数用于追踪全美独立屋（Single-family Housing）的价格走势，该指数是美国 9 个统计区域的综合指数，每月发布。

表 3-3　2014 年 1 月至 2015 年 2 月纽约的三个价格分段指数

年	月	低端（低于 281334 美元）	中端（281334~449080 美元）	高端（高于 449080 美元）	综合
2014	1	180.11	174.87	168.06	173.89
2014	2	180.84	175.37	168.11	174.21
2014	3	182.03	175.88	168.97	174.63
2014	4	182.27	175.98	168.62	174.51
2014	5	182.85	176.24	168.17	174.17
2014	6	184.06	176.84	167.97	174.22
2014	7	184.55	176.55	167.71	174.08
2014	8	184.53	176.31	167.41	173.79
2014	9	184.07	175.77	167.46	173.66
2014	10	183.60	176.56	167.56	173.79
2014	11	183.06	177.68	168.17	174.48
2014	12	184.56	179.43	169.44	176.05
2015	1	186.33	180.28	170.51	177.32
2015	2	189.28	180.59	171.64	178.58

资料来源：标普道琼斯指数公司，中国指数研究院综合整理。

计算公式如下：

$$\mathrm{Index}_{USt} = \left(\sum_{i} (\mathrm{Index}_{it} / \mathrm{Index}_{id}) \times V_{id} \right) / \mathrm{Divisor}_{d}$$

其中，Index_{USt} 代表 t 时期的全美房价指数，Index_{it} 代表 i 统计区域在 t 时期的价格指数，Index_{id} 代表 i 统计区域在权重基准期 d（1990 年 1 月、2000 年 1 月和 2010 年 1 月）的指数，V_{id} 是 i 统计区域在基准期 d 的房屋存量的总价值。选取 $\mathrm{Divisor}_{d}$ 因子来确保综合指数水平不受基准期权重（V_{id}）变化的影响。

全美 9 个统计区域独立屋存量的总价值如表 3-4 所示。

表 3-4　全美 9 个统计区域独立屋存量的总价值

单位：亿美元

	1990 年	2000 年	2010 年
中央东北部	7654	15280	21379
中央东南部	2241	4488	7337
大西洋中部	9751	13229	24882
落基山区	2482	6593	12550
新英格兰	4679	6183	11613
太平洋沿岸	13976	21409	41120
大西洋沿岸南部	9243	16918	33840
中央西北部	2945	5783	9701
中央西南部	3846	7008	13108
因子（Divisor）	107656	140494	175529

资料来源：美国统计局，中国指数研究院综合整理。

5. 季节性调整

受季节性因素影响，每年 6 月至 11 月美国独立屋的价格均偏高，12 月至次年 5 月独立屋的价格均偏低，经过季节性调整后，独立屋价格指数更能反映价格的真实走势。与调整前的指数相比，季节性调整后的价格指数走势更平稳，如图 3–2 和图 3–3 所示。

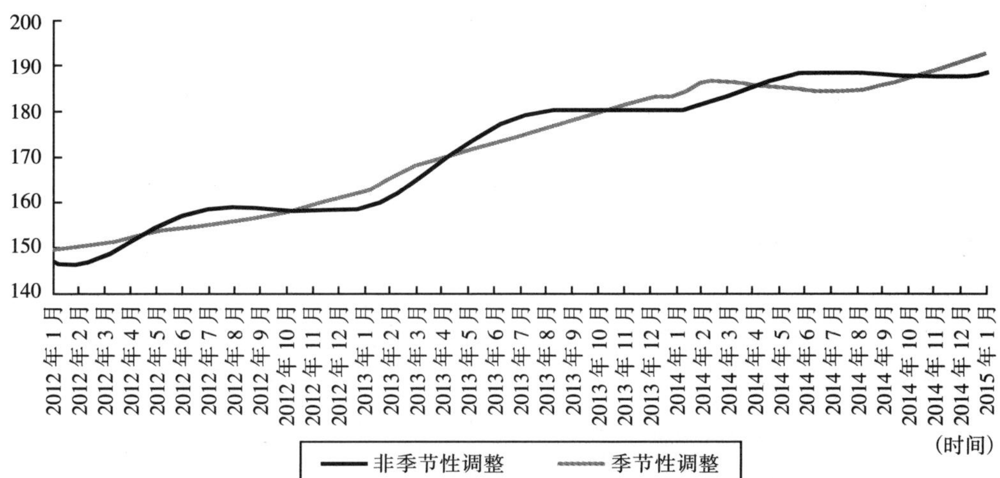

图 3–2　2012 年以来 10 大都会区非季节性调整和季节性调整综合指数

资料来源：标普道琼斯指数公司，中国指数研究院综合整理。

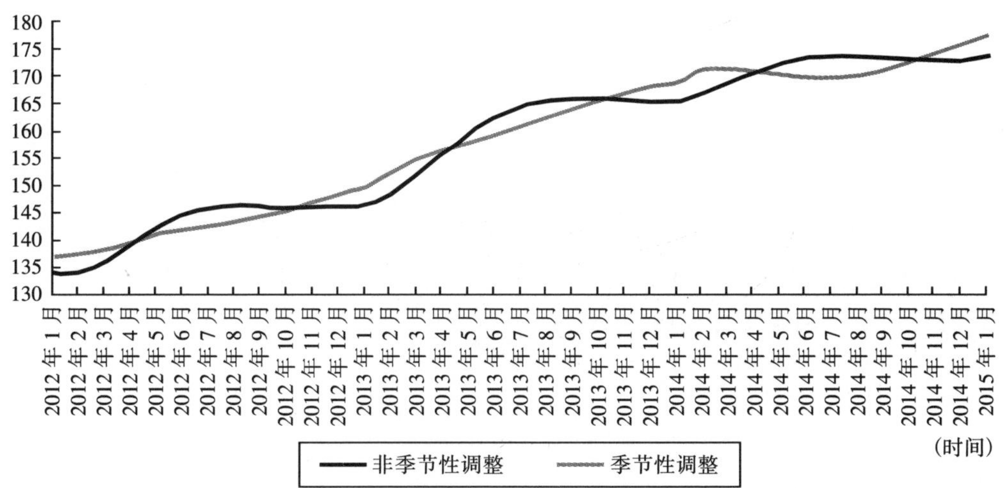

图 3–3　2012 年以来 20 大都会区非季节性调整和季节性调整综合指数

资料来源：标普道琼斯指数公司，中国指数研究院综合整理。

6. 指数修正

标普/凯斯—席勒房价指数数据每月均需要修正。这是因为在每月指数的计算过程中，多数的房屋交易量（一般超过 85%）可以得到汇总和计算，但部分样本不能及时得到记录，当这部分未被记录的样本可用时，与其相对应的指数将得到修正，来确保房价指数的准确性。这种外加的交易样本在 24 个月内有效。

7. 总结

标普/凯斯—席勒房价指数的优点：①该指数的权重采用的是独立屋存量的总价值，与中国房地产指数系统中二手房价格指数所采用的面积权重不同。房屋面积对美国独立屋价格变化的影响相对较小，因而标普/凯斯—席勒房价指数的这种以独立屋存量的总价值为权重的设置更能反映美国独立屋市场的价格变动。②该指数覆盖 20 大都会区，覆盖范围较广，既有利于分析各都会区独立屋的价格变化，又可以分析都会区的综合水平，便于比较分析；指数发布时间从 1987 年开始，时间序列较长，有利于美国各都会区历史房价的分析。③该指数发布了季节性调整后的数据，可以反映价格的真实变动。

标普/凯斯—席勒房价指数的缺点：①该指数采用的重复销售法，无法避免重复销售法本身的缺陷（具体请查看本章第二节对重复销售法的描述）对指数编制带来的影响。②数据采用的是交易数据，具有一定的时间延迟。

二、澳大利亚统计局房价指数

1. 简介

澳大利亚统计局房价指数包括一个独立屋房价指数 HPI（Established House Price Index，独立屋包括独栋别墅、农村住宅等）、一个非独立屋房价指数 ADPI（Attached Dwellings Price Index，非独立屋包括公寓、联排、双拼等）和一个综合房价指数 RPPI（Residential Property Price Index），这些指数均覆盖澳大利亚八大首府统计区（悉尼、墨尔本、布鲁斯班、阿德莱德、珀斯、霍巴特、达尔文、堪培拉）。澳大利亚统计局房价指数架构如图 3-4 所示。

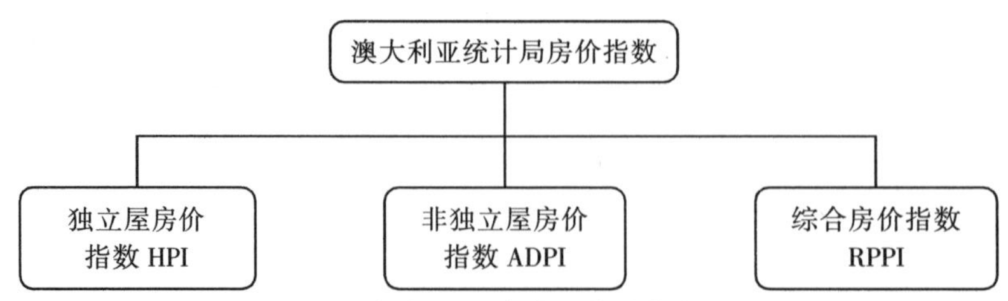

图 3-4 澳大利亚统计局房价指数架构

资料来源：澳大利亚统计局，中国指数研究院综合整理。

澳大利亚房价指数定位于：

1）住宅价格变化、货币政策和通货膨胀目标制的宏观经济指标。

2）房屋价值占国家财政的估算。

3）个人购房者的购房决策。

基于以上目的和用途，澳大利亚统计局采用分层方法（Stratification Methods，该方法是将所有的房屋样本划分成小的子样本或者阶层）编制房价指数，基期为 2011 年 12 月，基点为 100 点。

2. 数据采集与选取

澳大利亚统计局利用住宅销售数据作为反映市场价格的指标，这样一来，某一时期的住宅销售价格的变化就可以代表同一时期整个住宅市场的价格变化。销售的时间节点选取合同交换的时间。某一阶层所有销售住宅的价格中位数用来代表该阶层所有住宅的价格，因此，该阶层价格的变动就可以用某一时期价格中位数相对于另一时期价格中位数的变化来确定。

数据来源为州或地区的估价办公室和抵押贷款机构，其中估价办公室的数据更受澳大利亚统计局的重视，因为其在住房销售方面覆盖范围更广（全覆盖），且拥有更全面的数据资料。抵押贷款机构的住房贷款申请数据是指数计算初期对估价办公室数据的补充。

澳大利亚统计局在计算指数的过程中，非市场交易数据（如家庭内部转移、离婚分配等交易数据）将被剔除，同时，在数据整理过程中，一些非常大或非常小的异常数据也将被剔除。

3. 权重

澳大利亚统计局房价指数的权重设置为住宅存量的总价值，每一阶层的价格指数需乘以该阶层的相对权重来得出综合指数。

权重的数据来源为澳大利亚统计局对人口和住房的普查数据，目前权重的基准期为 2011 年，当 2016 年的普查数据可用时，权重基准期将更新为 2016 年。

4. 计算方法

澳大利亚统计局房价指数采用分层方法，目前使用的阶层数量如表 3-5 所示。

分层法在将所有样本分为不同阶层的过程中，需要最大限度地保证每一个阶层内影响住房价格特性的同质性和每一时期充足的价格观察量来确保价格中位数的可信度。然而，在实践过程中某些郊区在划分至一个阶层过程中不能满足同质要求，因此，有些阶层只包含一个或者很少的郊区，也就意味着该阶层每个季度可用的样本数量可能很少或者为 0。

表 3-5　目前指数编制使用的阶层数及与前两个系列对比

	系列 3（2013 年第三季度至今）		系列 2（2008 年第三季度~2013 年第二季度）		系列 1（2008 年第三季度以前）	
	HPI	ADPI	HPI	ADPI	HPI	ADPI
悉尼	23	12	22	10	55	10
墨尔本	19	13	20	10	39	10
布鲁斯班	13	9	20	10	51	10
阿德莱德	13	8	11	5	27	5
珀斯	13	10	10	4	14	4
霍巴特	8	4	5	3	8	3
达尔文	6	7	6	3	5	3
堪培拉	10	8	7	4	14	4

资料来源：澳大利亚统计局，中国指数研究院综合整理。

基准期住宅存量的总价值的计算公式为：

$$V_0 = \sum p_0 \times q_{Census}$$

其中，V_0 代表总价值，p_0 代表价格基准期（目前的价格基准期是 2013 年第三季度）的价格，q_{Census} 代表权重基准期的住宅数量。

在计算各首府的价格指数之前，需要计算各阶层的相对价格，进而计算该阶层当期住宅存量的总价值，具体计算公式为：

$$V_t = \sum \frac{p_t}{p_{t-1}} \times V^s_{t-1}$$

其中，V_t 表示当期住宅存量的总价值，p_t 表示当期的价格中位数，p_{t-1} 表示上期的价格中位数。指数可以通过当期住宅存量的总价值与基准期住宅存量的总价值的比值乘以基准期的价格指数计算得到，结果为：

$$I_t = \frac{V_t}{V_0} \times I_0$$

例如，城市 A 的住宅市场分成 5 个阶层，首先根据各阶层的当期和上期的价格中位数计算出相对价格，其次通过相对价格计算出当期的住宅存量总价值，最后通过权重计算城市 A 的房价指数。在计算指数过程中可以看出阶层 1 的住宅存量总价值下降幅度最大，但是它的权重最小，最终城市 A 的房价指数较上期仍为上涨。计算过程如表 3-6 和表 3-7 所示。

表 3-6 计算相对价格

单位：澳元

	上期价格（p_{t-1}）	当期价格（p_t）	相对价格（p_t/p_{t-1}）
阶层 1	1500000	1260000	0.84
阶层 2	800000	800000	1.00
阶层 3	500000	505000	1.01
阶层 4	400000	412000	1.03
阶层 5	300000	315000	1.05

表 3-7 计算指数

	价格基准期	上一期	当期	变化（%）
总价值（千澳元）				
阶层 1	600000	650000	546000	-16.0
阶层 2	8000000	7500000	7500000	0.0
阶层 3	15000000	16000000	16160000	1.0
阶层 4	15000000	17500000	18025000	3.0
阶层 5	2000000	3200000	3360000	5.0
城市 A	40600000	44850000	45591000	1.7
指数				
阶层 1	105.0	113.8	95.6	-16.0
阶层 2	105.0	98.4	98.4	0.0
阶层 3	94.0	100.3	101.3	1.0
阶层 4	91.0	106.2	109.4	3.0
阶层 5	96.0	153.6	161.3	5.0
城市 A	93.0	102.7	104.4	1.7

资料来源：澳大利亚统计局，中国指数研究院综合整理。

综合房价指数来看，各阶层与各指数之间的关系如图 3-5 所示。

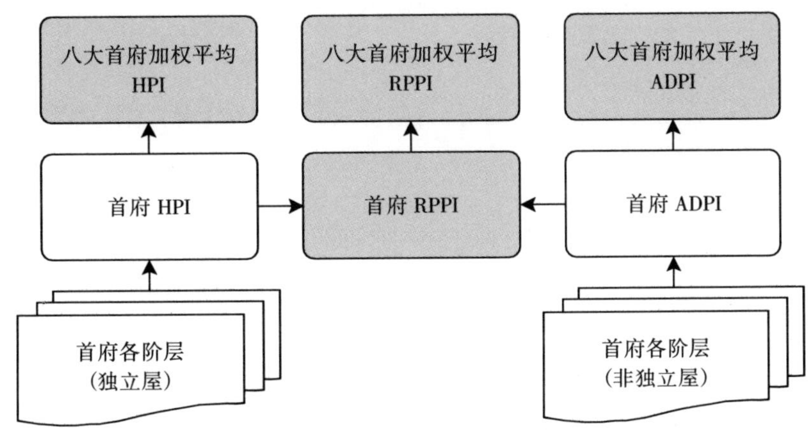

图 3-5 各阶层与各指数之间的关系

资料来源：澳大利亚统计局，中国指数研究院综合整理。

图 3–5 中灰色区域均代表综合房价指数，综合房价指数的计算与各首府房价指数的计算方法一致，区别仅是将各阶层住宅存量的总价值换成各首府住宅存量的总价值，如表 3–8 所示。

表 3–8　综合房价指数计算

	价格基准期	上一期	当期	变化（%）
		总价值（千澳元）		
城市 A HPI	40600000	44850000	45591000	1.7
城市 B HPI	30200000	32500000	34000000	4.6
加权 HPI	70800000	77350000	79591000	2.9
		指数		
城市 A HPI	93	102.7	104.4	1.7
城市 B HPI	95	102.2	106.9	4.6
加权 HPI	94	102.7	105.7	2.9

资料来源：澳大利亚统计局，中国指数研究院综合整理。

5. 指数修正

虽然估价办公室的数据可以覆盖所有住宅销售数据，但是这些数据并不能完全及时有效地在指数计算当期使用。澳大利亚统计局公布的最新房价指数均为基于估价办公室和抵押贷款机构的混合数据得出的初步估计指数，然后经过修正得出最终的价格指数。

指数编制过程中数据的使用情况分为三个阶段，如表 3–9 所示。

表 3–9　各指数公布过程中三个阶段的数据构成

	终值（a）	二次估算	首次估算
HPI	估价办公室数据	估价办公室数据和抵押贷款机构数据的混合（b）	估价办公室数据和抵押贷款机构数据的混合
ADPI	估价办公室数据	部分估价办公室的数据	前两月为估价办公室的数据，第三个月为抵押贷款机构的数据（c）

资料来源：澳大利亚统计局，中国指数研究院综合整理。

其中，（a）表示最终的数据，不会再进行修正；（b）表示除了北领地，其他数据均为估价办公室的数据；（c）表示除了西澳大利亚，其他数据均为估价办公室的数据。

6. 总结

澳大利亚统计局房价指数的优点：①数据来自估价办公室，而估价办公室的数据覆盖所有住宅销售数据，即各首府全样本覆盖，可以充分反映各首府市场的整体情况。②指数的计算方法采用分层法，便于澳大利亚统计局对各个阶层的住宅价格分析，以达到该指数作为宏观经济、国家财政估算等参考指标的目标。③对发布的指数及时进行修正。

澳大利亚统计局房价指数的缺点：①数据具有延时性，最终指数公布前的指数仅能作为简单参考。②分层法在将所有样本分为不同阶层的过程中，有些阶层只包含一个或者很少的郊区，所以，对这些阶层的分析可能失去一定的准确度。③指数数据仅覆盖澳大利亚八大首府的情况，整个国家的住宅价格状况没有涉及。

三、英国 Nationwide 房价指数

1. 简介

英国房屋抵押贷款协会（Nationwide Building Society）在记录和分析房价数据方面历史悠久，从 1952 年开始发布房价信息。

1）1952 年——发布年度房价数据。

2）1974 年——首度发布季度房价数据。

3）1989 年——引入回归统计技术开发新的房价指数。

4）1993 年——根据 1991 年普查数据对房价系统作进一步改进，并开始发布月度数据。

其中，月度数据仅覆盖全英。英国房屋抵押贷款协会对房屋特性进行细分，构造季度分指数，这些季度数据覆盖全英和 13 个地区（伦敦，约克郡和亨伯赛德，东米德兰，威尔士，西北部，外都市，外东南，东安格利亚，苏格兰，西米德兰，北爱尔兰，西南部和北部），细分为 4 种房屋类型（独栋、双拼、联排和公寓），2 种购房者类型（首次购房者、多次购房者），3 种房龄（新、半新、旧）。

2. 数据采集与选取

所有房价信息均来自于英国房屋抵押贷款协会的数据，这些数据均在每月抵押贷款审批初期提取，因为初期的房价数据更能说明住房市场价格的当前变化趋势。

参与房价指数计算的房屋一律为户主自住，不包括购房出租房屋，另外，不典型或者可能对指数产生误差影响的房屋也被排除在外。一般而言，参与指数计算的房屋选择标准如下：

1）不包括二次抵押住房。

2）户主自住。

3）以真实市场价格买卖，不包括以折扣价购买的房屋。

4）特定物业类型的建筑面积须满足一定条件，如独栋住房至少应拥有 400 平方英尺的建筑面积。

每月的样本量由每月的抵押贷款量决定，各月数量并不相同。英国房屋抵押贷款协会的数据量充足，保证了用于计算价格指数的大数据量。

3. 计算方法

Nationwide 房价指数是基于混合调整法的一种指数。房屋价格依赖于房屋本身的特性，包括物理属性，如大小、卧室数量、邻里类型。基于抵押贷款数据，英国房屋抵押贷款协会使用特征回归统计方法将影响房屋价格的各个特性关联起来，且通过这种方法就可以得出在给定的房屋特性下房屋的预估价值。另外，在指数编制过程中设置了一系列特性来描述一个典型住房，进而通过典型住房的价格来追踪英国房屋的整体价格。典型住房并不真实存在，而是代表一个区域内拥有特征平均值的住房。该方法在不同时间点的数据集上重复使用，典型住房的价格变化仅反映当期房屋的价格变动，并不能代表前期和目前销售房屋的价格情况。

下列各项是编制 Nationwide 房价指数所选择的特征项。其中，区位、邻里类型和建筑面积是最重要的三个房价影响因素：

1）区位，如位于东部。

2）邻里类型。Nationwide 房价指数使用已建立的人口统计系统，根据居住人口的特点将全英国的土地划分为 59 类，典型的如退休区和议会区。

3）建筑面积。

4）物业类型（独栋、联排、双拼、公寓等）。

5）浴室数量（1 个、多于 1 个）。

6）车库类型（单车库、双车库或无车库）。

7）卧室数量（1、2、3、4、多于 4 个）。

8）物业新还是旧。

计算典型住房的权重随时间变化，目前该房价指数的权重两年更新一次。各地区的权重是根据土地注册处（Land Registry）、地区抵押贷款协会等可以排除英国房屋抵押贷款协会的区域偏差的数据计算得来。

4. 季节性调整

房价在一年中会随季节发生轻微的变化，有时房价显得偏高而有时偏低，这种季节变化往往与房价的整体趋势无关。根据英国房屋抵押贷款协会的长期研究，季节对房价的影响在±1.5%之间；如果房价指数的月度变化小于 0.1%，季节因素将显得非常重要，因为季节的变化程度大于方法本身的变化程度。为此，英国房屋抵押贷款协会对 Nationwide 房价指数作了季节调整。调整后的结果显示：6 月是最旺季（调整前房价比调整后高出 1.2%），1 月是最淡季（调整前房价比调整后低 1.3%），如表 3-10 和图 3-6 所示。

表 3-10 Nationwide 房价指数及季节因素的影响（2014 年 1 月~2015 年 4 月）

日期		平均房价（英镑）	季节调整前指数 1993 年第一季度=100	季节调整后指数 1993 年第一季度=100	调整后环比变化（%）	调整后同比变化（%）
年	月					
2014	1	176491	352.1	356.9	0.8	8.8
2014	2	177846	354.8	360.1	0.9	9.4
2014	3	180264	359.6	362.2	0.6	9.5
2014	4	183577	366.2	365.8	1.0	10.9
2014	5	186512	372.1	368.2	0.7	11.1
2004	6	188903	376.8	371.9	1.0	11.8
2014	7	188949	376.9	372.5	0.1	10.6
2014	8	189306	377.6	375.6	0.8	11.0
2014	9	188374	375.8	375.1	-0.1	9.4
2014	10	189333	377.7	377.2	0.6	9.0
2014	11	189388	377.8	378.4	0.3	8.5
2014	12	188559	376.2	379.4	0.3	7.2
2015	1	188446	375.9	380.8	0.4	6.8
2015	2	187964	375.0	380.5	-0.1	5.7
2015	3	189454	377.9	380.9	0.1	5.1
2015	4	193048	385.1	384.7	1.0	5.2

资料来源：英国房屋抵押贷款协会，中国指数研究院综合整理。

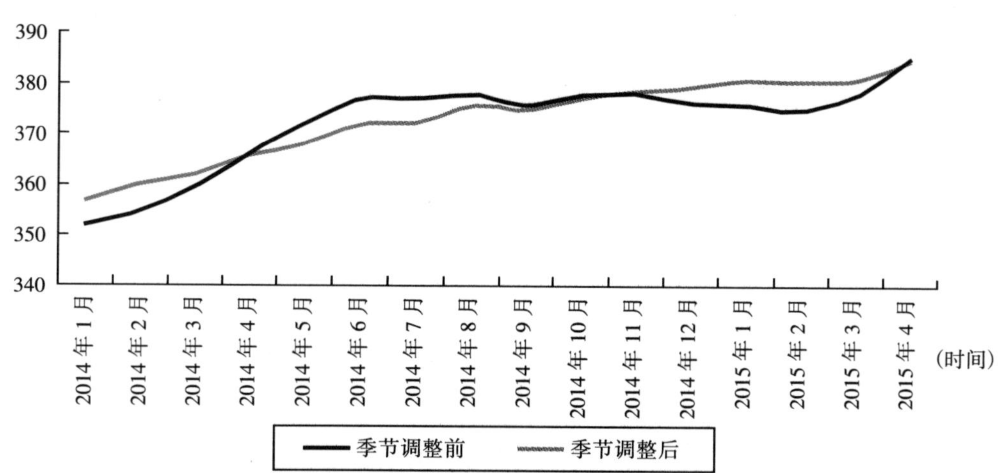

图 3-6 季节性调整前后的 Nationwide 房价指数曲线（2014 年 1 月~2015 年 4 月）

资料来源：英国房屋抵押贷款协会，中国指数研究院综合整理。

5. 总结

Nationwide 房价指数的优点：①Nationwide 房价指数的编制是基于房屋抵押贷款的数据，该数据具有及时性，与销售完成时的数据相比，更能及时地反映市场现状。②指数编制过程中设置了一系列特性来描述一个典型住房，进而通过典型住房的价格来追踪英国房屋的整体价格。这种典型住房的价格比所有房屋的平均价格更具有代表性，同时，也不会受到个别价格较高或较低房屋的影响。

Nationwide 房价指数的缺点：①一个房屋在交易尚未完成之前均有可能被放弃成交，所以抵押贷款的数据具有不准确性，造成最终的房价指数有一定的不精确度。②Nationwide 房价指数的资料来源是英国房屋抵押贷款协会，而英国房屋抵押贷款协会的数据占英国整体市场的份额仅为 10%；另外，抵押贷款数据不包括现金购买的房屋数据，这些对该指数反映英国整体情况的准确性均有一定程度的影响。

四、新加坡组屋转售价格指数

1. 简介

新加坡住宅主要有组屋（HDB Flats）和私人住宅（Private Properties）两种类型，其中私人住宅包括非有地私人住宅（Non-Landed Properties）和有地私人住宅（Landed Properties）。非有地私人住宅包括高级公寓（Condo）和普通公寓（Apartment），有地私人住宅包括独栋别墅（Detached）、双拼别墅（Semi-Detached）和联排别墅（Terrace）。1990 年以来组屋占比均超过 80%，是新加坡最主要的房屋类型。新加坡各种住宅类型如图 3-7 所示。

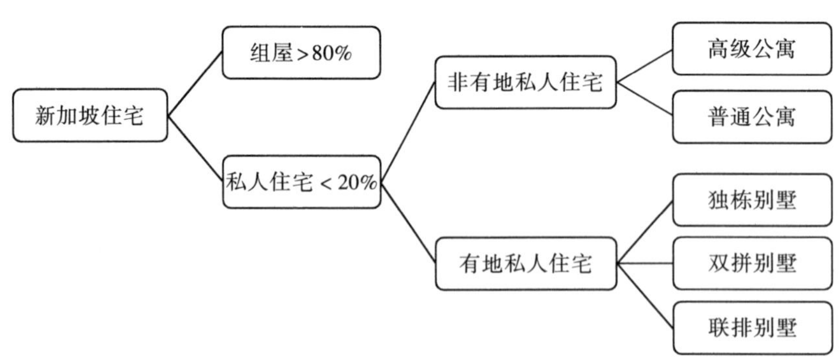

图 3-7　新加坡住宅类型

资料来源：中国指数研究院综合整理。

新加坡建屋发展局规定只让新加坡公民购买新组屋，而永久居民则只可以在二手转卖市场上购入组屋。

2. 计算方法

组屋转售价格指数（HDB Resale Price Index，RPI）用于描述转售组屋的价格变化趋势。随着转售组屋的种类不断增加，如不同的设计（三房式组屋推出上市）、屋龄及新的位置（榜鹅、盛港和三巴旺等组屋区被列入指数编制中）等，2014 年第四季度，建屋发展局对组屋转售价格指数的计算方法进行修订，以便更准确地反映转售市场的动向。目前组屋转售价格指数的计算方法为采用分层特征回归方法，权重采用 5 个季度固定资产价值。

具体来看，①该指数采用分层特征回归方法，通过特征回归可以有效地控制组屋的属性变化，如邻近设施、屋龄和楼层等，以便得到每一阶层的价格动向，进而通过采用 5 个季度固定资产价值作为权重得出综合价格指数；为了更好地反映市场的动态，权重将每 3 年更新一次。②范围覆盖所有市镇，同时涵盖了更多的房屋属性来区分不同的组屋类型，这些属性包括层数、屋龄、距地铁及购物中心的距离等。③基期为 2009 年第一季度，基点 100 点。新加坡组屋转售价格指数样本属性如图 3-8 所示。

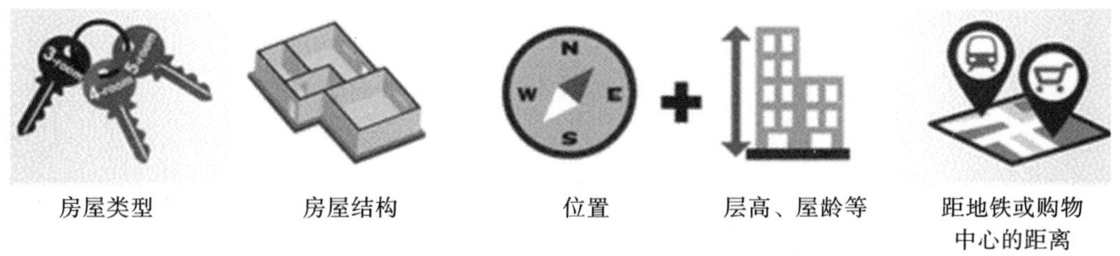

图 3-8 新加坡组屋转售价格指数样本属性

资料来源：新加坡建屋发展局，中国指数研究院综合整理。

3. 总结

目前新加坡组屋转售价格指数的计算方法是 2014 年第四季度最新修订的计算方法，具有以下优点：①地域覆盖至所有市镇，更能反映新加坡整体的组屋转售情况。②房屋属性划分细致，基本涵盖了房屋的所有属性，便于对房屋进行分层。③基期为 2009 年，有利于分析现阶段组屋转售价格的涨跌情况。

另外，目前组屋转售价格指数的计算方法与市重建局私人住宅的计算方法保持了一致，便于组屋与私人住宅之间的比较。

第四章　中国房地产指数系统理论

第一节　中国房地产指数系统由来及发展

一、中国房地产指数系统的由来及发展

中国房地产指数系统（China Real Estate Index System，CREIS）是一套以价格指数形式反映全国及各主要城市房地产市场发展变化轨迹和当前市场状况的指标体系和分析方法。中国房地产指数系统是市场呼唤出来的产物，是适应中国房地产业发展的内在要求，是针对市场信息零散、传递不畅、层次不高等状况，为促进房地产的成熟和健康发展、促进房地产投资科学化而设立的。1993 年针对房地产市场变化莫测的状况，中国房地产开发集团提出建立房地产监控体系的设想，随后与国务院发展研究中心情报中心联合发起了这方面的研究，最终确定以简单、明了、定量的指数形式作为研究房地产市场的主要手段，并于 1994 年底完成了中国房地产指数系统的初步设计。

1995 年 1 月中国房地产指数系统通过了初步论证，并开始发布中国房地产北京价格指数。随后又逐步推广到了上海、大连、天津、武汉等主要城市，在国内外引起了很大反响。经过半年多的试运行和不断完善，1995 年 9 月，由国务院发展研究中心主持召开了“中国房地产指数系统”的部级评审会，中国房地产指数系统获得了与会专家的一致好评，评审意见认为“中国房地产指数系统的建立标志着我国房地产信息产业的发展登上一个新台阶——可以比较全面、及时、定量、客观地反映房地产市场的态势和变化轨迹，对监控市场、引导投资、促进

房地产业健康发展具有重要的现实意义。从试运行的效果看，中国房地产指数已成为各界了解、分析和把握我国房地产市场态势的重要工具”。

经评审后，中国房地产指数系统日益成熟规范，并向全国房地产业发展成就突出、投资潜力较大的 20 多个城市推广。中国房地产指数系统逐渐覆盖了北京、上海、天津、广州、深圳、重庆、武汉等 17 个重要城市，对各地区房地产业的招商引资和健康发展起到了重要的引导作用。

2004 年 1 月至 2005 年 6 月，中国指数研究院对运营 10 年的中国房地产指数系统进行了全面回顾，并根据国际、国内房地产分析研究体系的最新发展和要求，对中国房地产指数系统进行了全面的技术改进。2005 年 6 月 25 日，来自国务院发展研究中心、建设部、国土资源部、中国银监会、中国房地产业协会、清华大学和北京大学等单位的多位专家学者组成的鉴定委员会通过了对《中国房地产指数系统技术改进成果》的学术鉴定。

2010 年中国房地产指数系统启动“百城价格指数”研究，根据 GDP、常住人口、房地产开发投资额等从中国 656 个城市中挑选 100 个城市，对其住宅价格进行调查研究（2009 年这 100 个城市房地产开发投资额占全国比重为 75%，商品房销售面积和销售额占比分别为 68%和 85%），旨在反映这些城市在不同时点的在售新房的价格水平及不同时点的价格变化情况。目前，百城价格指数是中国覆盖范围最广的房屋价格指数。

2012 年，中国指数研究院结合住宅销售的特点对百城价格指数的编制理论进行了调整，同时对中国房地产指数系统中新房价格指数的住宅指数进行了相应调整，调整后的方法沿用至今。

此外，历经 20 年的发展，中国房地产指数系统延伸出其他多个指数。

2000 年中国房地产行业顾客满意度指数系统开始建立。2004 年，中国指数研究院率先引入房地产顾客满意度评价体系，并于 2005 年形成完善的理论系统。

2006 年，中国指数研究院联合国内权威土地研究机构，推出了中国土地价格指数系统。同年，中国指数研究院经过不懈努力，参考国内外各种量化分析模型，特别是中国房地产指数系统、美国道琼斯指数理论和中国消费价格指数的设计方案，开发设计了中国装饰装修及材料指数系统。该系统旨在准确把握全国和地方城市装修装饰市场的脉搏，以指数的形式进行城市装饰装修及材料市场价格的比较分析。它开辟了我国对装饰装修及材料市场进行定量化系统研究的新领域，填补了本产业量化研究的一项空白。

2013 年，物业服务行业处在持续健康发展的历史机遇期，且行业经营方式和服务内容正在进行全方位的深刻变革，信息移动互联等新技术得到应用，全面提升了企业的服务品质和经营绩效。值此背景下，中国指数研究院启动中国物业服务价格指数研究，其相关理论与实践研究成果通过中国房地产业界及物业服务行业权威专家组成的评审委员会一致评审。同年 12 月首次对外发布中国物业服务价格指数研究报告，具有很强的指导意义和现实意义。

2015 年中国房地产指数系统继续强化与金融资本市场衔接，与博时基金管理公司、中证指数有限公司研制出国内第一只房地产大数据股票指数——中证房天下大数据指数，开启了中国房地产指数系统在金融领域拓展的新里程。

二、中国房地产指数系统体系

中国房地产指数系统目前由新房价格指数、百城价格指数（新建住宅）、主城区二手住宅销售价格指数和住宅租赁价格指数组成，其中新房价格指数又分为分指数和总指数，分指数包含住宅、写字楼和商铺等分物业指数，总指数即为各分指数的综合指数（亦称为城市综合指数）。在中国房地产指数系统的各指数中，百城价格指数覆盖全国有代表性的 100 个重点城市，其他指数均覆盖全国十大城市（北京、上海、广州、深圳、南京、杭州、武汉、重庆、成都、天津）。CREIS 实质上形成了一套以指数为旗舰的全国及主要城市房地产市场形势信息与分析系统，每月对城市的房地产形势和走势进行系统分析，揭示各城市房地产分物业、分档次、分区位的价格变化情况、销售情况、供给情况、投资环境情况等。中国房地产指数系统是目前国内建立时间最早、覆盖范围最广、城市最多的价格指数系统，其体系结构如图 4-1 所示。

另外，中国指数研究院还编制了中国房地产指数系统的延伸指数产品，包括中国物业服务价格指数、中国房地产顾客满意度指数、中国土地价格指数、中国装饰装修及材料指数、中证房天下大数据指数及客户定制类指数，如天津土地交易指数、湖北商品指数、幸福宜居指数等，如表 4-1 所示。

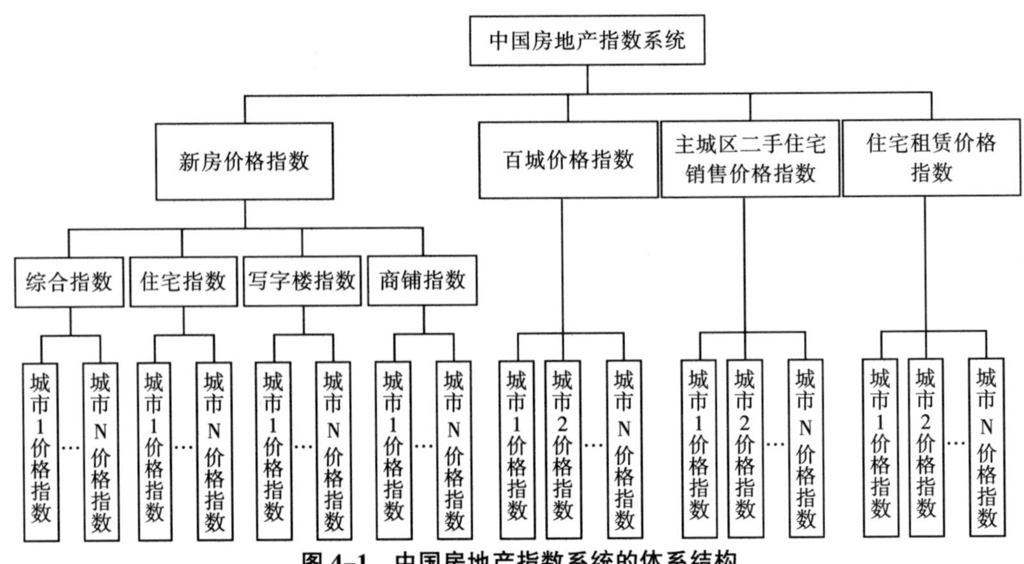

图 4-1　中国房地产指数系统的体系结构

资料来源：中国指数研究院综合整理。

表 4-1　中国房地产指数系统的延伸指数

延伸指数类别	名　称
常规研究类	中国物业服务价格指数
	中国房地产顾客满意度指数
	中国土地价格指数
	中国装饰装修及材料指数
	中证房天下大数据指数
客户定制类	天津土地交易指数、湖北商品指数、幸福宜居指数

资料来源：中国指数研究院综合整理。

第二节　中国房地产指数系统的技术改进

中国房地产指数系统于 2004 年和 2012 年经历了一次技术改进和一次方法调整，主要涉及权重设置方法、基期调整和计算模型的调整三个方面的内容，从而形成了目前中国房地产指数系统正在使用的最终方案。

一、权重设置方法

在指数计算过程中，权重的设置非常关键。中国房地产指数系统的原理论方法为拉氏指数理论，该理论的权重设置为固定权重。在 2012 年的方法调整中，中国指数研究院针对住宅独特的销售特点，将百城价格指数的样本权重采用新的规则，同时为了保持中国房地产指数系统中住宅部分指数的一致性，也将新房价格指数中的住宅价格指数的权重作了相应的更改，而写字楼和商铺指数的权重仍采用原来的权重设置。

对于住宅销售来说，一般单价较高的项目，销售周期较长，一段时间内的销售量较小，若以该项目的总建筑面积为权重，则指数的代表性具有一定的局限；建筑规模较大的项目往往采取分期推盘的营销策略，每期实际的推盘量远小于总建筑面积，如果以项目的总建筑面积作为样本权重，就会强化该样本在总体样本中的比重；同理，不同城市之间，由于城镇化发展阶段不同、经济发展水平差异、房地产发展程度等差别较大，住宅价格指数的权重设置也有所差别。

基于以上三方面考虑，住宅项目的权重并未直接使用项目的总建筑面积，而是将住宅项目的权重设置为年均消化面积。年均消化面积为项目总建筑面积与消化时间的比值，即：

年均消化面积=项目总建筑面积/消化时间

项目总建筑面积就是该项目总的规划建筑面积。消化时间是根据城市类型、项目均价、总建筑面积等，对每个项目进行分类归档。先按项目单价分为低端、中高端、高端三类，再按总规模进行区分，对三类城市（一线城市、二线城市和三线城市）不同档次和规模项目的消化时间作不同的设置，具体参见第五章表 5-5。

二、基期调整

中国房地产指数系统原有的基期为 1994 年 11 月，以该期北京城市综合价格指数为 1000 点，构建各城市综合指数和分物业指数。2004 年中国指数研究院对中国房地产指数系统进行技术改进中将基期调整为 2000 年 12 月。

历经 10 年发展，北京乃至中国的房地产市场已经发生了质的变化。具体来看，总量上，北京 1994~2004 年的商品房竣工面积和销售面积分别增长了 5.88 倍和 13.66 倍，商品住宅则分别增长了 5.11 倍和 14.34 倍；结构上，北京住宅在商品房中占据绝对统治地位；供给上，住宅竣工面积在 1994~1998 年逐渐减少，办公与商业地产发展迅速，1998~2004 年住宅竣工量有所恢复；需求上，住宅销售面积占整体商品房的比例不断扩大并稳定在 90%的高位上。供求总量与结构的变化同时导致商品房与商品住宅的价格在 10 年间波动上涨。为了适应市场变化与行业发展，中国房地产指数系统的基期调整为 2000 年 12 月，并以该期北京住宅价格指数为 1000 点，陆续重建各城市综合指数与各分物业指数。

在确定了新的基期之后，对原始数据逐步扩充最终形成全样本数据库，并根据该数据库重新计算得到以新基期基值为 1000 的指数序列。

三、计算模型的调整

针对中国房地产指数系统方法体系中权重设置的变化，相应的计算模型也需要进行调整，主要调整的是新房价格指数中住宅指数的计算模型，住宅指数的计算模型由原来的拉氏公式法调整为加权平均法，计算公式为：

$$P_j^t = \frac{\sum P_{ij}^t \times Q_{ij}}{\sum Q_{ij}}$$

其中，P_j^t 代表第 j 个城市在第 t 期的平均价格，P_{ij}^t 代表第 j 个城市第 i 个项目在第 t 期的价格，Q_{ij} 为该项目调整后的年均消化面积。

城市平均价格计算完成后，住宅价格指数的计算就可以根据下述公式得出：

$$I_j^t = \frac{P_j^t}{P_j^{t-1}} \times I_j^{t-1}$$

其中，I_j^t 为第 j 个城市在第 t 期的价格指数。

写字楼和商铺指数的计算模型仍为拉氏公式。

相应地，各物业的综合指数需要在新的住宅计算模型下进行重新计算。

第三节　中国房地产指数系统的计算

一、样本收集

选择调查方法的标准主要考虑需调查资料的样本特征，对所获数据的数量与精度要求、调查周期、信息量、信息复杂程度和调查费用等。在条件许可的情况下，一切有利于减少调查数据误差的方法皆可采用。一方面，为保证调查精度，中国房地产指数系统中的新房价格指数和百城价格指数的样本均采取全样本调查的方式，在保证指数编制样本数量的基础上，降低误差、提高指数测算的可信度；另一方面，由于二手房和租赁市场的项目样本量大且样本信息不够齐全，使得全样本的获取难度很大。中国房地产指数系统中的二手住宅销售价格指数和租赁价格指数的样本均采用抽样调查的方法，其中二手住宅样本为当地主要城区成交较为活跃的代表性楼盘，租赁价格指数的样本每月采集超过 10000 个挂牌样本。

1. 全样本调查

1）这里所说的全样本是一种相对的全样本，并不是覆盖城市范围内的所有项目，而是指覆盖城市市域范围内的主要区域（具体的覆盖区域可参看第五章相关章节）的所有在售项目，部分郊县距市区过远且开发项目很少，不在调查范围之内。通过全样本调查，可以获得比较全面的各地物业的项目名称、规模、用途类别、建筑结构、物业类型、环境特征、区位、开工竣工时间、租售时间、价格水平、物业管理、配套设施等资料。

2）调查资料整理。将获得的样本资料按城市区域和物业类别整理，并建立中国房地产指数系统城市基础样本数据库。

3）以后各期新的开工项目应持续纳入基础样本数据库。

2. 定点跟踪调查

在以后各个指数报告期（到调整期为止），对样本进行定点跟踪调查。获得追踪数据作为编制指数的原始数据，直至样本退出市场。

针对具体的采集方法，中国房地产指数系统中新房价格指数和百城价格指数均由中国指数研究院和搜房网房天下分布在各城市的直属人员通过实地调查、电话调研、网络调查等多种方式采集项目报价、规模等数据信息；二手住宅销售价格和租赁价格指数均是按市场实际情况和系统设计标准划分各城市观测区片确定样本点，同时选择该区片信誉好、业务量大的经纪公司作为提供数据的样本单位。

二、样本处理

调查得到的原始数据不能直接用于指数的测算，一般还需经过以下几方面的修正。

1. 数据审核

首先，计算调研样本的环比变化情况，根据环比变化幅度进行排序，对变化幅度超过 20%的样本进行再次审核，主要以实地调查和电话调查为主。如果审核结果与初步调研结果一致，则保留该结果；如果审核结果与初步调研结果不同，则以审核结果为准进行计算。

2. 异常数据（极大值、极小值等）的剔除

按照物业类型和档次进行划分，计算每档样本均值 X 和标准差 S，正常样本数据是指在两个标准差（X-2S，X+2S）即 95%的置信量度范围内的数据，超出此范围的数据应剔除，剔除后再计算样本新均值和标准差；再检验，再剔除，直至无异常数据为止。经过修正处理后的数据称为有效数据，它是指数编制的基础。

另外，调查所得的原始数据需要按数据获取情况和分析的实际需要进行必要的处理。

1）对残缺数据进行补充。

2）对原始数据进行规范。

3）对环比变化幅度过大的数据进行复核检验。

三、计算模型

中国房地产指数系统以指数理论为主，同时结合房地产理论、统计调查理论、多元统计分析、计量经济方法和系统理论的成果，是全面、灵敏、科学、开放的系统。

1. 基于加权平均法的指数计算

在指数计算公式选择方面，考虑到房地产业的特点和市场特征，中国房地产指数系统中住宅部分指数（百城价格指数和新房价格指数中的住宅指数）的编制采用加权平均法。计算公式为：

$$P_j^t = \frac{\sum P_{ij}^t \times Q_{ij}}{\sum Q_{ij}}$$

其中，P_j^t 代表第 j 个城市在第 t 期的平均价格，P_{ij}^t 代表第 j 个城市第 i 个项目在第 t 期的价格，Q_{ij} 为该项目调整后的年均消化面积。

新房价格指数中的住宅指数需利用下述公式进一步计算得出：

$$I_j^t = \frac{P_j^t}{P_j^{t-1}} \times I_j^{t-1}$$

2. 基于拉氏公式的指数计算

写字楼指数、商铺指数、二手住宅销售价格指数和租赁价格指数均采用拉氏

公式作为基本公式。以 2000 年 12 月为基期，得出 t 时期的城市写字楼、商铺指数；又分别以 2004 年 12 月、2005 年 12 月为基期，得出 t 时期的二手住宅销售价格指数和租赁价格指数，计算公式为：

$$I'_t=\frac{\sum P_i^t A_i^{t-1}}{\sum P_i^{t-1} A_i^{t-1}}\times I'_{t-1}$$

其中，I'_t 和 I'_{t-1} 分别是 t 和 t−1 期的价格指数，P 为物业价格（二手住宅、租赁为项目所有样本在当月搜房网房天下的平均挂牌价格），A 为当期权重（写字楼、商铺为当期项目的建筑面积，二手住宅、租赁为该项目所有样本的总建筑面积）。

在以上两种计算方式的基础上，城市新房价格综合指数由该城市的住宅、写字楼、商铺三类物业的指数加权平均得出，权重分别为 0.75、0.15、0.1。

第四节　中国房地产指数系统的意义

一、中国房地产指数系统的特点

中国房地产指数系统包含的指数类型多样、内容较为丰富，具有以下特点：

1. 全面性

能全面反映全国房地产市场的情况，具体有以下几点：①对地区反映的全面性，表现为指数系统对典型地区房地产市场都有全面反映；②不仅对一个时点各地的房地产市场有全面反映，而且在纵向上对不同时点的房地产市场也有全面反映；③对物业的反映是全面的，包括住宅、公寓、别墅、写字楼、商业营业用房等。

2. 灵敏性

中国房地产指数系统每月及时发布各房价指数及其变化，对市场的反映是及时和灵敏的，且具有很强的时效性。因此要注意指数计算的指标和公式的选择，做到数据容易获得，并且可以迅速处理。

3. 科学性

整个系统的设计建立在经济学和统计学的理论基础上，并参考了众多专家的意见。考虑了房地产业的具体特点，技术方案科学合理。

4. 开放性

中国房地产指数系统作为房地产市场预警体系的一部分，系统设计上具有开放性的特点。系统不断与外界进行最新的信息交换，其反映的信息也面向整个市场，宏观上为国家实施市场监控服务，微观上为引导市场服务。

5. 系统性

中国房地产指数系统是一个由代表城市、代表物业组成的严密的指数系统，其内容是完整和统一的，各部分之间具有有机的、内在的联系。新房价格综合指数可由样本物业资料直接求出，也可由各城市指数加权求得，各物业指数也是如此。因此其组成是由物业和城市组成的矩阵分布结构。

6. 权威性

系统的结构得到了有关领导的支持和广大专家的指导帮助，系统足以描述我国房地产市场的变化和产业发展态势，是广大市场投资者、消费者的权威参考，评估、咨询机构的有力借鉴，并成为政府监控行业市场的重要依据。

二、中国房地产指数系统的意义

中国房地产指数系统是为市场服务的，所以市场的各个主体皆为指数的服务对象。中国房地产指数系统的意义主要表现在以下五个方面：

1. 对政府部门

中国房地产指数系统能够反映以 100 个城市房地产市场为代表的中国房地产市场整体走势，因此各级政府可以利用中国房地产指数了解全国房地产业的发展状况和行业结构，从而为调控全国各行业结构和引导行业发展服务。同时，通过中国房地产指数系统，各级政府还可以了解各地房地产的供求情况，并通过各地指数的对比，来了解各地房地产业的发展水平，为调整房地产业的地区结构提供参考。另外，各地政府也可以通过地区房地产指数与其他行业发展水平的对比，掌握其行业均衡发展的情况。对于地方政府来说，除了指导对行业发展速度进行调控外，还可以通过与各地指数的对比，了解本地房地产业在全国房地产市场中所处的地位，更好地制定本地房地产业的发展决策。

2. 对投资商

投资商借助中国房地产指数系统可以及时了解中国房地产业的整体状况和内部结构及其发展状况，进而提高其投资时机、投资结构的决策准确度；中国房地产指数系统可以使他们了解到各城市房地产市场的不同供需状况，在地点选择和物业选择上为之提供帮助，减少投资风险；通过中国房地产指数系统中各指数的动态比较，可以帮助投资商更好地判断房地产发展所处的周期性阶段，以把握市场形势，决定或调整投资时机。

3. 对房地产中介咨询服务业

中国房地产指数系统各指数的发布，可以为房地产中介提供咨询参考，提升咨询机构对市场发展变化的科学预见和判断能力，有助于咨询服务机构进行信息分析，有利于房地产投资服务业的健康发展。

4. 对购房者

中国房地产指数系统中各指数的发布，一方面，能为消费者购房决策提供区位、时点选择的帮助，帮助其预判未来房价的走势，进而选择合适的购房时机、购房地点，以及帮助购房者更加理智地进入房地产市场；另一方面，还可以帮助购房者节约购房成本。

5. 对开发商

中国房地产指数系统为新建住宅投资开发提供投资决策参照体系，可使房地产开发商及时了解全国住宅市场整体发展态势，掌握典型城市住宅市场发展状况及内部结构，以合理选择投资时机、调整投资结构，提升投资决策的准确度，从而降低投资风险，并通过对指数的动态比较，把握市场形势，预判和调整投资时机和投资方向。

此外，中国房地产指数系统还为其他经济研究机构、科研人员提供有效的信息及分析工具。正如前面所指出的，中国房地产指数系统的服务对象是整个市场，系统将以不同层次的指数产品满足市场各个层次的需要。

另外，中国房地产指数系统详尽完备的数据库和定期的分析报告，对市场各个主体同样具有重要的参考价值。

三、中国房地产指数系统的发布

中国房地产指数系统于每月 1 日发布上月百城价格指数及其分析报告，于每月 3 日发布新房价格指数、二手住宅销售价格指数和租赁价格指数，于每月 10 日左右发布中国房地产指数系统月报，解读房地产市场现状、走势及对未来的预测。

中国房地产指数的发布渠道主要有电视台、通讯社、电台、报纸、网络（包括移动互联、微信等平台）等公共媒体与《中国房地产指数系统月报》刊物等，目前公共媒体的报道主要由全国颇具影响的新闻媒体承担，如中央电视台、北京电视台、第一财经电视、新华社电视、东方卫视、新华社、中新社、中央广播电台、《中国证券报》、《上海证券报》、《证券日报》、《中国日报》、《经济观察报》、《中国经营报》、《文汇报》（中国香港）、《明报》（中国香港）及人民网、中国经济网、腾讯网、光明网、新浪地产、凤凰网、中国证券报官网、今日头条、和讯网、中国新闻网、金融界、地产中国网等，另有多家外媒争相报道，并对中国房地产指数系统给予了很高的评价。

第五章　中国房地产指数系统的架构

在20年的发展过程中，中国房地产指数系统的架构不断充实，同时结合房地产行业发展也淘汰了部分内容，如别墅指数和典型指数由于多种原因，不再符合我国房地产行业发展，现已经停止更新。

中国房地产指数系统的架构目前由新房价格指数、百城价格指数（新建住宅）、主城区二手住宅销售价格指数和住宅租赁价格指数组成，其中新房价格指数又包含了住宅、写字楼和商铺等分物业指数及各分指数的综合指数（亦称为城市综合指数）。

第一节　新房价格指数

新房价格指数于1995年开始发布，起初仅发布中国房地产北京价格指数，随后逐步推广至上海、广州、天津、武汉等城市，目前覆盖北京、上海、广州、深圳、天津、南京、杭州、武汉、重庆、成都十大重点城市。新房价格指数的结构如图5-1所示。

一、样本收集

1. 调查区域

在指数编制的过程中，调查区域的界定非常重要。中国房地产指数系统所涵盖的城市，多数都做到“全覆盖”，即调查区域覆盖城市行政区划所管辖的城区、郊区、远郊县。例如，北京市的调查区域做到全覆盖，既涵盖朝阳、房山等城区，也包括下辖的密云、平谷等县。部分城市下辖县市的房地产市场发展水平较

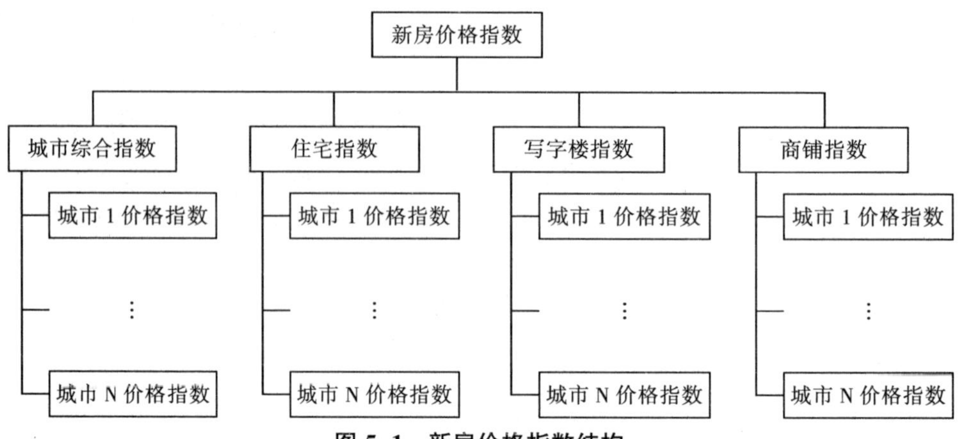

图 5-1 新房价格指数结构

资料来源：中国指数研究院综合整理。

为落后，与市区差距较大，房价水平相差也较多，若计算这些城市的均价时包括下辖县及县级市的项目，将大幅拉低该城市的房价平均水平，既不能准确反映市区的房价水平，也不能反映下辖县及县级市的房屋价格，不利于人们对当地房价的判断，因此这些城市的调查区域未能覆盖下辖县市。又如，重庆市的调查区域覆盖渝中、九龙坡等城区，但不包括万州、涪陵等县市；深圳市的调查区域覆盖福田、罗湖等城区，但不包括光明新区、龙华新区等城区。

分物业类型来看：

1）住宅类，一般界定为城区和所辖县市（深圳、重庆等城市不涵盖所辖县市）；

2）写字楼，一般界定为城区和所辖县市，并以主要的商务区、科技园区为主；

3）商铺，一般界定为城区内的主要商业区及具有一定规模的住宅底商等。

2. 调查项目规模

（1）调查的房地产项目涵盖当地所有获得销售许可证的已建项目、在建项目，据此编制的指数能够反映市场的变化趋势。

（2）对某类物业的不同期工程可算作不同项目，如居住社区的分期工程，重要办公、营业用房的扩建工程等。

3. 物业分类

项目一般按物业用途分类，具体分为住宅、写字楼、商铺；其中，住宅类又可细分为普通住宅、公寓、别墅。综合类项目可根据功用分为不同的项目分别进行统计。

4. 收集方法

为保证调查的精度，中国房地产指数系统中新房价格指数采取全样本调查的方式，在保证指数编制样本数量的基础上，降低误差、提高指数测算的可信度。

（1）全样本调查。

1）这里所说的全样本是一种相对的全样本，并不是覆盖城市范围内的所有项目，而是指覆盖城市市域范围内的主要区域的所有在售项目，部分郊县距市区过远且开发项目很少，不在调查范围之内。通过全样本调查，可以获得比较全面的各地物业的项目名称、规模、用途类别、建筑结构、物业类型、环境特征、区位、开工竣工时间、租售时间、价格水平、物业管理、配套设施等资料。

2）调查资料整理。将获得的样本资料按城市区域和物业类别整理，并建立中国房地产指数系统城市基础样本数据库。

3）以后各期新的开工项目应持续纳入基础样本数据库。

4）项目销售完毕后，应从基础样本数据库剔除。

（2）定时定点跟踪调查。

在以后各个指数报告期，对样本进行定时、定点跟踪调查，获得追踪数据作为编制指数的原始数据，直至样本退出市场。中国指数研究院每月 18~26 日对样本进行跟踪调查，以反映当月房地产市场变化情况。

（3）调查内容。

1）价格。这里的价格是指项目的平均基准价格（基准价，不考虑楼层朝向等差价）。在实际处理时，由于实际成交价往往难以获取，而项目报价可以全部获取，通过报价来完成计算。

2）价格优惠。数据收集过程中，价格优惠主要考虑价格折扣和现金优惠两种，其中价格折扣以按揭购房优惠力度计算，现金优惠一般以 100 平方米计算折扣。另外，为了方便起见，暂时不考虑赠送家电等实物优惠。

如果项目推出少量特价房（占比不超过 5%），不考虑此类短期少量特价因素；否则，以特价房源价格作为当月价格。

3）建筑面积。为理想地反映市场，实际成交量在理论上是可取的，但由于成交量在不同时期差异较大，对价格本身的灵活变化往往就不能恰当反映。为了灵活地反映价格本身，写字楼指数和商铺指数均采用项目建筑面积作权重，并将之固定在基期，这样权重将是稳定的，而价格的灵活变化也就能最大限度地反映出来。住宅指数则考虑到所在城市、建筑面积、价位水平等因素，以项目的年均消化面积为权重。

（4）数据来源。

1）定期市场调查。中国房地产指数系统每月进行全样本市场调查。首先，通过城市内各区域的房交会、网络、电视、户外广告等媒介收集新开盘的项目名称、地址及联系方式；其次，对所有收集到联系方式的项目实施电话访问和调查，收集基础的价格、建筑面积等信息；再次，对有地址但无联系方式的项目实施实地调查，以预先设计的调查表格为基础，收集样本信息；最后，对全市楼盘进行地毯式扫描，查漏补缺，对尚无记录或信息不全的楼盘进行深度的实地调查。此过程还可通过与一些院校的相关专业合作进行。

2）专业网站。通过与一些中介咨询机构的良好协作和信息联网获取即时、准确的数据。例如，搜房网房天下在全国几百个主要城市的分支机构每月派出专职的市场调查员收集新开楼盘信息，并对仍在售的非新开楼盘实时监控和更新，为中国房地产指数系统提供了强大的数据支持。

3）各城市新房销售网上备案系统。通过房地产管理部门的新房备案系统可以即时获得最新的楼盘成交、登记数据。

4）其他有关政府部门（统计局、建委、土地局、开发办等）和房地产开发企业掌握的项目资料。

5. 样本处理

调查得到的原始数据不能直接用于指数的测算，一般还需对数据进行复核与修正。

首先，计算样本的环比变化幅度，对于变化幅度较大的样本进行再次调研，确认价格是否属实，并了解价格大幅变化的原因。如果样本价格属实，则保留价格；如果样本价格与初次调研价格不同，则以复核价格为准。

其次，对新增样本、业态变化等情况按照以下情况进行处理：①新增加的样本，当月不列入计算，下月开始列入计算。②若样本业态发生变化，如上月主推普通住宅，本月主推别墅，则将该样本作为新样本处理，本月不列入计算，下月列入计算。③当期售罄、下期未开盘的样本，空档期不参与计算，待下期产品上市后，列入计算。

二、权重设置

在指数计算中，权重的设置非常关键，它不仅代表指数的全面性和典型性，也能决定指数值的变化方向和变化程度。

（1）住宅价格指数权重。

住宅项目的权重并未直接使用项目的总建筑面积，主要原因在第四章第二节中已做阐述，因此，住宅项目的权重设置为年均消化面积。年均消化面积为项目总建筑面积与消化时间的比值，即：

年均消化面积＝项目总建筑面积/消化时间

项目总建筑面积就是该项目总的规划建筑面积。消化时间是根据城市类型、项目均价、总建筑面积等，对每个项目进行分类归档。先按项目单价分为低端、中高端、高端三类，再按总规模进行区分，通过对北京、上海、成都等两类城市的项目实际成交数据的分析，对一线城市和二线城市不同档次和规模项目的消化时间作如下设置（见表5-1）。

表5-1 各类城市不同档次和规模项目的消化时间

项目均价	总建筑面积（万平方米）	消化时间（年）	
		一线城市	二线城市
低端（<P）	(0，5]	1	1
	(5，10]	1	1
	(10，30]	2	2.5
	(30，50]	3	4
	(50，∞)	5（权重最高为15）	5（权重最高为12）
中高端（P~2P）	(0，5]	1	1
	(5，10]	1.5	2
	(10，30]	3	3
	(30，∞)	5（权重最高为10）	5（权重最高为8）
高端（>2P）	(0，4]	1	1
	(4，10]	2	3
	(10，30]	4	5
	(30，∞)	6（权重最高为6）	7（权重最高为5）

注：P为当地住宅销售均价。北京、上海、广州、深圳为一线城市；天津、武汉、南京、重庆、成都、杭州为二线城市。

资料来源：中国指数研究院综合整理。

例如，北京（销售均价P为20000元/平方米）的首开·常青藤项目总建筑面积为11.2万平方米，2015年4月销售均价为39000元/平方米。根据表5-1可知，该项目属于中高端项目，总建筑面积在10万~30万平方米区间内，所在城市属于一线城市，那么首开·常青藤的消化时间为3年，项目权重为项目总建筑面积/消化时间，即11.2/3，为3.7。

成都（销售均价P为7000元/平方米）的金科东方雅郡项目总建筑面积为

21.7 万平方米，2015 年 4 月销售均价为 5000 元/平方米。根据表 5–1 可知，该项目属于低端项目，总建筑面积介于 10 万~30 万平方米，所在城市属于二线城市，那么金科东方雅郡的消化时间为 2.5 年，项目权重为项目总建筑面积/消化时间，即 21.7/2.5，为 8.7。

南京（销售均价 P 为 10000 元/平方米）的招商紫金山 1 号项目总建筑面积为 17.1 万平方米，2015 年 4 月销售均价为 24000 元/平方米。根据表 5–1 可知，该项目属于高端项目，总建筑面积在 10 万~30 万平方米的区间内，南京属于二线城市，所以招商紫金山 1 号的消化时间为 5 年，项目权重为项目总建筑面积/消化时间，即 17.1/5，为 3.4。

（2）写字楼、商铺价格指数权重。

写字楼与商铺项目的权重为项目的总建筑面积。与住宅相比，写字楼和商铺的样本数量较少，销售价格比较接近，销售周期较长，在对写字楼和商铺进行计算时，通常使用项目的总建筑面积作为权重。

三、计算方法

新房价格指数以 2000 年 12 月为基期，以当时北京价格指数为基点 1000 点，其他城市或物业在基期的点位通过当时的均价与北京进行比较得出。

新房价格指数中住宅指数与写字楼、商铺指数的计算方法不同，其中，住宅指数采用加权平均法，首先，计算某个城市报告期的平均价格，具体计算公式为：

$$P_j^t = \frac{\sum P_{ij}^t \times Q_{ij}}{\sum Q_{ij}}$$

其中，P_j^t 代表第 j 个城市在第 t 期的平均价格，P_{ij}^t 代表第 j 个城市第 i 个项目在第 t 期的价格，Q_{ij} 为该项目调整后的年均消化面积。

其次，利用下述公式进一步计算得出该城市的住宅指数：

$$I_j^t = \frac{P_j^t}{P_j^{t-1}} \times I_j^{t-1}$$

另外，写字楼和商铺指数的计算选用拉氏公式作为基本公式：

$$I_t' = \frac{\sum P_i^t A_i^{t-1}}{\sum P_i^{t-1} A_i^{t-1}} \times I_{t-1}'$$

其中，I_t' 和 I_{t-1}' 分别是 t 和 t–1 期的价格指数，P 为物业价格，A 为当期权重。

城市综合指数由城市的住宅、写字楼和商铺三类物业的指数加权平均得出，权重分别为 0.75、0.15 和 0.1，公式为：

$$城市综合指数 = 住宅指数 \times 0.75 + 写字楼指数 \times 0.15 + 商铺指数 \times 0.1$$

第二节　百城价格指数

中国房地产指数系统于 2010 年启动了“百城价格指数”研究，对中国经济和房地产市场最发达的 100 个城市的住宅价格进行研究。2010 年 6 月以来的每月 1 日准时对外发布单个城市及百城价格指数，2011 年 9 月起同时公布单个城市及百城中位数价格。

百城价格指数旨在反映全国 100 个主要城市在不同时点在售新房的价格水平及其不同时点的变化情况，准确把握全国住宅市场的发展动态，掌握住宅市场发展规律及预判未来走势，为开发商、中介机构、政府部门以及消费者等提供信息服务和决策指导。

百城价格指数由各城市价格指数组成，城市价格指数又基于各项目的调查，百城价格指数框架如图 5-2 所示。

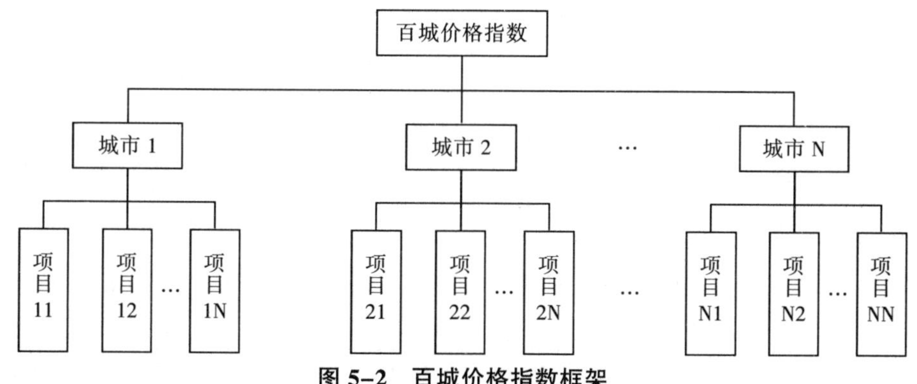

图 5-2　百城价格指数框架

资料来源：中国指数研究院综合整理。

一、样本收集

自 2010 年起，中国房地产指数系统启动“百城价格指数”研究，通过 GDP、常住人口、房地产开发投资额等指标选择100个最具代表性的城市，对其新建住宅价格进行跟踪研究。

1. 覆盖范围

（1）覆盖城市。

百城价格指数的样本涵盖我国100个主要城市，其中包括北京、上海等4个一线城市，天津、武汉等36个二线城市，德州、保定等60个三线城市，如表5-2所示。

表5-2 百城价格指数覆盖的100个城市

城市类型	城市名称
一线城市	北京、上海、广州、深圳
二线城市	北海、成都、大连、福州、贵阳、哈尔滨、海口、杭州、合肥、呼和浩特、济南、昆明、兰州、南昌、南京、南宁、宁波、青岛、三亚、厦门、沈阳、石家庄、苏州、太原、天津、乌鲁木齐、无锡、武汉、西安、西宁、银川、长春、长沙、郑州、重庆、温州
三线城市	鞍山、包头、宝鸡、保定、常熟、常州、德州、东莞、东营、鄂尔多斯、佛山、赣州、桂林、邯郸、菏泽、衡水、湖州、淮安、惠州、吉林、嘉兴、江门、江阴、金华、昆山、廊坊、连云港、聊城、柳州、洛阳、马鞍山、绵阳、南通、秦皇岛、泉州、日照、汕头、绍兴、台州、泰州、唐山、威海、潍坊、芜湖、湘潭、新乡、宿迁、徐州、烟台、盐城、扬州、宜昌、营口、湛江、张家港、镇江、中山、珠海、株洲、淄博

资料来源：中国指数研究院综合整理。

百城价格指数样本所覆盖的100个城市来自全国七大区域。具体来看，26个城市位于长三角区域，20个城市位于环渤海区域，15个城市位于珠三角区域，经济发展水平高、房地产市场较为成熟的三大经济区共有61个城市，占百城总城市数量的6成以上。另外，其他39个城市中，中部地区有14个城市，西北、西南区域均有9个城市，东北地区有7个城市。

（2）覆盖区域。

如表5-3所示，多数城市样本实现“全覆盖”，即样本的选取范围涵盖城区、郊区及下辖县市。例如，北京的样本既覆盖东城、房山等城区，也覆盖密云、怀柔等县。部分城市未涵盖下辖县市，仅覆盖主城区和郊区，主要是这些城市的下辖县市的房地产市场发展水平较为落后，与市区差距较大，房价水平相差也较多，若计算这些城市的均价时包括下辖县及县级市的项目，将大幅拉低该城市的房价平均水平，不利于对当地房价做出准确判断。例如，哈尔滨的样本仅覆盖道里、道外等城区，未覆盖巴彦县、宾县等县。

表 5-3 百城样本覆盖情况

城市类型	城市名称
全覆盖（68 个）	北京、上海、广州、鞍山、宝鸡、常州、常熟、成都、大连、德州、东莞、东营、鄂尔多斯、赣州、贵阳、桂林、邯郸、合肥、湖州、淮安、江门、江阴、昆明、昆山、兰州、廊坊、连云港、聊城、马鞍山、南京、宁波、秦皇岛、青岛、泉州、日照、三亚、汕头、绍兴、宿迁、台州、泰州、天津、威海、温州、乌鲁木齐、武汉、西安、湘潭、徐州、烟台、盐城、扬州、银川、营口、张家港、中山、淄博、福州、菏泽、金华、洛阳、石家庄、深圳、沈阳、镇江、嘉兴、佛山、珠海
未全覆盖（32 个）	包头、保定、北海、哈尔滨、海口、衡水、呼和浩特、惠州、吉林、济南、柳州、绵阳、南昌、南宁、南通、厦门、太原、唐山、潍坊、芜湖、西宁、新乡、苏州、宜昌、湛江、长春、长沙、重庆、株洲、郑州、无锡、杭州

资料来源：中国指数研究院综合整理。

（3）物业类型。

所选样本包括普通住宅、别墅、公寓、保障房等新建住宅项目。

2. 收集方法

百城价格指数的样本收集方法与新房价格指数的样本收集方法类似，通过全样本调查、定时定点跟踪调查获取样本数据，并通过数据补充方法，使样本具有全面性、准确性、及时性。

百城价格指数对 100 个城市进行全样本监测，获得政府颁发的预售许可证的在售楼盘全部纳入监测范围。在样本业态上，所监测的样本包括商品住宅、别墅、公寓、保障性住房。

3. 收集范围

百城价格指数对样本的调查内容更加丰富，除了包括价格、建筑面积外，还包括项目所在区域、项目配套等重要特征。

样本项目全部销售完毕且无下期推盘计划，则结束样本跟踪，退出指数计算，不再进行新的数据收集。收集的数据包括以下四类：

（1）价格。

在调查中，尽量获取包括项目单价和套价（起价、均价、最高价）在内尽可能完备的信息。项目单价是百城价格指数计算的核心数据，而套价等其他价格信息在指数分析中运用。

（2）价格优惠。

数据收集过程中，价格优惠主要考虑价格折扣和现金优惠两种，其中价格折扣以按揭购房优惠力度计算，现金优惠一般以 100 平方米计算折扣。另外，为了方便起见，暂时不考虑赠送家电等实物优惠。

如果项目推出少量特价房（占比不超过 5%），不考虑此类短期少量特价因素；否则，以特价房源价格作为当月价格。

（3）建筑面积。

为了理想地反映市场变化情况，实际成交量在理论上是可取的，但由于成交量在不同时期差异较大，往往不能恰当反映价格本身的变化。为了灵活地反映价格本身，采用年均消化面积作为权重。年均消化面积则由样本的总建筑面积和消化时间决定，总建筑面积是固定的，消化时间则由样本所在城市类型、样本销售价格、总建筑面积等估算得出。

（4）特征变量。

除了以上重要的数据项外，编制指数还需要参考其他与住房紧密相关的特征变量，如区位、建筑结构、环境等。在百城价格指数分析过程中，项目所在区位，项目的物业结构、容积率、装修标准等信息都有用到，故在调查范围之内。表 5-4 是百城价格指数需要采集的项目信息。

表 5-4　百城价格指数项目需采集的部分信息

指标项	说明
项目编号	每个项目具有不同的项目编号，如 20150401
项目名称	项目推广名称，如万柳书院
所属辖区	项目所在的行政区，如朝阳区
开发企业	项目开发商的全称
物业类别	普通住宅、别墅、公寓等
项目建筑面积	项目总的规划建筑面积
价格	在售物业的平均销售价格
房屋优惠	按揭优惠、总价优惠、单价折扣等

资料来源：中国指数研究院综合整理。

4. 主要来源

与新房价格指数中的数据来源相同，具体参阅本章第一节新房价格指数样本收集。

5. 样本处理

调查所得的原始数据不能直接用于指数的测算和分析，需要按数据获取情况和分析的实际需要进行必要的处理。

（1）对残缺数据进行补充。对个别由于各方面原因实在无法取得价格、建筑面积等基础信息的项目，采取以下方式补充：①将没有价格数据的物业用同类型、同档次物业的价格推算；②将总体样本中有价格数据的项目抽取部分典型样本构成先验总体；③对无法获得当前建筑面积的项目通过批准预售面积来估计。

（2）对原始数据进行规范。对价格有优惠的样本，应在报价的基础上扣减优惠部分，得到准确的销售价格。对原始数据只提供套价的项目，需要根据项目的户型面积等估计项目的单价以便于指数的计算；对原始数据中的项目进行统一的片区划分，并根据分析的需要对套价的范围进行适当的调整等。在规范过程中特别注意调整要有准确的数据依据。

（3）在对样本进行计算的过程中，需要对于价格环比变化较大的样本进行复核。一般将调研数据与当地房管局、网上挂牌价格、项目实际成交价格等其他来源的数据进行交叉复核。

（4）对新增样本、业态变化等情况按以下情况进行处理：①若样本业态发生变化，如上月主推普通住宅，本月主推别墅，则将该样本作为新样本处理，本月列入计算。②若有新项目入市，则增加到样本库中，当月列入计算。③当期售罄、下期未开盘的样本，空档期沿用上期价格列入计算。④样本住宅销售完毕且再无推盘计划，则退出样本，以后不再列入计算。

二、权重设置

权重是指数的重要指标，也是指数编制的关键所在。在百城价格指数的计算过程中，如果以项目的总建筑面积作为权重计算均价，能够在一定程度上反映住宅市场价格变化，但由于总建筑面积较大的项目往往采取分期开发的模式，每期上市面积仅为总建筑面积的一部分；另外，项目的销售速度对整体市场价格的影响更为明显，单价较高的项目往往销售周期较长，统一用项目的总规模作为权重具有一定的局限性。因此，选用年均消化面积作为权重，其更能够反映住宅市场价格的变化程度。

年均消化面积＝总建筑面积/消化时间

为使权重更能反映市场行情，对不同级别城市的不同档次项目权重的设置有所区别，如表 5-5 所示。

例如，鞍山的永缙桃源，项目总建筑面积为 62 万平方米，2015 年 4 月销售均价为 4700 元/平方米。鞍山属于三线城市，永缙桃源属于中高端项目，建筑面积高于 30 万平方米，因此，其消化时间为 6 年，其权重为 7。

杭州的云都·美浓小镇，总建筑面积为 100 万平方米，2015 年 4 月销售均价为 14500 元/平方米。杭州属于二线城市，云都·美浓小镇属于低端项目，建筑面

表 5–5 各类城市不同档次和规模项目的消化时间

项目均价	总建筑面积（万平方米）	消化时间（年）		
		一线城市	二线城市	三线城市
低端（<P）	(0，5]	1	1	1
	(5，10]	1	1	2
	(10，30]	2	2.5	3
	(30，50]	3	4	5
	(50，∞)	5（权重最高为 15）	5（权重最高为 12）	7（权重最高为 10）
中高端（P~2P）	(0，5]	1	1	1
	(5，10]	1.5	2	2.5
	(10，30]	3	3	4
	(30，∞)	5（权重最高为 10）	5（权重最高为 8）	6（权重最高为 7）
高端（>2P）	(0，4]	1	1	1
	(4，10]	2	3	3.5
	(10，30]	4	5	6
	(30，∞)	6（权重最高为 6）	7（权重最高为 5）	8（权重最高为 5）

注：P 为当地住宅销售均价。
资料来源：中国指数研究院综合整理。

积高于 50 万平方米，因此，其消化时间为 5 年，权重为 12。

广州的碧桂园豪园，总建筑面积为 4.2 万平方米，2015 年 4 月销售均价为 7900 元/平方米。广州属于一线城市，碧桂园豪园属于低端项目，建筑面积低于 5 万平方米，因此，其消化时间为 1 年，权重为 4.2。

三、计算方法

百城价格指数采用加权平均计算方法，每月发布全国及单个城市的样本平均价格和样本价格中位数。

（1）样本平均价格。

首先，采用加权平均的方式来计算单个城市的平均价格。

$$P_j^t = \frac{\sum P_{ij}^t \times Q_{ij}}{\sum Q_{ij}}$$

其中，P_j^t 代表第 j 个城市在第 t 期的平均价格，P_{ij}^t 代表第 j 个城市第 i 个项目在第 t 期的价格，Q_{ij} 为该项目调整后的建筑面积。

其次，根据不同城市权重，计算百城价格指数。

$$P_{100}^{t}=\frac{\sum P_j^t \times Q_j}{\sum Q_j}$$

其中，P_{100}^{t} 代表第 t 期百城价格指数，P_j^t 代表第 j 个城市在第 t 期的平均价格，Q_j 为该城市在 2010 年 6 月的建筑面积。

（2）样本价格中位数。

单个城市样本价格中位数是将单个城市的样本价格从高到低排序，居于数列中间位置的那个数据。若共有偶数个数据，则最中间两个数据的算术平均值即为样本价格中位数。

百城价格中位数，是将 100 个城市当月的均价从高到低排序，取第 50 名和第 51 名的两个数据，并计算其算术平均值。

第三节　二手住宅销售价格指数

目前，我国商品住宅已经告别供应不足的短缺时代，部分城市甚至出现供过于求的局面。由于新房普遍位于城市郊区或新城（新区），而教育、医疗等优质资源集中在市中心位置。为了提升就学、就医等的便利性，近几年很多购房者倾向于购买市中心位置房源，二手住宅交易量屡创新高，很多城市二手住宅交易量高于新房交易量。以北京为例，2014 年北京二手住宅成交量突破 10 万套，同期新建商品住宅（包含保障性住房）成交量为 9.6 万套，二手住宅成交量已经连续多年高于新建住宅成交量。二手住宅市场已经成为我国住宅交易的重要组成部分。

在空间布局上，二手住宅主要分布在主城区，郊区及下辖县市二手住宅市场并不发达，数量较少、交易频率较低。

因此，为了反映二手住宅交易变化情况，跟踪二手住宅量价变化动态，预判二手住宅未来变化趋势，中国指数研究院编制并定期公布主城区二手住宅销售价格指数，为购房者提供更准确的价值判断。二手住宅销售价格指数的意义主要体现在以下三个方面：

（1）为各级政府提供最直观的房地产市场状况，为政府了解房地产市场发展和进行行业调控提供依据。

（2）为消费者购买住宅提供参考标准，该指数不仅反映城市综合价格水平，还涵盖主城各区房地产发展状况，并且能够反映一段时期以来的房价变化情况，购房者可以根据自身情况选择在特定区域、特定时点购买住房。

（3）为咨询机构提供分析工具，提升咨询机构决策的准确性。

主城区二手住宅销售价格指数由各城区指数组成，城区指数基于各项目的调查实现，如图 5-3 所示。

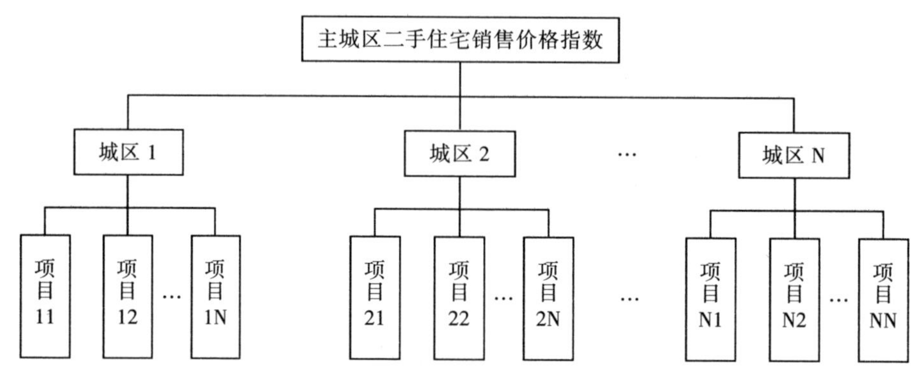

图 5-3　主城区二手住宅销售价格指数框架

资料来源：中国指数研究院综合整理。

一、样本收集

主城区二手住宅销售价格指数采用抽样分析方法，按一定程序从所研究对象的总体中抽取一部分样本进行调查、获取数据，并以此反映总体市场的变化情况。

1. 选取范围

（1）城市选择。

在编制主城区二手住宅销售价格指数时，我们既考虑到城市的经济规模、人口总量等规模性指标，也考虑到城市发展特征、城市所处的城镇化发展阶段、二手住宅交易活跃程度等特征性指标，使指数既具有科学性、综合性，又具有代表性。2005 年 1 月甄选了我国最具代表性的四个一线城市：北京、上海、广州、深圳；2007 年 4 月，二手住宅销售价格指数又覆盖了天津、重庆、成都；2007 年 8 月指数拓展到武汉、南京、杭州。到目前为止，二手住宅销售价格指数共覆盖上述 10 个城市。

（2）样本选择范围。

各城市主城区的二手住宅样本具体覆盖范围如表 5-6 所示。

表 5-6　二手住宅样本具体覆盖范围

城市	覆盖范围
北京	海淀、朝阳、东城（含原崇文）、西城（含原宣武）、丰台、石景山
深圳	龙岗、宝安、福田、罗湖、南山、盐田
上海	浦东（不含原南汇）、长宁、静安、闵行、杨浦、黄浦（含原卢湾）、徐汇、普陀、虹口、闸北
广州	海珠、番禺、白云、荔湾、天河、越秀
成都	武侯、成华、锦江、高新、青羊、金牛
天津	和平、河西、河东、南开、红桥、河北
杭州	滨江、江干、拱墅、下城、西湖、上城
重庆	南岸、江北、渝北、九龙坡、沙坪坝、大渡口、渝中
南京	栖霞、鼓楼、白下、建邺、雨花、下关、秦淮、玄武
武汉	洪山、江岸、武昌、江汉、硚口、汉阳、青山

资料来源：中国指数研究院综合整理。

（3）样本物业类型。

为了能够反映城市主城区二手住宅的整体发展水平，我们将普通商品住宅、经适房等所有可以交易的二手住宅均纳入考察范围，剔除别墅等特殊业态的二手住宅，避免个别样本对于整体指数的影响。

（4）固定样本。

主城区二手住宅销售价格指数采用固定样本的编制方法。在样本选择上，主要考虑样本项目的挂牌量和活跃程度。挂牌量小的样本，其价格波动较大，无法准确反映市场变化。由于不同城市房地产市场发展差异较大，在进行样本选择时所采用的标准也有所不同。例如，北京样本选择标准为连续 6 个月挂牌、且月均挂牌量超过 200 个。表 5-7 是各城市二手住宅样本数量。

表 5-7　各城市二手住宅样本数量

单位：个

城市	北京	深圳	上海	广州	成都	天津	杭州	重庆	南京	武汉
样本数量	237	660	314	448	1367	217	172	319	345	322

资料来源：中国指数研究院综合整理。

为了保证样本的代表性，二手住宅销售价格指数对固定样本进行定期更新，以确保样本涵盖了全市主城区重点活跃楼盘，剔除部分代表性差、活跃度低的楼盘。

在进行样本更新时，对过去 6 个月的所有备选楼盘的挂牌情况进行梳理，挑选出最具代表性的楼盘，组成样本体系。例如，在 2012 年的样本更新时，北京的样本数量从 164 个增加到 237 个，如表 5-8 所示。

表 5-8　北京主城区楼盘数量调整

单位：个

楼盘数量	海淀	朝阳	西城	东城	丰台	石景山	合计
原有	36	63	21	17	22	5	164
改进后	80	97	20	8	27	5	237

资料来源：中国指数研究院综合整理。

2. 收集范围

（1）数据采集途径。

按市场实际情况和系统设计标准划分各城市观测区片，每月 25 日从搜房网房天下网站（www.fang.com）上搜集各样本的挂牌价格，作为样本挂牌价格。

（2）样本收集信息。

每个样本共采集样本名称、物业类型、所在城区、商圈、样本数量、售价总额、总建筑面积、样本均价等指标信息。

二、权重设置

主城区二手住宅销售价格指数采用固定权重，权重设置为样本项目的总建筑面积。采用固定权重的抽样方法是国际较流行的指数编制方法。将样本固定后，指数的各期均可比，且不受数据结构变化影响，能更准确地反映房价的走势。另外，考虑到目前数据获取及数据总量、结构及质量等因素，固定样本能最大限度地降低整体数据系统风险，更能反映市场整体发展状况。

三、计算方法

各城市均以北京 2004 年 12 月为基期，以基期指数 1000 点为基点。

主城区二手住宅销售价格指数的计算公式为拉氏公式：

$$I'_t=\frac{\sum P_i^t A_0}{\sum P_i^{t-1} A_0}\times I'_{t-1}$$

其中，I'_t 和 I'_{t-1} 分别为 t 和 t-1 期的价格指数，P 为项目所有样本在当月搜房网房天下的平均挂牌价格，A_0 为该项目所有样本基期的总建筑面积。

第四节　住宅租赁价格指数

房屋租赁是房地产市场的有机组成部分，近年来随着房价不断攀升，购房压力持续增大，很多人选择通过租房来解决居住需求。为了更加全面、准确地了解住房租赁情况，2006 年 1 月中国房地产指数系统开始研究编制住宅租赁价格指数。

住宅租赁价格指数是反映一定时期内普通住宅租赁价格水平变动趋势和变动幅度的数字化表达形式，是一套反映城市普通住宅租赁价格变化轨迹和发展趋势的指标体系。住宅租赁价格指数的意义主要体现在：

（1）解决房屋租赁信息零散、失真和信息的不对称问题。

（2）便于消费者全面准确地了解当地租赁市场、选择合适的租赁房屋。指数中反映的不同地段、不同户型的房屋价格，便于消费者根据自身条件做出租赁选择。

（3）指数的动态变化，能够为消费者更换房屋、选择适合的租赁时间提供参考依据。

（4）便于房屋投资者和咨询机构进行投资决策，也便于中介机构根据租赁市场变化情况调整工作策略。

（5）有利于活跃房地产租赁市场和其他相关市场，便于政府规范房屋管理行为，引导房地产业健康发展，促进经济增长。

主城区住宅租赁价格指数由各城区指数组成，城区指数基于各项目的调查实现，如图 5-4 所示。

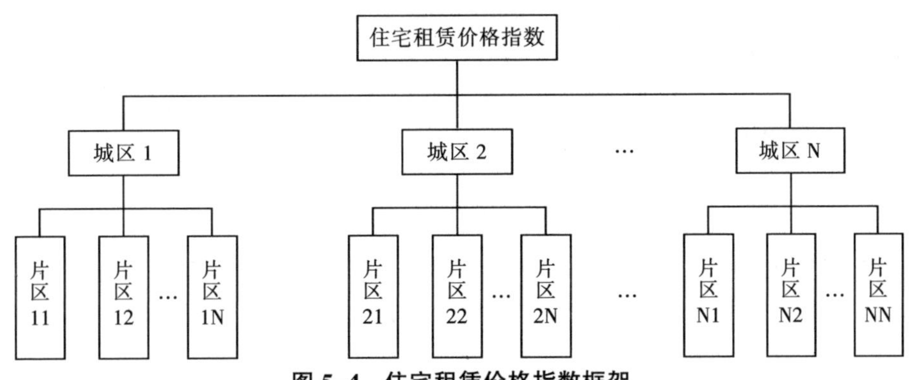

图 5-4　住宅租赁价格指数框架

资料来源：中国指数研究院综合整理。

一、样本收集

与主城区二手住宅销售价格指数类似，住宅租赁价格指数也采用抽样调查的研究方法。但与之不同的是，租赁价格指数的样本是“片区”，一个城市在行政区划上下辖若干城区，每个城区又分为若干“片区”。从每个城区中抽取一部分最具代表性的片区作为研究样本进行调查，以此反映全市整体租赁市场的变化情况。

1. 选取范围

（1）城市选择。

在编制住宅租赁价格指数时，我们既考虑到城市的经济规模、人口总量等规模性指标，也考虑到城市发展特征、城市所处的城镇化发展阶段、住宅市场发展情况等特征性指标，使指数既具有科学性、综合性，又具有代表性。在综合分析的基础上，2006 年 1 月甄选了我国最具代表性的四个一线城市：北京、上海、广州、深圳；2008 年 1 月，租赁价格指数又覆盖了天津、重庆、杭州、成都；2012 年 2 月指数拓展到武汉、南京。到目前为止，租赁价格指数共覆盖上述 10 个城市。

（2）样本选择范围。

各城市主城区的住宅租赁样本具体覆盖范围如表 5-9 所示。

表 5-9　住宅租赁样本具体覆盖范围

城市	覆盖范围
北京	海淀、朝阳、东城（含原崇文）、西城（含原宣武）、丰台、石景山
深圳	龙岗、宝安、福田、罗湖、南山、盐田
上海	浦东（不含原南汇）、长宁、静安、闵行、杨浦、黄浦（含原卢湾）、徐汇、普陀、虹口、闸北
广州	海珠、番禺、白云、荔湾、天河、越秀
成都	武侯、成华、锦江、高新、青羊、金牛
天津	和平、河西、河东、南开、红桥、河北
杭州	滨江、江干、拱墅、下城、西湖、上城
重庆	南岸、江北、渝北、九龙坡、沙坪坝、大渡口、渝中
南京	栖霞、鼓楼、白下、建邺、雨花、下关、秦淮、玄武
武汉	洪山、江岸、武昌、江汉、硚口、汉阳、青山

资料来源：中国指数研究院综合整理。

（3）样本物业类型。

为了能够反映城市主城区住宅租赁的整体发展水平，我们将普通商品住宅、经适房等所有可供租赁和居住的二手住宅均纳入考察范围，剔除别墅等特殊业态的二手住宅，避免个别样本对于整体指数的影响。

（4）固定片区。

主城区住宅租赁价格指数采用固定片区的编制方法。每月对片区内的所有挂牌楼盘进行监测，计算片区挂牌楼盘的总建筑面积、平均价格等指标。

2. 收集范围

（1）数据采集途径。

按市场实际情况和系统设计标准划分各城市观测区片，每月 25 日从搜房网房天下（www.fang.com）上搜集各片区挂牌楼盘的总建筑面积和挂牌均价，作为样本价格。

（2）样本收集信息。

每个样本共采集样本名称、物业类型、所在城区、租赁数量、租赁价格、房屋大小（居室）等指标信息。

二、权重设置

住宅租赁价格指数的权重设置为当期样本总建筑面积，即片区内所有挂牌楼盘的总建筑面积。同一片区不同报告期的权重可以不同。

三、计算方法

各城市均以北京 2005 年 12 月为基期，以基期指数 1000 点为基点。

住宅租赁价格指数的计算公式为：

$$I'_t=\frac{\sum P_i^t A_i^{t-1}}{\sum P_i^{t-1}A_i^{t-1}}\times I'_{t-1}$$

其中，I'_t 和 I'_{t-1} 分别为 t 和 t-1 期的租赁价格指数，P 为项目所有样本在当月搜房网房天下的平均租赁价格，A_i^{t-1} 为 i 样本在 t-1 期的总建筑面积。

第五节　与国内其他房地产指数的比较

一、国内其他房地产指数

1. 指数简介

（1）国房景气指数。

国房景气指数也称国房指数，是全国房地产开发景气指数的简称。它是对房地产业发展变化趋势和变化程度的量化反映。国房景气指数是由国家统计局自1997年开始定期公布。

国房景气指数的编制方法是根据经济周期波动理论和景气指数原理，采用合成指数的计算方法，从房地产业发展必须同时具备的土地、资金和市场需要三个基本条件出发，选择房地产开发投资、资金来源、土地转让收入、土地开发面积、新开工面积、竣工面积、空置面积、商品房销售价格8个具有代表性的统计指标进行分类指数测算，再以2000年为基期，对比经季节调整后计算出的综合指数体系。

国房景气指数由8个分类指数合成运算出综合指数，并用百分制表示。其中，综合指数值100为景气线，100以上为景气空间，100以下为不景气空间。通过对景气所处空间、景气值波动幅度、趋势的评估发布，可为国家宏观调控提供决策依据，也为社会提供统计信息，引导中国房地产业健康、有序发展。国房景气指数数据资料来源于国家统计局房地产统计机构进行的全面调查，数据资料可以月月更新，按月发布。

国房景气指数的计算流程为：一是确定指标体系，二是建立原始指标数据库，三是消除量纲的影响，四是确定指数权数，五是确定基准对比时期，六是消除季节、价格因素的影响，七是建立分类指数和国房景气指数计算数学模型，八是国房景气指数计算结果的分析报告。按照国房景气指数实施方案，除国家统计局外，各省、市统计局也利用统一的程序，编制发布省、市级景气指数。

（2）全国70个大中城市房地产价格指数。

国家统计局2010年9月25日发布的《住宅销售价格统计调查方案》公开征

求意见稿指出，在 70 个大中城市范围内，拟使用按月调查和收集新建住宅和二手住宅销售价格、面积、金额等相关基础资料计算全国 70 个大中城市房地产价格指数。目的旨在全面了解和掌握大中城市新建住宅和二手住宅销售价格及其变动情况，为满足国民经济核算、国家实施房地产市场调控政策和社会公众需要提供基础统计信息。

全国 70 个大中城市包括直辖市、省会城市、自治区首府城市（不含拉萨市）、计划单列市等 35 个大中城市，以及其他 35 个选中城市。调查范围为 70 个城市的市辖区，不包括下辖县。

调查内容分为新建住宅销售价格和二手住宅销售价格。新建住宅销售价格数据来源为：直辖市、省会城市等 35 个大中城市新建住宅销售价格、面积、金额等资料直接采用当地房地产管理部门的网签数据，不单独进行调查；暂时不能取得网签数据的其他 35 个城市，新建住宅销售价格根据统计系统房地产开发统计报表中各个楼盘的分类销售面积和金额数据计算，也不另作调查。二手住宅销售价格数据来源为：房屋中介公司上报、房地产管理部门提供与调查员实地采价相结合。

新建住宅设置保障性住房和商品住宅两个类别。新建商品住宅类和二手住宅均下设 90 平方米及以下、90~144 平方米、144 平方米以上三个基本分类。

（3）中国典型城市住房同质价格指数。

中国典型城市住房同质价格指数（CQCHPI）由北京大学林肯研究院城市发展与土地政策研究中心和清华大学恒隆房地产研究中心于 2014 年联合编制。该指数采用同质价格指数编制方法进行编制，并针对新建商品住房市场和存量住房市场设计了五类住房市场价格指数产品，针对我国新建商品住房市场和存量住房市场的数据特点，分别设计了特征价格法和混合模型法（特征价格方法与重复交易法相结合）对指数进行编制，避免住房交易样本异质性对价格度量结果的影响。

目前 CQCHPI 指数覆盖北京、上海、天津、深圳、成都、大连、武汉和西安 8 个典型城市。指数采用季度为更新周期，于每年 2 月、5 月、8 月、11 月的 5 日前发布上一季度的指数。

在基期设置方面，CQCHPI 指数新建商品住房同质价格指数以 2006 年第一季度为基期，二手房则根据不同城市的数据起始点选取不同的基期。

CQCHPI 指数共推出了 5 个指数产品，以更好契合市场各参与主体的需求：新建商品住房中心城区同质价格指数、存量住房中心城区同质价格指数、新建商品住房区位子市场指数、存量住房区位子市场指数和存量住房面积子市场指数。

（4）中国商务写字楼指数。

中国商务写字楼指数是由中国房地产业协会与戴德梁行在2014年共同研究的市场指数，旨在客观反映我国商务写字楼的市场状况，为全社会提供写字楼专业指导数据。

基于对北京、上海、广州等16个大中城市高端写字楼市场的租金、空置率等几大主要指标的深入调查和研究，综合考虑市场租金、需求及预测的未来供应量等因素，中国商务写字楼指数依据对各城市的打分分值而将其分为六大类。一类城市的写字楼市场，即从业主角度来讲，为租赁需求最为强劲的市场；二类城市的写字楼市场走势平稳，三类至五类城市的写字楼市场容易被各种因素影响而产生变化，六类城市的写字楼市场因供需失衡而难以被快速吸纳。

2. 国内各房地产指数之间的比较

（1）全国性房地产指数和地方性房地产指数的比较。

全国性指数的优点在于覆盖面广，能通过对各地指数的比较、整理，得到共性的特征，了解一定时期内房地产市场情况，并分析影响房地产市场变化的因素及其影响方式和程度，透析全国的房地产现状，推测出其未来走势，能在宏观上较好地把握房地产市场。同时，全国性房地产指数又可以借鉴其他地方的房地产市场发展的经验和教训以及影响房地产发展的共性，来分析各地方的房地产市场，指出地方房地产发展中存在的问题和不足，提醒政府和开发商采取相应的措施，促进当地房地产市场的健康发展。

地方性房地产指数的优势在于它们的“地利”和“人和”，比较了解地方的实际情况，可以将指数考察深入到具体区域市场和具体投资环境，而且深入到具体的物业类别。它们往往同政府部门和开发商有良好的关系，保证了它们能比较及时、准确地获得样本的资料信息，且获得信息的成本也较低。另外，地方房地产指数在推广方面的优势也很明显。

（2）政府主办的房地产指数、企业主办的房地产指数和二者合办的房地产指数之间的比较。

像国房景气指数、全国70个大中城市房地产价格指数都是国家政府部门主办的，他们有一套自下而上完整的信息来源系统，能保证数据来源的稳定性、完整性和及时性。而其他很多指数测算所需的数据都是统计局提供的，因而数据的取得时间要远远落后于统计局。显然，像国房景气指数和全国70个大中城市房地产价格指数这样由国家统计局主持的指数，具有其他指数所不能比拟的时效性。另外，政府部门在国家的政策走向上具有明显的优势，他们是“先知先觉”，在指数的分析上可能会更加成熟和具有指导意义，容易取得社会的信任。

企业自己主办的指数优势在于，他们往往掌握着市场上很多楼盘包括从开发到销售完成整个过程的详细资料，甚至了解每个单元的销售价格、付款方式等。他们可以以比较全面的房地产开发项目、供需资料为基础，详细地把握各个具体区域。

当然最好的方法应该是政府房地产部门同房地产企业合作，这样可以将两者的长处结合起来，既发挥了政府部门在数据取得、政策导向及“人和”上的优势，又可利用企业对具体项目和交易的详细了解，以及对微观的真实把握。

3. 中国房地产指数系统与国内其他指数的比较

中国房地产指数系统的优势如下：

（1）全面、综合的指数系统。

中国房地产指数系统采用先进的、适合我国国情的指数编制方法来计算房地产指数，更能反映实际的房地产价格变化趋势。另外，中国房地产指数系统是一个综合、全面的房地产行业指数系统，包括新建住宅、写字楼、商铺，以及存量房的销售、出租，还包括物业价格指数等一系列延伸指数，是目前我国最全面、最综合的指数系统。

（2）广泛的知名度。

中国房地产指数系统在我国房地产业内享有较高的知名度。

（3）广泛的覆盖面。

中国房地产指数系统覆盖北京、上海、天津、重庆、广州、深圳、成都、武汉、杭州和南京等 100 个城市，拥有完善的调查系统和全面的房地产信息数据库。如此广泛的覆盖网络是其他房地产指数无法比拟的。这使得中国房地产指数在详细了解全国各地房地产市场、积累广泛资料和数据的基础上，通过科学的分析，得以准确把握全国和地方的房地产市场现状，预测房地产市场的未来走势。可以说，中国房地产指数系统兼顾了宏观和微观、全国和地方，达到了两对因素的和谐统一。

（4）雄厚的科研实力。

中国房地产指数系统拥有众多房地产专家、政府官员、房地产开发商作为顾问；有多名房地产专业博士、硕士和经验丰富的资深分析师作为专职人员；有中国指数研究院作为科研后盾。这些均为房地产指数的透彻、深入、详尽分析提供了强大的科研实力，保证了中国房地产指数系统的科学性和中国房地产指数产品的实用性，确保了中国房地产指数系统在业内的权威地位和指导性作用。

（5）丰富的经验。

中国房地产指数系统是我国最早的全国及各重要城市房地产市场监控系统，它填补了我国在这方面的空缺，为我国房地产宏观调控和企业决策提供了依据和参考。从 1994 年中国房地产指数系统推出，至今已走过了近 21 年的路程，它一方面得到了房地产界的认可，为我国房地产业的发展做出了一定的贡献，另一方面也得到了很多的批评和建议。另外，在工作中，中国房地产指数系统办公室也积累了丰富的经验和教训，这些批评、建议和经验教训都成了中国房地产指数办公室的宝贵财富，为中国房地产指数系统的改进提供了依据和方向。中国房地产指数系统发展的过程也是逐渐改进和完善的过程，从理论设计、数据收集整理、指数测算到指数分析，最后形成指数分析报告，中国房地产指数系统不断完善、提高。

二、中国房地产指数系统的完善

1. 指数覆盖面有待完善

中国房地产指数系统虽然已经覆盖全国 100 个城市，具有很强的代表性，但城市数量仅占全国 600 多个城市中的两成，部分人口基数较大或经济较为发达的三线城市、县级市，房地产市场发展较快，当地政府、企业、购房者对反映房地产价格变化趋势的指数有一定的期待。因此，在未来的发展中，随着中国指数研究院在全国一些重点城市开设分院和办事处，中国房地产指数系统各指数的测算工作也将在相应的城市开展；在房天下不准备开设分公司的城市通过买卖加盟权（逐年交费及一次性建立地方指数系统）建立中国房地产指数系统办公室，负责当地的中国房地产指数系统各指数测算工作，进而提高中国房地产指数系统在全国城市的覆盖面，真正将中国房地产指数系统做成全国性的房地产指数系统。

2. 加强指数产品的推广和普及

中国房地产指数系统虽然对于各级政府、投资商、房地产中介咨询服务业及广大消费者具有很大的价值，但从目前“中国房地产指数系统月报”的征订情况来看，中国房地产指数系统的普及情况还没有达到与其知名度相匹配的程度，使其应有的功能远远没有发挥出来，在某种意义上说是信息资源的浪费。

未来，中国房地产指数系统月报应从城市经济基本面、房地产市场供求状况和区域交易情况等多方面反映价格指数的变化情况，特别是对城市房地产交易价格的监测和统计分析，将对以房屋报价作为计算基础数据的中国房地产指数系统进行有力补充。季报应侧重城市的微观分析，在各城市宏观分析的基础上，对分物业市场进行指数变动分析，并找出指数变动的深层次原因。还需具体项目的案例分析，指出其成功与失败之处，加大市场的分析深度。将月报和季报办成“开放”的刊物，广泛吸纳业内著名专家学者、房地产开发商、中介咨询机构等的观点，包括向他们约稿、进行访谈，切忌“闭门造车”。

另外，加强与有关媒体的合作，合作方式可以是中国房地产指数系统办公室定期供稿，借助媒体宣传自己；也可以同媒体进行事实上的合作，双方共同推广。将中国房地产指数系统产品系列化和公开化。系列化指的是发布月报、季报和年报等中国房地产指数系列产品，每季摘取主要的市场数据和分析报告印刷成册，定期公开发行。

3. 数据采集尽量及时、全面、准确

尽管我们采用多渠道、多样化的数据采集方式，但由于种种原因，仍有个别城市存在数据更新不够及时、数据信息不够准确等问题。以鄂尔多斯为例，过去几年当地房地产市场快速发展，康巴什新区的土地供应量大，商品房大量开发，房价快速上涨，但由于城市人口较少、需求有限，近两年房地产销售恶化，部分楼盘成为烂尾楼，售楼处门可罗雀，可供调研的样本数量急剧下降，对指数全面、准确地反映当地房地产市场变化带来一定挑战。

另外，以张家港为例，尽管张家港是县级市，但当地经济较为发达，房地产市场快速发展，房价一直居高不下。由于生活习惯等的影响，购房者往往习惯于通过熟人介绍、口碑传播来获得楼盘信息，因此各类专业网站上有关张家港楼盘的信息不多，当地政府也没有专门的房地产信息发布平台，当地房产数据获取较为困难。未来，应加大与当地相关单位的合作，尽可能获得更加全面、准确的数据信息。

4. 加强对工作人员的培训和管理

在指数的编制实践过程中，工作人员应严格按照编制方法和操作规范，尽量使每一个步骤都做到客观、规范。但在实践过程中，由于指数的编制分为多个步骤，涉及很多人员之间的配合。以房价调研为例，由于房价是一个开放性问题，在与销售人员的沟通过程中，不同的信息收集员可能会获得不同的销售价格，不同的销售人员出于各种目的，可能汇报的销售价格也存在一定的偏差。因此，在指数编制过程中，应加强对工作人员的培训，并尽量避免不必要的疏漏。

第六章　中国房地产指数系统的延伸指数

第一节　中国土地价格指数

中国房地产业经过了多年的发展，规模日益壮大、市场逐渐成熟，在中国经济发展中起到重要作用。但中国人口众多，土地资源相对稀缺，在房地产业迅猛发展过程中，如何充分合理地利用现有的土地资源，最大限度地提升土地价值，成为中国房地产业未来持续健康发展的关键。但是，由于土地市场信息不对称、统计口径不一致，给土地的经营管理和研究带来了很大的困难。

为此，中国指数研究院联合国内权威土地研究机构，于 2006 年推出了中国土地价格指数系统。

中国土地价格指数系统（China Land Index System，CLIS ）是一套以价格指数形式反映中国及其主要城市土地市场发展轨迹和当前市场状况的指标体系。

中国土地价格指数系统是基于中国房地产指数系统长期的运作经验，汲取国民经济、土地管理、土地研究等方面专家、学者的意见，借助中国指数研究院深厚的研究背景，顺应市场需求建立起来的。

中国土地价格指数系统的建立，有利于我们更准确地把握地方城市乃至全国土地市场的脉搏，掌握土地市场的发展规律并预测未来走势。并且可以帮助政府土地管理部门制定土地出让价格，同时利用价格杠杆为调控土地资产交易、开发商投资运作、研究机构系统化研究提供决策辅助信息及服务，对中国土地市场稳定健康发展具有一定的促进作用。

中国土地价格指数分城市、用地类型、土地等级、行政区域形式公布。指数将涵盖国内主要大中城市及其行政区域，用地类型分为住宅、商业、工业三类，土地等级以当地政府管理部门制定的《基准土地级别示意图》为准，在以上基础上得出土地价格综合指数，以准确反映各类、各等级和各区域的地价状况。

一、样本收集

1. 市场调查

调查的内容主要是：城市土地及房地产市场热点区域及焦点、历年城市土地供应、开发指标以及各项房地产开发投资、销售指标、市场行情（包括总体和分物业）；城市房地产发展历程和具有重要意义和影响的事件、政策；房屋评估标准、基准地价成果及调整资料；各类土地交易、购置、开发资料等。另外还要了解城市整体发展形势和水平、总体规划、主要社会经济指标和居民生活指标、主要行业状况及对当地经济的影响等。

2. 数据来源

样本数据来源有两种：

（1）土地交易资料。

城市土地管理部门公开的城市土地“招、拍、挂”信息，为保持数据口径的一致性，这里不包括土地协议出让价格。除了土地交易价格外，还需要了解的是交易宗地的面积（如是综合用途的土地，则需按用途分项统计，下同）、宗地用途、地块基本信息、开发程度、总体规划建筑面积、地面价、楼面价、交易双方基本情况、使用权期限等。

需要说明的是，由于一些城市土地“招、拍、挂”起步较晚，土地交易市场尚不成熟，土地招拍挂价格受外部因素影响较大，所以这些城市的土地交易市场信息一般不作为样本数据。

（2）房地产（商品房）资料。

房地产资料采用正在市场上交易的房地产项目（包括在建项目和二手房），由国家注册土地或房地产估价师评估得到土地的价格。

3. 样本选取

（1）样本范围。

土地“招、拍、挂”市场所有交易项目和建筑面积3000平方米以上的住宅、商业、工业项目（根据城市房地产具体情况确定下限）。

(2) 样本采集规范。

为维护中国土地价格指数的专业性、权威性、严谨性，便于中国土地价格指数系统的系统化运作，我们制定了《中国土地价格指数样本采集规范》。

二、权重设置

对房地产样本采用项目当期总建筑面积作为物量权值计算依据，不采用实际成交量。因为实际成交量不易获取，而且实际成交量变化较大，会降低对价格的灵敏反映。

对土地交易样本采用此类土地总规划建筑面积作为权值，如数据中缺失该宗土地总规划建筑面积，则结合当次成交土地面积，参考周边同类用地容积率及其他所能收集到的市场资料，估算该地块总建筑面积。如无参照地块，可按市区住宅 3.0、商业 3.5、工业 1.0 的容积率进行估算，市郊结合地区容积率下调 0.5~1.0。

分类（级别、用途、区划）地价指数的权重选用基期各级别土地的建筑规划总面积。

三、计算方法

为了更好地突出指数的实用性和横向、纵向可比性，中国土地价格指数以“三通一平”的楼面地价为基础单位，将基期定于 2005 年 2 月，基期综合指数为 1000 点，其他各分类指数及未来各指数用与基期综合指数相对应的基数通过修正的拉氏公式计算得出。

中国土地价格指数采用修正后的拉氏公式：

$$I_i = \frac{\sum p_i^o q_i^o \Big/ \sum q_i^o}{\sum p_o^o q_o^o \Big/ \sum q_o^o} \times \frac{\sum p_i^t q_i^o}{\sum p_i^o q_i^o} = \Delta_1 \times \Delta_2$$

其中，I 为土地价格指数，p 为土地价格，q 为土地规划建筑面积。

其他分类指数计算方法如下：

(1) 计算底层各级别各类土地平均地价：

$$P_{ijk} = \frac{\sum pq}{\sum q} \quad (i=1,\ 2,\ \cdots,\ m,\ j=1,\ 2,\ 3,\ k=1,\ 2,\ \cdots,\ n)$$

其中，i 为区域土地级别，1，2，…，m 分别对应 1 级，2 级，…，m 级；j 为土地用途类别，1，2，3 分别对应住宅、商业、工业；k 代表行政区域。

P_i、P_j、P_k 分别为各自所对应的、符合条件的所有样本的加权平均价格，其中以各样本的总规划建筑面积为权值。

$$P_i=\frac{\sum\sum p_{ijk}q_{ijk}}{\sum\sum q_{ijk}}(i=1,\ 2,\ 3,\ \cdots,\ m)$$

$$P_j=\frac{\sum\sum p_{ijk}q_{ijk}}{\sum\sum q_{ijk}}(j=1,\ 2,\ 3)$$

$$P_k=\frac{\sum\sum p_{ijk}q_{ijk}}{\sum\sum q_{ijk}}(k=1,\ 2,\ \cdots,\ n)$$

（2）计算基期城市总体土地加权平均地价。

$$\bar{P}_o=\sum p_o^o\times q_o^o\Big/\sum q_o^o=\frac{\sum\sum\sum p_{ijk}^o q_{ijk}^o}{\sum\sum\sum q_{ijk}^o}$$

$\bar{P}_o$ 为基期城市总体土地加权平均价格，p_o^o 为土地价格指数样本在基期的价格，q_o^o 为土地价格指数样本在基期的物量。

（3）分用途地价指数。

计算各分用途地价指数的公式为：

$$I_j^t=\frac{\sum_{i=1}^{m}\sum_{k=1}^{n}p_{ijk}^o\times q_{ijk}^o\Big/\sum_{i=1}^{m}\sum_{k=1}^{n}q_{ijk}^o}{\sum p_o^o\times q_o^o\Big/\sum q_o^o}\times\frac{\sum_{i=1}^{m}\sum_{k=1}^{n}p_{ijk}^t\times q_{ijk}^o}{\sum_{i=1}^{m}\sum_{k=1}^{n}p_{ijk}^o\times q_{ijk}^o}\times\alpha\quad(j=1,\ 2,\ 3)$$

（4）分级别地价指数。

计算各分级别地价指数的公式为：

$$I_i^t=\frac{\sum_{j=1}^{3}\sum_{k=1}^{n}p_{ijk}^o\times q_{ijk}^o\Big/\sum_{j=1}^{3}\sum_{k=1}^{n}q_{ijk}^o}{\sum p_o^o\times q_o^o\Big/\sum q_o^o}\times\frac{\sum_{j=1}^{3}\sum_{k=1}^{n}p_{ijk}^t\times q_{ijk}^o}{\sum_{j=1}^{3}\sum_{k=1}^{n}p_{ijk}^o\times q_{ijk}^o}\times\alpha\quad(i=1,\ 2,\ 3,\ \cdots,\ m)$$

（5）分行政区划地价指数。

计算各行政区划地价指数的公式为：

$$I_k^t=\frac{\sum_{i=1}^{m}\sum_{j=1}^{3}p_{ijk}^{o}\times q_{ijk}^{o}\Big/\sum_{i=1}^{m}\sum_{j=1}^{3}q_{ijk}^{o}}{\sum p_o^o\times q_o^o\Big/\sum q_o^o}\times\frac{\sum_{i=1}^{m}\sum_{j=1}^{3}p_{ijk}^{t}\times q_{ijk}^{o}}{\sum_{i=1}^{m}\sum_{j=1}^{3}p_{ijk}^{o}\times q_{ijk}^{o}}\times\alpha\quad(k=1,\ 2,\ \cdots,\ n)$$

（6）由分用途地价测算分类综合价格指数。

分用途地价测算权重如表 6–1 所示。

表 6–1　分用途地价测算权重

	住宅	商业	工业
权重	W_1	W_2	W_3

分用途地价测算分类综合价格指数公式为：

$$I_{综}^{j}=\left[\frac{\sum\left(W_j\times\sum\sum p_{ijk}^{o}q_{ijk}^{o}\right)}{\sum\left(W_j\times\sum\sum q_{ijk}^{o}\right)}\Bigg/\frac{\sum p_o^o q_o^o}{\sum q_o^o}\right]\times\left[\frac{\sum\left(W_j\times\sum\sum p_{ijk}^{t}q_{ijk}^{o}\right)}{\sum\left(W_j\times\sum\sum p_{ijk}^{o}q_{ijk}^{o}\right)}\right]\times\alpha$$

（7）由分行政区划地价测算分级别综合地价指数。

分区划地价测算权重如表 6–2 所示。

表 6–2　分区划地价测算权重

	A 区	B 区	…	N 区
权重	V_1	V_2	…	V_n

分区划地价测算分类综合价格指数公式为：

$$I_{综}^{k}=\left[\frac{\sum\left(V_k\times\sum\sum p_{ijk}^{o}q_{ijk}^{o}\right)}{\sum\left(V_k\times\sum\sum q_{ijk}^{o}\right)}\Bigg/\frac{\sum p_o^o q_o^o}{\sum q_o^o}\right]\times\left[\frac{\sum\left(V_k\times\sum\sum p_{ijk}^{t}q_{ijk}^{o}\right)}{\sum\left(V_k\times\sum\sum p_{ijk}^{o}q_{ijk}^{o}\right)}\right]\times\alpha$$

（8）由两类综合地价指数测算城市综合地价指数。

$$I_{综}^{t}=\sqrt{I_{综}^{j}\times I_{综}^{k}}$$

四、基期修正

1. 基期修正法

无论数据源是来自出让还是房地产交易，样本的数量都会有所变化。我们采用“基期修正法”对基期市价总额进行修正。目的是使报告期与基期统计口径基本一致，确保指数的连续性和真实性，避免由此带来的指数序列断裂现象。

2. 基期修正法的基本原理

当价格和物量总值由于样本数量的变动而改变时，就应当对原有基期总值进行修正，剔除样本数量变动所引起的指数变动，单纯保留由于价格变动所引起的价格指数变动。在每次基期市值修正以后，就应以该修正后的基期市值来计算土地价格指数，直到再次修正时止。并以最新一次修正的总值作为基期市值来计算土地价格指数。

3. 基期修正的三种情况及其修正公式

新的修正后的基期市值：

$$Z_0^* = Z_{t-1}^* / Z_{t-1} \times Z_0$$

其中 Z_0 表示原有基期市场总值，Z_{t-1} 为修正上一期的市场总值。

（1）样本数量不改变，但样本物量数发生变动。

$$Z_{t-1}^* = \sum_{i=1}^{n} p_{(t-1)i} q_{ti}$$

（2）样本数量不变，替换样本（用第 n+1 个样本替换第 1 个样本）。

$$Z_{t-1}^* = \sum_{i=2}^{n+1} p_{(t-1)i} q_{ti}$$

（3）样本容量发生变化的基期修正公式。

1）当增加样本容量时（由 n 个样本增加为 n+1 个样本）：

$$Z_{t-1}^* = \sum_{i=1}^{n+1} p_{(t-1)i} q_{ti}$$

2）当剔除样本时（设将第 n+1 个样本剔除）：

$$Z_{t-1}^* = \sum_{i=1}^{n-1} p_{(t-1)i} q_{ti}$$

这样土地价格指数的计算公式变为：

$$I_t = \frac{Z_t}{Z_0^*} I_0$$

I_0 为基期指数值。

第二节　中国物业服务价格指数

在经济进入“新常态”的背景下，我国经济结构正在经历着历史性的重要变化，服务业比重逐步提高。服务业是现在产业体系的重要支柱，服务业的兴旺发达是现代经济的显著特征。改革开放至今，我国物业服务行业历经30余年的快速发展，在各方面取得了较大的进步。

"十二五"初期，我国物业服务行业正处在持续健康发展的历史机遇期，且行业经营方式和服务内容正在进行全方位的深刻变革，信息移动互联等新技术得到应用，全面提升了企业的服务品质和经营绩效。然而，由于我国物业服务行业的市场规模大而复杂，相关研究工作较为滞后，准确翔实的行业数据较为缺乏，物业服务评价标准的全面性、科学性、客观性和严谨性都有待商榷。

在此背景下，中国指数研究院于2013年启动中国物业服务价格指数研究，并于同年12月首次对外发布中国物业服务价格指数研究报告。

中国物业服务价格指数系统分为总指数和分指数，以城市分星级服务价格指数为最低层级，逐级生成城市物业服务价格指数、20大城市物业服务价格综合指数。根据研究分析需要，还可以扩展构建城市分城区物业服务价格指数，如图6-1所示。

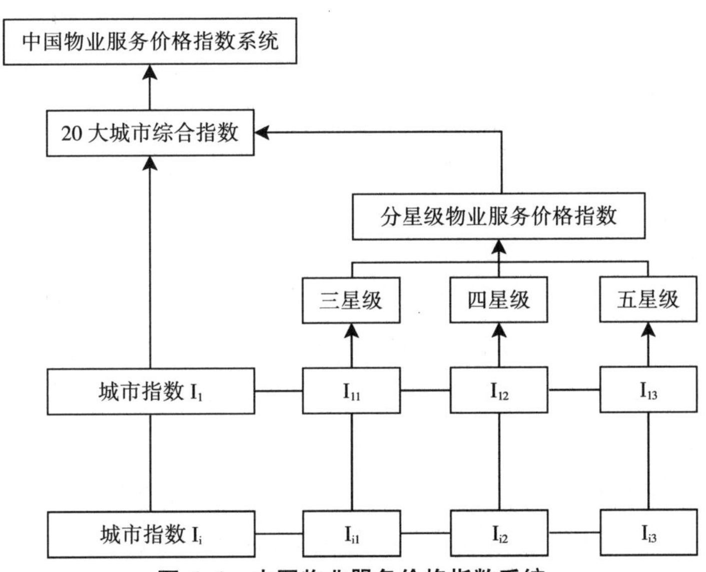

图6-1 中国物业服务价格指数系统

资料来源：中国指数研究院综合整理。

图6-1中，I_{ij}表示i（i=1，2，…，20）城市j（j=1，2，3）类物业服务价格指数；I_i表示i（i=1，2，…，20）城市综合物业服务价格指数。

中国物业服务价格指数旨在准确把握地方乃至全国物业服务市场的脉搏，掌握物业服务市场发展规律并预测其未来发展动向，为政府部门、研究咨询机构、物业服务企业及消费者等相关各方提供数据支持和决策指导。

对政府部门来说，物业服务价格指数为其提供市场监测调控体系。物业服务价格指数能够反映某一城市物业服务市场的整体发展趋向，有利于政府机构全面及时地了解物业服务的发展状况，从而实现正确引导物业服务市场健康发展的目的，为行业管理和政策制定提供参考。

对研究咨询机构来说，物业服务价格指数为其提供信息分析体系。指数的发布，可提高研究咨询机构对物业服务市场发展变化的预见性，并提供科学权威的信息分析参考体系。

对物业服务企业来说，物业服务价格指数为其提供经营与决策参考体系。物业服务价格指数可使物业服务企业及时了解所在区域物业服务市场整体状况及区域细分市场的发展态势，引导其借鉴优秀企业的管理经验，以提高投资和经营决策的科学性，完善企业管理体制。

对物业消费者和投资者来说，物业服务价格指数为其提供投资置业参考体系。通过对指数的动态比较，以及对物业服务市场特征的分析，为物业消费者和投资者提供置业指南。

一、样本收集

1. 城市选择

我国各城市房地产市场化程度和市场规模具有不均衡性，考虑到数据的可获得性和在全国的代表性，遵循典型性原则，我们选择 20 个代表城市作为研究对象：北京、上海、广州、深圳、天津、武汉、重庆、南京、杭州、成都、长沙、常州、昆明、宁波、青岛、苏州、无锡、沈阳、合肥、南昌。

2. 样本选择

为了使样本选择更具代表性和典型意义，中国指数研究院和中国房地产 TOP10 研究组在中国房地产指数系统的基础上，借鉴国内外相关研究成果，建立“中国物业服务星级评价标准体系”和“中国物业服务价格指数系统”等理论体系。

“质价相符”的定价原则要求物业服务价格与服务水平要相适应，在编制指数时必须区分不同标准物业服务对服务价格的影响，选择具有一定服务水平的物业项目作为指数研究的样本。基于此，研究组制定“中国物业服务星级评价标准体系”，根据该评价标准选择数量充分的、符合要求的在管物业项目作为物业服务价格指数编制的样本。

（1）中国物业服务星级评价标准体系。

如图 6–2 所示，中国物业服务星级评价标准体系分为软件标准体系和硬件标准体系两部分。其中，软件标准体系由基本要求、房屋管理、公共设施设备养护及维修、协助维护公共秩序、保洁服务、绿化养护管理和其他管理组成；硬件标准体系则包括基本要求、综合配套设施、绿化和景观、车位、文体娱乐设施、共用设施设备、安保系统、物业管理硬件及人员配备、物业标识等内容。

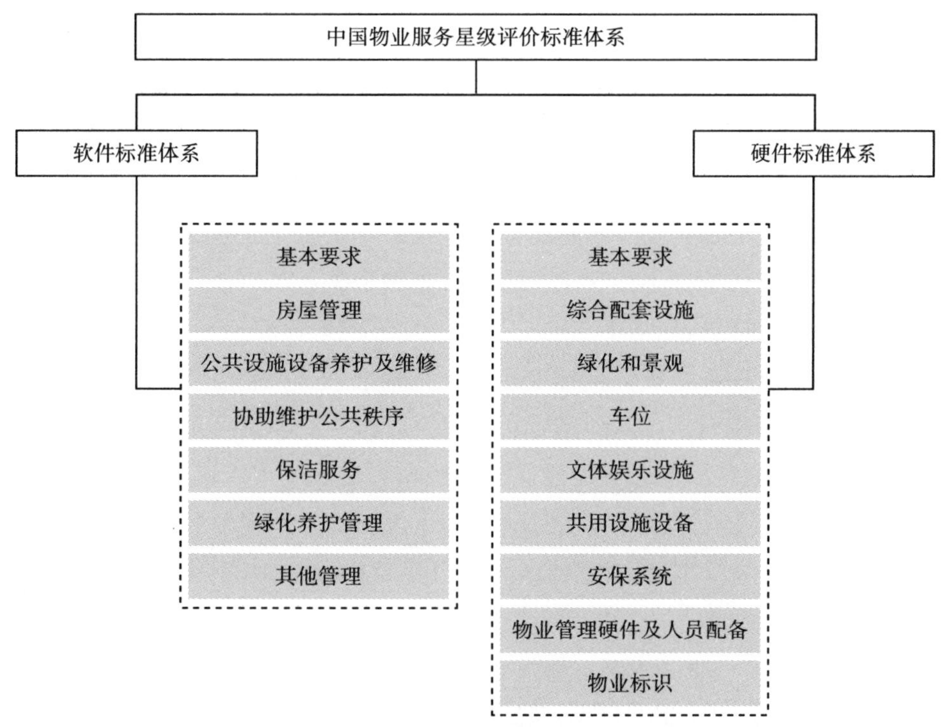

图 6–2 中国物业服务星级评价标准体系

资料来源：中国指数研究院综合整理。

星级评价标准体系能够准确合理地对每一个具有不同性质的样本数据根据指数编制要求进行分类。星级评价标准体系主要针对我国的物业服务行业，建立软件、硬件两个并行体系的原因是，良好的物业服务作为软件能够进一步提升小区居住质量，小区综合配套设施等硬件为小区物业服务提供了基本保障和基础，两者相辅相成共同促进小区价值的提升；任何一方缺失都将成为小区的“短板”，进而降低小区整体居住质量和价值。

在指数编制前的数据收集阶段，我们会同行业专家对各个样本城市的典型物业项目进行实地考察，并根据星级评价标准体系中的软件标准和硬件标准两部分进行打分，打分结果将用以衡量物业项目的服务水平，并根据其所归属的星级建立样本数据信息子库。

根据星级评价标准体系，就每一个样本项目的物业服务而言，软件满分 100 分，如果满足 70≤考核评分<80 分，则其软件符合三星级标准；满足 80 分≤考核评分<90 分，其软件符合四星级标准；如果考核评分≥90 分，其软件符合五星级标准。硬件满分 100 分，满足 70≤考核评分<80 分，其硬件符合三星级标准；满足 80 分≤考核评分<90 分，其硬件符合四星级标准；如果考核评分≥90 分，其硬件符合五星级标准。

最终样本项目的物业服务评级取软件评价和硬件评价中较低者。例如，如果物业服务的软件和硬件同为三星级水平，则该物业服务水平属于三星级；如果物业服务的软件水平为三星级，硬件水平为四星级，则两者取其低，即该物业服务属于三星级；如果某项目物业服务的软件或硬件评价低于三星级水平，则将其录入数据库中，但不作为样本用于物业服务价格指数的计算。

（2）样本选择原则。

在“中国物业服务星级评价标准体系”基础上，选择物业服务达到一定星级的住宅项目作为调查对象，具体选择标准如下：

1）位于各市城区（不包含下辖县和县级市）。

2）2000 年后竣工验收，入住时间 1 年（含）以上的商品住宅项目，其中一线城市（北京、上海、广州、深圳）的项目建筑面积需 10 万平方米以上，其他城市在 5 万平方米以上。

3）有合法注册的物业服务企业在管。

4）根据“中国物业服务星级评价标准体系”，物业服务水平和硬件设施的评价结果均在三星级以上（含三星）。

我们将按城市区域、物业类别和物业服务星级标准，对符合要求的样本进行分类整理，形成中国物业服务价格指数样本数据库，并在每年的物业服务价格调查中进行样本更新。

3. 数据采集

为保证获取真实可靠的样本数据，降低调查误差、提高指数可信度，物业服务价格指数的数据采集工作以企业填报、实地或电话调研为主，其他方式为辅。数据采集具体包括两个环节，一是每年 9 月之前，中国指数研究院对符合样本标准基本要求的项目进行物业服务星级评价，评价结果在三星级以上的项目列入样本，此部分数据采集主要以企业填报资料为主，通过实地调查和中指数据库进行复核；二是每年 12 月之前，通过实地或电话等方式对样本的物业服务价格等基本信息进行调查，并结合中指数据库等资料进行复核。

（1）调查内容。

1）物业服务水平。包括物业项目的软件及硬件两大方面，具体细分项参见《中国物业服务星级评价标准体系》。

2）物业服务价格及建筑规模等基本信息。物业服务价格指项目的月均每平方米物业服务费用；建筑规模是项目总建筑面积，是计算物业服务价格指数时的权重，其他基本信息包括项目名称、竣工时间、入住时间、所在区域等。

（2）数据来源。

1）中指数据。通过中指数据城市版，获取该城市住宅项目名单及基本信息。如物业项目名称、项目地址、开盘时间、入住时间及物业公司等。

2）定期调查。首先，通过城市内各区域的房交会、电视、报纸、相关网站（如搜房网房天下）等媒介收集；其次，对所有收集到联系方式的物业项目实施电话访问和调查，收集物业服务价格及主要特征信息；再次，对有地址但无联系方式的物业项目实施实地调查，以预先设计的调查表格为基础，收集样本信息；最后，对样本库里的全部物业项目进行查缺补漏，对信息不全的物业项目进行进一步调查复核。

3）物业服务企业填报。中国指数研究院根据《中国物业服务星级评价标准体系》对各物业服务企业和项目进行调研，由企业提供其在管项目的相关信息。

（3）数据补充。

一般要求对样本主要资料项进行直接调查（如实地或电话调查等），以获得准确的样本资料。由于各方面原因确实无法取得价格数据等基础资料的样本，将采取以下方式补充：

1）将没有价格数据的样本项目用同区域、同星级样本项目的价格推算（可据业内人士确定价格上下限取其中值，若有评估价更佳）。

2）对无法获得当前建筑面积的样本项目通过批准销售面积等资料来估计。

（4）数据整理。

调查所得的原始数据不直接用于指数的测算和分析，需要按数据的基本要求和分析进行必要处理。

1）对原始数据只提供单户物业服务价格的项目，需要根据项目的户型面积等估计项目的月均每平方米物业服务价格，以便于指数计算；对原始数据中的项目进行统一的区域划分，并根据分析需要对数据范围进行适当的调整等。

2）对异常数据进行检验。按照所在区域和物业服务星级进行划分，计算每档样本均值 X 和标准差 S，正常样本数据应在两个标准差（X-2S，X+2S）即 95%的置信范围内，超出此范围的数据应剔除，剔除后再计算样本新均值和标准差；再检验，再剔除，直到无异常数据为止。经过修正后的数据才是有效数据，它是指数编制的基础。

二、计算方法

中国物业服务价格指数的基期是 2012 年 12 月，基点值是 1000 点。

计算物业服务价格指数时，以每个物业项目的建筑面积占样本库中所有物业项目建筑面积总和的比重为该物业项目权重，可有效反映各调查项目物业服务价格变动对整个物业服务指数的影响程度。该权重由中国指数研究院根据数据采集资料及统计资料计算得出，同时辅以专家评估补充和完善。

（1）环比价格指数的计算。

三星级物业、四星级物业、五星级物业为基本项，只包含基本项或不再细分的样本类型为基本分类。要计算城市物业服务价格综合指数先计算各基本分类价格指数，然后采用加权平均法由下而上逐级求出上一类别价格指数。具体步骤是：

1）计算基本分类及以下类别环比价格指数，计算公式为：

$$K_{t,t-1}=\frac{\sum_{i=1}^{n}\left(\frac{p_t^i}{p_{t-1}^i}\right)w_{t-1}^i}{\sum_{i=1}^{n}w_{t-1}^i}$$

其中，p_{t-1}^i 为某星级物业服务项目第 i 个样本 t-1 期（上期）服务价格，p_t^i 为 t 期（报告期）同质可比服务价格，w_{t-1}^i 为第 i 个样本 t-1 期（上期）建筑面积，n 为该类别包含样本个数。

2）计算基本分类以上各类别环比价格指数，计算公式为：

$$K_{t,t-1}=\sum_{i=1}^{n}K_{t,t-1}^i\frac{w_i}{\sum_{i=1}^{n}w_i}$$

其中，$K_{t,t-1}^i$ 为该类别所含第 i 个下一级类别的 t 期（报告期）环比指数，w_i 为第 i 个下一级类别的固定权数（一般每年调整一次），n 为包含下一级类别的个数。

（2）城市物业服务价格指数的计算。

城市物业服务价格指数根据城市各星级的物业服务价格指数按各星级物业服务样本项目建筑面积加权平均计算。

（3）20 大城市综合指数的计算。

20 大城市物业服务价格指数是 20 大城市的城市物业服务价格指数按各城市样本项目建筑面积加权平均计算。

三、指数发布

中国物业服务价格指数每年发布两次。中国指数研究院在每年 3 月、9 月前完成物业服务星级评价，6 月、12 月前完成物业服务价格调查，6 月、12 月下旬正式对外发布中国物业服务价格指数。

第三节　中国房地产顾客满意度指数

顾客满意度指数（Customer Satisfaction Index，CSI）是以顾客满意程度平均值（或其他数值）为基数编制的用以分析顾客满意程度的指数。顾客满意度指数是一个相对值，是根据顾客对企业提供的产品和服务质量的评价，通过建立数学模型计算出来的。

随着社会主义市场经济体制的逐步完善和房地产业的高速发展，我国房地产市场已经由卖方市场转为买方市场，房地产企业之间的竞争也日益激烈，这就要求企业顺势应变，从以我为中心转向以顾客为中心的经营战略上来，努力了解顾客日益明确、具体、多样的需求，不断推出适销对路的产品和服务。顾客满意度战略有助于房地产企业真正建立起科学的房地产开发经营理念和策略，更好地满足广大顾客的多样化需求，确保在激烈的市场竞争中实现可持续发展。

2000 年中国房地产顾客满意度指数系统开始建立。2004 年，中国指数研究院率先引入房地产顾客满意度评价体系，并于 2005 年形成了较为完善的理论系统，近年来又得到了持续发展。

随着房地产市场从卖方市场转向买方市场，企业利润的增长越来越取决于产品和服务质量的提高。企业之间的竞争逐渐由土地、资金等资源竞争转向质量的竞争。引入顾客满意度指数，对房地产企业高速度、高质量的发展具有重要意义，主要表现在：①是衡量企业产品/服务质量的一个重要指标；②是预测企业未来经营绩效的先行指标；③是房地产企业评审的又一个重要指标；④对房地产企业经营决策具有指导意义。

构建中国房地产顾客满意度指数体系的目的在于：

第一，全面测评房地产企业顾客满意度水平。通过对房地产企业在各重点城市项目业主的调查，构建房地产企业顾客满意度测评指标体系，了解顾客对企业提供的服务与产品的满意度水平。

第二，实现企业服务水平与产品质量的提升。通过顾客满意度调查，最大限度地探寻服务或产品亟须改善的部分，发现企业产品、服务方面存在的各类问题，深度挖掘原因，重点提供专业的改进建议，从而为企业进行产品服务质量的改善提供权威依据。

第三，优化客户关系，提高企业品牌价值。通过有效地提升影响顾客满意度的关键因素，减少顾客抱怨和顾客流失，提高顾客忠诚度，从而优化客户关系管理；并在此基础上结合企业改进建议，增强房地产企业服务客户的能力，提高企业品牌认知度、美誉度和忠诚度水平。

第四，辅助人力资源管理。通过对房地产企业不同城市、不同项目、不同部门顾客满意度水平及年度变化情况的对比分析，为企业实施绩效考核、优化资源配置提供第三方客观、权威、专业的依据。

中国房地产顾客满意度指数由中国房地产顾客满意度城市指数和中国房地产顾客满意度全国分物业指数组成，其中中国房地产顾客满意度分物业指数分为住宅指数、办公指数和商服指数，如图 6-3 所示。

具体城市的房地产顾客满意度指数和分物业满意度指数，通过对行业内有代表性的企业所属项目进行入户调查得出。图 6-4 是具体城市/分物业房地产顾客满意度指数的架构。

无论是房地产城市顾客满意度指数、分物业顾客满意度指数还是延伸指数体系，其评价的基本单元都是房地产企业和项目，各层次之间是逐步递进的，由单独的项目 CSI 通过加权计算汇总成企业 CSI，再由企业 CSI 加权汇总为城市和分物业 CSI。同时，依据不同的研究要求，可以单独就某个企业或者某个项目进行顾客满意度测评，并依据测评结果进行企业间、项目间的排名比较。

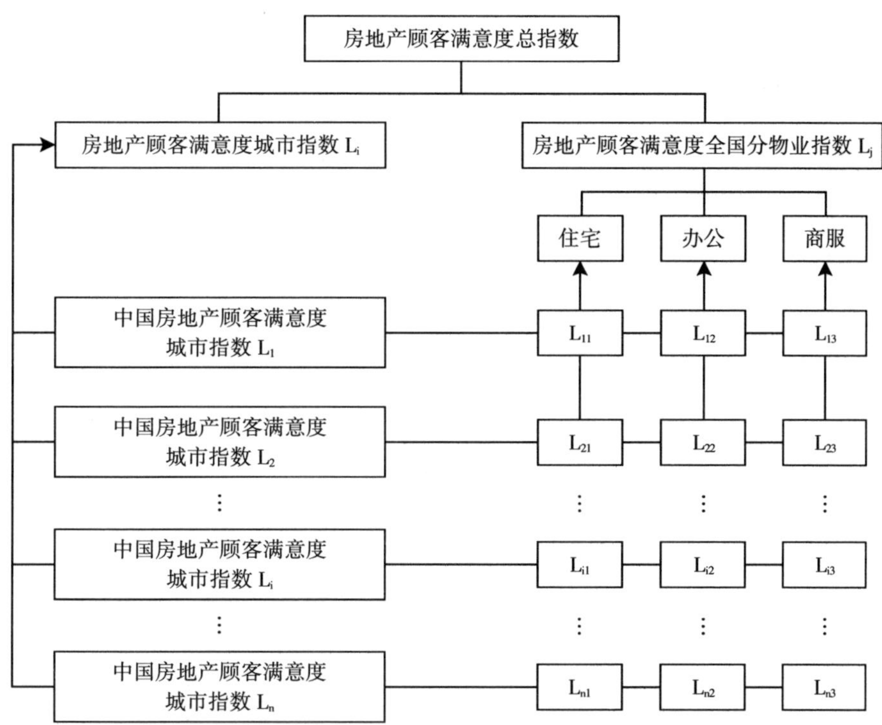

图 6-3 房地产顾客满意度指数架构

注：L_{ij} 表示中国房地产 i 城市 j 类物业满意度指数；L_j 表示中国房地产全国 j（j = 1，2，3）类分物业满意度指数；L_i 表示中国房地产 i（i = 1，2，…，n）城市满意度指数。

资料来源：中国指数研究院综合整理。

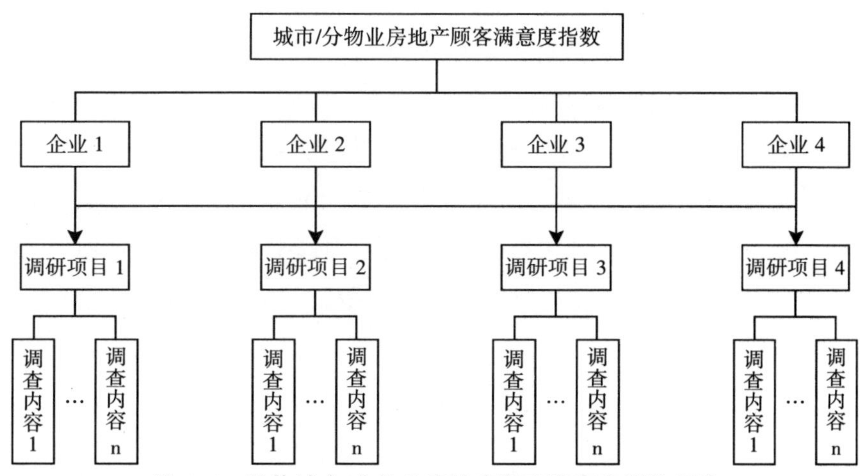

图 6-4 具体城市/分物业房地产顾客满意度指数架构

资料来源：中国指数研究院综合整理。

一、样本收集

1. 调查对象

可依据业主居住时间将调查对象分为以下三类，并根据项目的不同需要确定调查群体。

（1）已入住业主，包括磨合期入住业主、稳定期入住业主和老业主三类，其中磨合期入住业主指入住期在半年到一年的业主，稳定期入住业主指入住期在一年到两年的业主，老业主指入住两年以上的业主。

（2）准业主，包括交付未入住与已签购房合同但还未交付两类。

（3）潜在业主，指有购房意愿，但还未实际购房的人群。

2. 调查项目

调查内容的确定是房地产顾客满意度调查的重要环节，以住宅为例，主要有以下三个方面：

（1）调查对象的基本情况，包括经济收入、家庭人口、文化程度等。

（2）调查对象对产品及其服务各项指标的期望、满意程度等。

（3）调查对象的购买行为特点、潜在的购买意向等。

通过对住户进行问卷调查，获取住户对项目的第一手资料，再对调查问卷进行分析，获取项目的满意度指数。因此，调查问卷的设计尤为关键。在设计问卷时，以中国房地产顾客满意度调查目的为基础，了解顾客对各类产品/服务指标的要求和预期，根据模型计算顾客满意度指数，识别顾客对各类产品/服务各指标态度的变化情况及变化趋势，通过比较、分析，找出开发商与竞争对手在产品、管理等方面的差距，明确其与竞争者各自产品及服务的优劣，寻求改进方向。另外，结合研究要求与现实可能性，将测评指标转化为问卷上使用范围尽量广泛的、大众化的问题。房地产顾客满意度调查问卷框架如表 6-3 所示。

表 6-3　房地产顾客满意度调查问卷框架

序号	调查项目	调查
第一部分	入住前的预期	环境、配套、交通
		小区及户型规划
		工程质量
		售前、售后服务
		物业管理

续表

序号	调查项目	调查
第二部分	入住后的评价	环境配套
		规划设计
		规划合理性
		工程质量
		服务质量
		物业服务
		其他
第三部分	综合满意状况	环境配套
		规划设计
		工程设计
		销售服务
		物业管理
		总体感觉
第四部分	其他	是否再次购买或推荐购买该项目或开发商的其他项目
		投诉过哪些方面的问题
		是否向亲友抱怨过住房存在的问题
第五部分	背景资料	入住时间
		年龄
		受教育程度
		家庭年收入
		姓名、电话

资料来源：中国指数研究院综合整理。

3. 数据收集

中国房地产顾客满意度调查方法采用调查人员入户访问或顾客填写问卷两种方法。而其他方法如电话访问、邮寄问卷等因其适用范围和优劣势的限制在调查中不予考虑。

入户访问一般按照科学抽样方法抽取样本，逐户进行访问，一般按照问卷随机表进行抽样选择家中具体的被访者。入户访问需要样本能够在较大程度上代表总体，抽样具有推断性，抽样方法基本属于概率抽样/随机抽样。

顾客填写问卷是测量顾客满意度的最普遍方法，尤其对第一次进行测量活动的企业。

4. 样本抽取

中国房地产顾客满意度调查采用概率抽样的方法对各地区各物业类型消费者进行调查。

在确定样本数量时，应考虑样本数量与受调查对象总体方差影响，方差越大，表示答案越不一致。所以，当总体方差越大时，为了保证获得数据的准确性，样本量应该越大。但受调研经费、人力、时间、设备等的约束，就要在精准度和可行性之间作出权衡，确定最适合样本数量。

具体而言，确定样本数量的方法大致有两种：

（1）统计学方法。即采用统计学的原理，搭建模型，计算出最适合的样本数量。

（2）经验方法。根据经验，调查样本数量应该是调查问卷中问题数量的 5~10 倍。以住宅为例，住宅满意度问卷中共有 54 个问题（不包含基本资料部分），则调查的样本数量应确定在 270~540 个范围内，这一数量可以满足调查精度的要求。

另外，根据允许误差和合格率水平，计算出相应的必要抽样数量后，需要访问比最后确定的样本量更多的住户，然后增加新样本以补偿不足。

5. 数据整理

中国房地产顾客满意度指数的数据处理采用了以下方法：有效问卷的筛选、原始数据的编码与录入、数据的处理、数据的计算及数据的检验。

问卷筛选是保证所得到的原始数据真实有效所需的第一步。在进行问卷筛选时，需遵循一定的原则将不合格的问卷剔除，之后有效问卷的数量便有所减少。当剩余数量少于规定的样本量时，需进行补充调查，直到有效问卷数量达到要求。

数据编码是将原始信息转化为符号或数字形式的数据。数据录入是指将问卷或编码表中每一项目对应的代码录入计算机，并转化为相应的电子文档。

在对问卷进行初步筛选后，需要对数据进行进一步的检查和处理，目的是找出含有极端值、超出范围或逻辑上前后不一致的数据，并对原始数据和变量做进一步的转换。

二、计算方法

1. 数据计算

利用偏最小二乘法（PLS）程序和中国房地产顾客满意度指数模型对数据进行计算。偏最小二乘法是一种集多个因变量对多个自变量的回归建模、典型相关分析及主成分分析为一体的多元数据分析方法。在一次计算之后，可以同时实现预测建模、两组变量间的相关分析及对多变量系统的综合简化。

在指数计算中，PLS 的计算过程分为三步：首先，导入数据，将原始数据导入计算表中；其次，在模型的基础上，建立路径系数模型和载荷系数模型，利用PLS 程序计算中国房地产顾客满意度指数；最后，输出数据结果并进行分析。

2. 数据检验

在对数据进行处理和计算之后，必须做进一步的数据检验，主要是由于某些问题涉及多个相关变量的数据，通过验证所调查的问题，可以检查出这些问题在分析中是否起到明显作用，同时还要做信度和效度检验，以验证结构方程模型的可靠性。

3. 数据分析

中国房地产顾客满意度指数的分析主要利用 SPSS 和 SAS 进行象限图分析、描述性系统分析、交叉分析、相关分析、回归分析等。

象限图分析也被称为策略矩阵，是根据所获得的各因子的重要性得分和满意度得分，对其实施象限分析。描述性系统分析主要包括数据的频数分析、数据的集中趋势分析、数据的离散程度分析、数据的分布以及基本的统计图形。交叉分析主要采用交叉列联表的方式，同时还可以使用独立性检验来加以分析。相关分析能够判断现象之间是否相关、相关的方向和密切程度，而不区分自变量或因变量。回归分析能够对现象之间相关的具体形式进行分析，确定其因果关系，并用数学模型来表示其具体关系。

4. 测评报告撰写

中国房地产顾客满意度报告主要包括三部分内容：现状的测评报告、诊断报告、解决方案报告。

（1）房地产顾客满意度现状的测评报告。

现状测评报告由技术报告和数据报告两部分组成。技术报告主要说明调研的过程和方法，数据报告则阐述调研的结果。

技术报告主要说明研究的背景和目的，详述如何定义调查对象、其代表性如何、样本框架如何构成、采用何种抽样方法、具体的抽样步骤及抽样中可能存在的偏差等；此外，还将详述访问员的遴选、培训和督导中遇到的问题、实施进程等。

数据报告通过频数和百分比例表、图形、简单文字等说明本次调查的主要结果。

（2）影响顾客满意度的诊断报告。

诊断报告主要通过对调查数据进行分析，得出影响顾客满意度的因素，并区分其中的保健因素和激励因素，指出具体企业/产品/项目在各因素方面的优劣势。

报告通过显著性分析、相关分析、聚类分析等统计方法对调查结果中的内在关系进行分析，用文字和图形来说明分析结果，采用的研究模型有因素贡献度分析模型、提高满意度行动原则模型和满意度比较模型等，最终报告描述了竞争环境的定量轮廓：企业产品（服务）及其竞争者在评估层面上的满意度得分和排序、顾客满意度的主要影响因素、企业/产品/服务的竞争强势点和弱势点、企业/产品/服务在不同顾客接触点上的顾客满意度水平的内部横向比较。

在此基础上，对各种因素进行保健因素和激励因素区分。保健因素指在影响顾客满意度的影响因素中，这些因素的增值不会导致顾客满意度的提升，但这些因素的水平降低或缺失将会导致满意度下降。激励因素指在影响顾客满意度的各种因素中，这些因素的水平上升或下降会直接导致顾客满意度水平的上升或下降。最后，找出具体企业/产品/项目在各因素方面的优劣势。

（3）关于提高顾客满意度的解决方案报告。

根据顾客满意度、忠诚度指数测评的结果，提出可供选择的建议和方案。中国房地产顾客满意度指数研究根据上述数据报告、数据分析、文案研究、专家经验给出满意度研究的结论与建议，主要解决方案包括依据企业/产品/服务影响顾客满意度各因素的状况和企业/项目/服务的具体特点，提出适合该企业提升顾客满意度的经营策略：以顾客满意为导向的产品策略、以顾客满意为目标的市场营销策略和提升顾客满意度的顾客关系管理策略。

第四节　中国房地产指数系统的其他延伸指数

一、装饰装修及材料指数

家居产业是关系到国计民生的独立产业，近年来居民住宅装饰装修工程产值快速上涨，目前我国已经成为世界上装饰材料生产大国、消费大国和出口大国。在行业迅猛发展的同时，也暴露出许多诸如市场信息零散、传递不畅、信息不对称等问题。

2005 年 1 月中国指数研究院成立家居研究中心，专注于装饰装修及材料产业的研究。家居研究中心经过不懈努力，参考国内外各种量化分析模型，特别是中国房地产指数系统（CREIS），美国道琼斯指数理论和中国消费指数 CPI 的设计方案，开发设计了中国装饰装修及材料指数系统。该系统旨在准确把握全国和地方城市装修装饰市场的脉搏，以指数的形式进行城市装饰装修及材料市场价格的比较分析。

中国装饰装修及材料指数系统（简称"装饰装修与材料指数"）是一套以价格指数形式反映全国及各主要城市装修装饰及材料市场发展变化轨迹和市场状况的指数体系和分析方法。它开辟了我国对装饰装修及材料市场进行定量化系统研究的新领域，填补了该产业量化研究的一项空白。

装饰装修与材料指数首先旨在为国家相关部门和行业协会合理调整产业结构和引导产业健康、快速发展提供参考；其次为家居生产、销售、服务企业的数据分析和决策提供了一种新的方法和工具；最后为消费者提供一套新的购买参考依据，促进消费市场的透明度，推动本行业市场的发展。

装饰装修与材料指数以价格指数形式来反映全国主要城市家居市场的运行情况和发展趋势。如图 6-5 所示，该系统有两大部分，分别是中国装饰装修指数和中国装饰装修材料指数。其中，中国装饰装修指数分为各大城市装修装饰指数；中国装饰装修材料指数是按照城市，细分为城市地板指数、城市瓷砖指数等分类建材指数和综合建材指数。

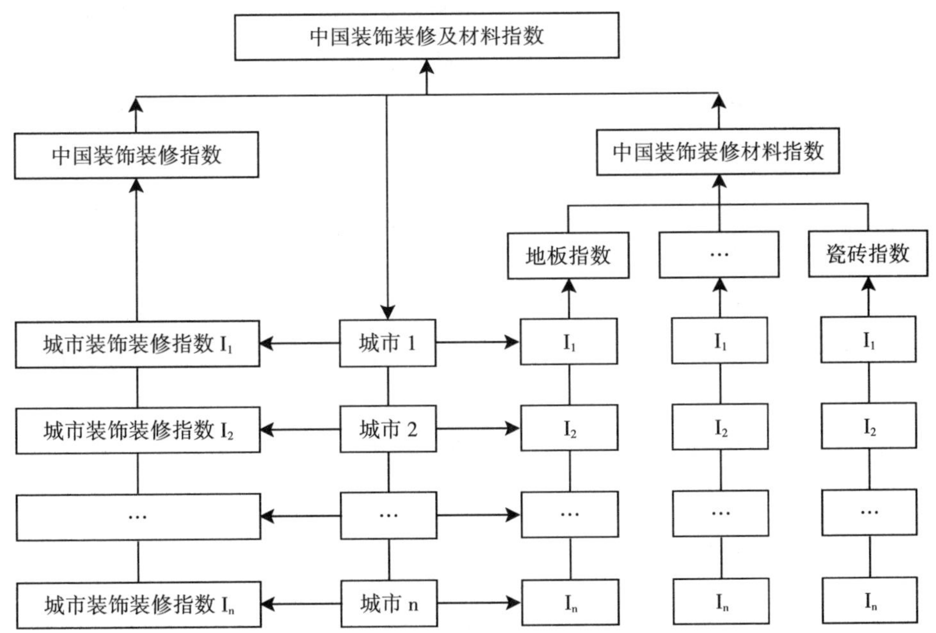

图 6-5 中国装饰装修及材料指数的框架

资料来源：中国指数研究院综合整理。

1. 样本收集

（1）样本选择。

在实际操作过程中，为了获得精确、权威的项目资料，主要对各城市内处于行业龙头的典型装修公司进行抽样调查。典型装修公司的选取标准为：1）持续经营 3 年以上；2）年营业额人民币 1000 万元以上；3）必须在同城市内有跨区域经营项目；4）同城市任何一个行政区的年营业额不得超过企业年营业额 50% 以上。

同时，装饰装修与材料指数也辅以寻找交易数据规范的家居卖场，如北京居然之家。

（2）数据采集。

装饰装修与材料指数研究要求必须保证一定数量的有效数据，因此，每个样本企业每季度提供 300 组数据，装饰装修与材料指数就需要 3 家以上的样本企业。

每个样本企业每季度随机抽取 300 组季度数据。每组数据包括 4 项数据指标，即：1）装修金额；2）装修面积；3）装修时间；4）装修楼盘名称。

在数据采集、指数计算与发布的过程中，必须注意对数据安全性的考量，不能泄露企业所填报的数据。

第一，从指数的研究体系来说，系统对所有样本企业的数据进行汇总，经过模型的计算仅得出一个综合的指数，并不会披露某个样本企业的个体数据。

第二，在原始数据的采集过程中，由样本企业自行随机抽取当季度 150 组数据，即平均每月 50 组数据，这样的数据量仅占企业的整体经营数据量的很小一部分，并不会使样本企业的商业情况被披露出来。

第三，中国指数研究院家居研究中心将在双方达成合作意向后，与样本企业签订规范的数据合作协议，承诺样本企业提供的装修档案数据仅作为装饰装修指数研究使用，不做其他商业用途，保证不透露给第三方。

2. 计算方法

装饰装修与材料指数以 2004 年第一季度为基期，基期指数为 1000 点。每季度发布一次。装饰装修与材料指数采用固定权重法，以 2004 年第一季度各类样本成交面积为样本权重。

装饰装修与材料指数以拉式指数作为计算公式：

$$I_t = \frac{\sum p_t q_0}{\sum p_0 q_0} \times I_0$$

p_t 为报告期各类住宅平均单位面积装修价格，p_0 为基期各类住宅平均单位面积装修价格，q_0 为基期各类住宅所占权重，I_t 为报告期指数，I_0 为基期指数。

3. 指数发布

（1）装饰装修与材料指数报告的受众。

受众主要以政府机构、行业协会、建材生产商、装修装饰企业和消费者为主。

（2）装饰装修与材料指数报告的媒体传播。

搜房网房天下家居集团旗下的所有网站；《中华建筑报》、《中国建材报》、《中国装饰报》、《中国家具商报》等专业媒体；《财经时报》、《第一财经日报》、《经济观察报》、《21 世纪经济报道》、《中国经营报》、《青年报》、《申江服务导报》、《生活周刊》、《文汇报》、《新民晚报》、《新闻报》、《上海商报》、《上海家庭报》、《上海金融报》、《新闻晚报》、《新闻晨报》等媒体的家居或地产板块等。

二、其他定制指数

1. 天津土地交易指数

天津土地交易指数是天津市土地交易中心委托中国指数研究院编制的土地市场指标体系，并经过了国内知名专家的鉴定认可，是一套具有权威性、系统性、开放性和科学性的指数系统。2003 年发布第一期指数报告。

建立天津土地交易指数是对天津市地价评估和公示制度的发展和完善，也是土地使用制度深入发展，进一步加强土地价格管理，规范市场交易行为，开展土地资产运营，促进城市建设良性循环的必然选择。

科学合理的指数系统及市场监测体系对土地市场有着较强的市场指导作用。对于政府有关部门，是监控市场、了解市场走势、制定相关政策的重要参考依据；对于房地产开发商、投资者与各类中介机构，对其了解市场变化和经济发展状况、把握市场、做出科学的投资决策起着重要指导作用。

随着天津市房地产市场的不断发展完善，及时准确地把握房地产市场脉搏，了解市场状况已经成为市场各方参与主体的共同需求。天津土地交易指数的出现对天津市地产市场具有深远的意义：天津土地交易指数模型是政府调节土地供应量的量化依据；编制天津土地交易指数，可以规范土地市场的建设；天津土地交易指数的建立有利于天津市土地市场健康稳定地发展；天津土地交易指数为全国土地交易指数的建立打下了基础。

天津土地交易指数架构如图 6-6 所示。

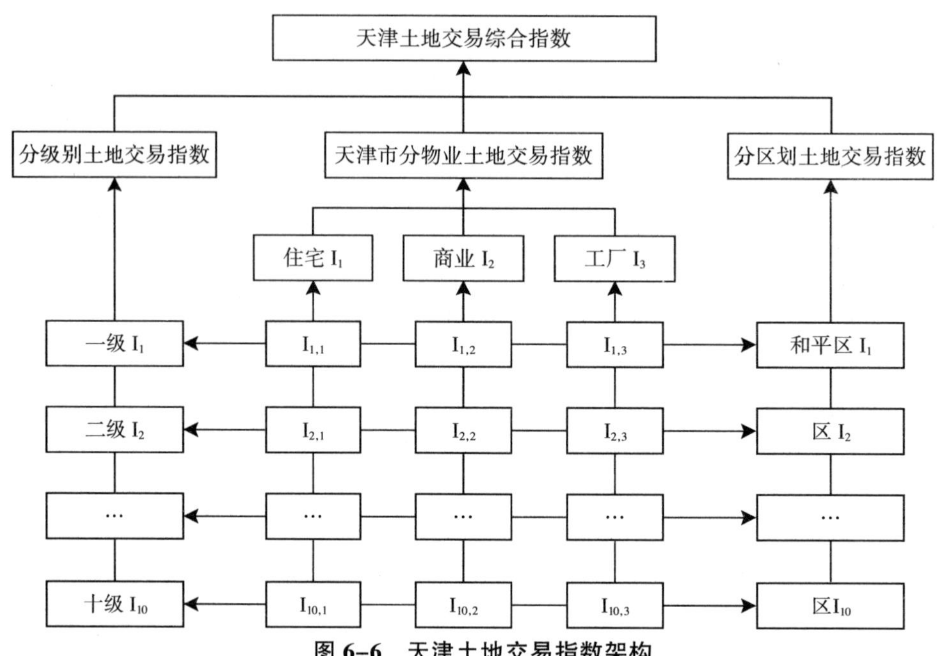

图 6-6　天津土地交易指数架构

资料来源：中国指数研究院综合整理。

图 6-6 中，I_{ij} 表示天津 i 级区域 j 类用途土地交易指数，I_i 表示天津 i（i = 1，2，…，10）级区域土地交易指数，I_j 表示天津 j（j = 1，2，3）类用途土地交易指数。

（1）样本收集。

1）城市房地产市场调查。在编制天津市土地价格指数之前需要对天津市整体城市状况和房地产市场发展状况进行了解和掌握，并进行充分的数据调查和收集工作。

调查的内容主要包括：城市房地产市场热点区域及焦点，历年各项房地产开发投资、销售指标、市场行情（包括总体和分物业）；城市房地产发展历程和具有重要意义和影响的事件、政策；房屋评估标准、基准地价成果及调整资料；各类土地交易、购置、开发资料等。另外还要了解城市整体发展形势和水平，总体规划，主要社会经济指标和居民生活指标，主要行业状况及对当地经济的影响等。

2）样本数据的来源。采取调查人员实地调查、由土地交易中心获得资料、利用搜房网房天下的房地产项目资料三种方法取得数据，并随着市场的发展，逐步增加信息来源。

第一，土地交易资料。由土地交易中心历史数据中直接获得，除了土地交易价格外，还需要了解交易宗地面积（如是综合用途的，则需按用途分项统计）、宗地用途、地块基本信息、开发程度、总体规划建筑面积、地面价、楼面价、交易双方基本情况、使用权期限等。

第二，房地产项目（商品房）资料。房地产项目资料采用正在市场上交易的房地产项目，以开发商的对外公开报价为基础，剥离建筑物价值等（包括开发商建造利润），得到土地的价格，因此需要了解每个房地产项目的具体参数、指标，如总建筑面积、建筑类型、结构、配套设施、装修水平等。

（2）权重设置。

对房地产样本采用项目当期总建筑面积作为物量权值计算依据，不采用实际成交量（一是因为实际成交量不易获取，二是因为实际成交量变化较大，会降低对价格的灵敏反映）。

对土地交易样本采用此类土地总规划建筑面积作为权值，如数据中缺失该宗土地总规划建筑面积，则结合当次成交土地面积，参考周边同类用地容积率及其他所能收集到的市场资料，估算该地块总建筑面积。如无参照地块，可按市区住宅 2.0、商业 2.5、工业 1.0 的容积率进行估算，市郊结合地区容积率下调 0.5~1.0。

（3）计算方法。

1）编制原则。

第一，因地制宜的原则。制定天津土地交易指数，必须根据天津市的实际情况，因地制宜地制定适应当前发展的指数系统。只有从实际情况出发，建立适应天津市土地市场的指数体系，才能使天津土地交易指数得到真正的发展，并在发展中逐步补充和完善。

第二，样本配置的合理性原则。样本的配置是编制指数的基础，只有从技术上、方法上对各种配置进行研究，分析不同配置方法，选择合理的地价样本的配置方式，才能保证天津土地交易指数能够真正反映土地市场的变化。

第三，实事求是，市场信息源和评估地价信息源并重的原则。

2）编制思路。

第一，收集整理国内外有关土地交易指数研究材料，比较研究，分析各类指数的理论和实践应用，寻求其中的共性和规律性。

第二，进行土地价格资料的调查，收集市场交易样点资料，整理分析，以土地分等定级资料及成果为依据，划分区域范围。

第三，以各类型土地交易样点资料和修正后的房地产项目价格资料计算样点地价并标准化，计算各类指数，以此得到天津综合土地交易指数。

第四，综合收集到的地价相关资料进行分析，对编制出的土地交易指数体系进行动态分析，经整理后，向社会公开发布土地交易指数。

第五，天津土地交易指数成果应用。

3）指数计算。

基期定为 2002 年 12 月，基点为 100 点。

天津土地交易指数采用修正后的拉氏公式：

$$I_i=\frac{\sum p_i^o q_i^o / \sum q_i^o}{\sum p_o^o q_o^o / \sum q_o^o}\times\frac{\sum p_i^t q_i^o}{\sum p_i^o q_i^o}=\Delta_1\times\Delta_2$$

2. 湖北商品指数

湖北武汉作为全国中部中心城市，自古以来就是商业重镇，商品市场发展迅猛，正在向“华中地区最大的商品集散地”发展。

基于市场上没有相关研究机构发布的报告，无法科学权威地反映武汉市及湖北省商品市场的发展和变化情况，2010 年由竹叶山集团出资、中国指数研究院建设完成了湖北商品指数的编制。

湖北商品指数系统地体现湖北各类商品市场发展情况及每月交易变化情况；同时成为政府制定相关政策的市场依据、给企业及个人投资商业地产提供专业指导建议。

如图 6-7 所示，湖北商品指数系统涵盖汽车、钢材、副食调料、花卉、果品、粮食、建材七大类，以七大类下属的数十类分物业指数为最低层级，逐级生成汽车指数、钢材指数、副食调料指数、花卉指数、果品指数、粮食指数、建材指数，汇总生成湖北商品指数。

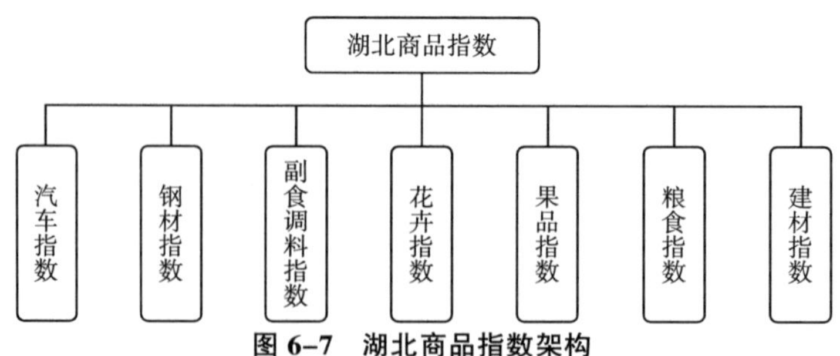

图 6-7　湖北商品指数架构

资料来源：中国指数研究院综合整理。

（1）样本收集。

1）数据来源。以武汉竹叶山中环商贸城的实际交易数据为主要数据来源。

2）数据分类。按武汉竹叶山中环商贸城七大专业市场，对汽车、钢材、副食调料、花卉、果品、粮食、建材七大类别商品分别进行研究，每一个类别下面根据具体情况再划分为若干二级分类或三级分类。商品指数涉及的生产资料、生活资料下辖钢材、汽车、副食调料下的 37 大类，459 种商品。

3）数据收集方法。为保证精度，湖北商品指数系统采取全样本收集的方式，通过多途径交叉复核的方式，在保证指数编制样本数量的基础上，降低误差、提高指数测算的可信度。

①全样本调查：第一，全样本涵盖是指在武汉竹叶山中环商贸城中发生的每一笔商品交易。第二，调查资料整理。将获得的样本资料按类别整理，并建立湖北商品指数系统基础样本数据库。第三，以后各期新的商品应持续纳入基础样本数据库。

②调查内容：第一，价格。这里的价格是指商品的平均基准价格（基准价，不考虑同类型产品的差异）。在实际处理时，通过商品销售价格来完成计算。第二，成交量。为理想地反映市场，且实际成交量在理论上是可取的，因此，采用实际成交量作权重。

4）数据处理。调查得到的原始数据不能直接用于指数的测算，一般还需经过以下两个方面的修正。

①对政策性偏向的修正。将数据中的政策性因素带来的影响按比例排除，进行数据恢复。例如，国家鼓励汽车消费并予以优惠，可将优惠的比例按照商品的不同对数据进行修正。编制指数时，对这些因素的影响大小给予考虑（即指数上涨或下跌有多大比例是由这些非市场因素引起的）。

②异常数据（极大值、极小值等）的剔除。按照商品类型和档次进行划分，计算每档样本均值 X 和标准差 S，正常样本数据是指在两个标准差（X-2S，X+2S）即 95%的置信量度范围内的数据，超出此范围的数据应剔除，剔除后再计算样本新均值和标准差；再检验，再剔除，直至无异常数据为止。经过修正处理后的数据称为有效数据，它是指数编制的基础。

（2）计算方法。

湖北商品指数系统选择 2010 年 5 月作为基期，基期指数定为 1000 点。

湖北商品指数系统的核心理论是拉氏指数理论：

$$I_t = \frac{\sum P_k^t A_k^t}{\sum A_k^t} \Bigg/ \frac{\sum P_k^0 A_k^0}{\sum A_k^0} \times 1000$$

根据此基本公式，以成交量为权重，可逐步推算出湖北商品指数各类分指数与总指数。

3. 幸福宜居指数

在建设宜居城市、人民生活幸福得到各界广泛关注的背景下，如何通过科学客观的评价体系，衡量居民在城市和社区居住环境方面的主观幸福感受显得尤为必要。2010 年中国指数研究院在总结和回顾国内外相关研究的基础上，开展了中国幸福宜居指数研究，并建立了“中国幸福宜居指数系统”。

中国幸福宜居指数系统是一个以指数形式来反映全国及主要城市居民在居住环境方面的幸福感受的指标体系和分析方法。它通过主客观综合评价的方法，从经济发展水平、自然环境舒适性、公共服务满意度、产品满意度、物业服务满意度、社区文化和谐度、价值可持续性七个方面，对居民在城市宜居性和社区舒适度上的主观感受进行评价，以此反映居民在居住环境方面的主观幸福感受。

幸福宜居指数研究的目的在于：

第一，对中国重要城市及城市社区“幸福宜居”水平进行调查和研究，分析社区及城市“幸福宜居”建设现状、问题和对策。

第二，通过横向和纵向比较研究，树立一批居民幸福宜居水平高的城市和社区，解析其成功经验，树立行业标杆形象，供同行参考借鉴，同时扩大此类城市和社区的影响力。

而编制幸福宜居指数的意义在于：

第一，随着经济发展，个人收入不断增长，居民需求水平由低层次向高层次逐步提升，通过“幸福宜居”指数研究，可以帮助居民了解在城市和社区差异下的“幸福宜居”水平，把握自身居住状态，促进生活方式改变，不断提升生活质量和居住幸福感。

第二，通过深入分析不同社区、不同群体幸福宜居因素，可以帮助房地产企业把握客户多层次需求，提高产品质量和服务水平，增强企业品牌影响力及竞争力。

第三，通过幸福宜居指数研究，客观反映中国及主要城市居民幸福宜居水平，作为科学的评价依据，指导城市规划和社区建设，促进社会和谐发展，提升居民的幸福感。

（1）指数架构。

中国幸福宜居指数系统是城市宜居性客观指标结合社区居民居住幸福感主观感受在各个维度上的综合评价。

中国幸福宜居指数系统分为总指数和分类指数两大类，其中总指数以居民总体幸福感衡量，按地域分为中国幸福宜居指数、区域幸福宜居指数、城市幸福宜居指数、社区幸福宜居指数四个层次。分类指数共分为城市宜居性、社区舒适度两个方面，城市宜居性主要从经济发展水平、自然环境舒适性、公共服务满意度来评价，社区舒适度主要从产品满意度、物业服务满意度、社区文化和谐度、价值可持续性来评价，如图 6-8 所示。

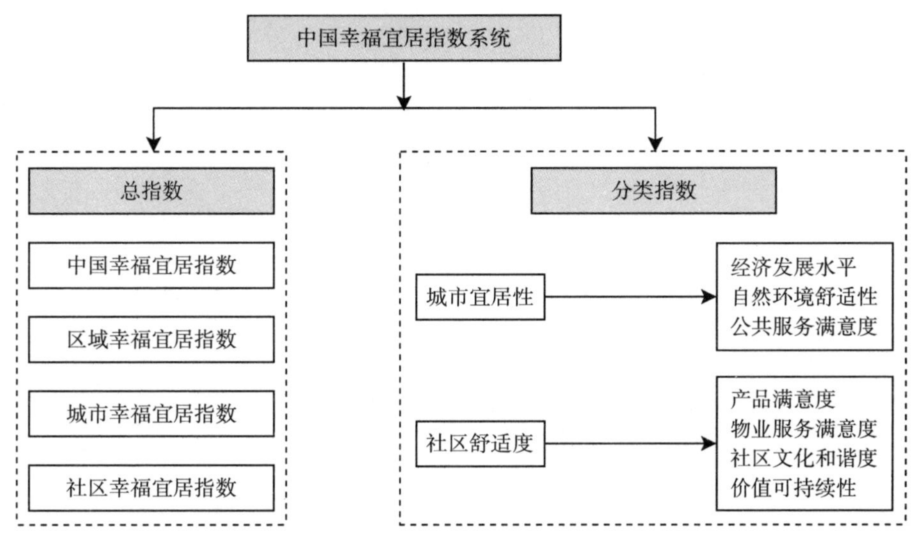

图 6-8　中国幸福宜居指数系统

资料来源：中国指数研究院综合整理。

（2）指标体系。

中国幸福宜居指数的指标体系共分四个层级，其中一级指标为居民居住幸福感。二级指标有两个，分别为城市宜居性、社区舒适度，一二级指标均属于主观评价指标，通过问卷调查获得，具体构成如表 6-4 所示。

表 6-4　中国幸福宜居指数的指标体系具体构成

一级指标	二级指标	三级指标	四级指标	评价方式
居民居住幸福感	城市宜居性	经济发展水平	人均 GDP 人均 GDP 增长率 人均可支配收入 人均可支配收入增长率 恩格尔系数 消费性支出占比 失业率 房价收入比	客观指标

续表

一级指标	二级指标	三级指标	四级指标	评价方式
居民居住幸福感	城市宜居性	自然环境舒适性	建成区绿化覆盖率 人均公共绿地面积 生活用水水质达标率 生活污水集中处理率 空气质量优良以上比例	客观指标
		公共服务满意度	教育水平 医疗设施 社会保障 治安状况 公共交通 政府服务意识	主观评价
	社区舒适度	产品满意度	户型设计 外立面设计 社区公共设施配套 社区园林景观 社区功能布局 小区休闲设施 小区运动设施 建筑质量 交通便利性 商业配套 教育配套	主观评价
		物业服务满意度	客户服务 秩序维护服务 保洁服务 维修服务 绿化养护 公共服务 物业服务费	
		社区文化和谐度	社区整体文化氛围 社区文化活动频次 社区文化活动内容 社区文化活动质量 邻里互动和互助 社区参与 社区凝聚力 社区归属感	
		价值可持续性	产品升值空间 物业服务增值 社区文化增值 居住尊崇感	

资料来源：中国指数研究院综合整理。

（3）计量评价方法。

由于中国幸福宜居指数的指标体系包括了主观评价和客观指标等多种指标，在不同类型指标的综合评价上，通过主成分分析法对指标进行分析，同时结合德尔菲法来判断不同指标的权重。

第七章　房地产指数的产业应用

第一节　美国标普/凯斯—席勒房价指数

标普/凯斯—席勒房价指数由 Karl E. Case 和 Robert J. Shiller 于 20 世纪 80 年代提出，由标普道琼斯指数公司、Core Logic 和宏观证券研究有限公司（Macro-Markets LLC）协议编制并发布，为公认的衡量价格变动的可靠的测量指标，是目前美国最权威的商业住房价格指数，被当作美国房地产市场和国民经济变动的“晴雨表”。

一、标普/凯斯—席勒房价指数简介

标普/凯斯—席勒房价指数覆盖了 20 大都会区的分区指数、10 大都会区综合指数和 20 大都会区综合指数。10 大都会区综合价格指数覆盖区域为波士顿、芝加哥、丹佛、拉斯维加斯、洛杉矶、迈阿密、纽约、圣迭戈、旧金山和华盛顿；20 大都会区在以上 10 大都会区的基础上增加了凤凰城、坦帕、亚特兰大、底特律、明尼阿波利斯、夏洛特、克里夫兰、波特兰、达拉斯和西雅图。标普/凯斯—席勒房价指数具体编制方法请参见本书第三章第三节国外主要房地产价格指数。

1. 标普道琼斯指数公司简介

2011 年芝加哥商品交易所（CME Group）和麦格希公司（McGraw-Hill）宣布成立合资公司，整合其旗下的道琼斯工业平均指数和标普 500 指数业务，新成立的子公司即为标普道琼斯指数公司，新公司在 2012 年上半年开始运营，其中

麦格希公司占73%的股份，CME占24.4%的股份，道琼斯公司占2.6%的股份。

公司历史大事记：

（1）1896年，道琼斯发布全球知名的道琼斯工业平均指数。

（2）1957年，标普500发布。

（3）1982年，CME推出标普500指数期货。

（4）1997年，CBOE的道琼斯工业平均指数期权位列美国第3个最活跃指数期权产品。

（5）1993年，SPDR ETF推出。

（6）2007年，从高盛收购GSCI（高盛商品指数）。

（7）2009年，推出道琼斯全市场股票指数（道琼斯Wilshire指数系列的升级版）。

（8）2012年，标普道琼斯指数公司开始运营。

标普道琼斯指数公司拥有115年为投资者建设高度创新透明解决方案的经验，并且创建了标志性的标普500指数和道琼斯工业平均指数。该公司拥有超过100万只覆盖全球各资产类别的指数，为投资者提供衡量市场和交易状况的有效方式。同时，通过分布在全球60个国家的15个办公室，公司可以为任何投资提供所需的必要知识。

标普道琼斯指数所提供的指数可分为不同资产类型和不同区域两种，其中按不同资产类别分为：①股票：美国标普500指数、全球资产指数、主题指数等；②固定收益：投资等级指数、信贷违约互换指数等；③房地产：标普/凯斯—席勒房价指数和全球房产指数；④策略：资产配置指数、企业指数、风险控制指数、股息收入指数等；⑤商品：战略性期权、标普全球商品指数、道琼斯商品指数、标普高盛商品指数等；⑥特色：医疗保健索赔指数、消费者信用违约指数等；⑦定制：根据特定需求定制的指数。

按不同区域分为：①全球：发达市场、新兴市场（Emerging Market）和前沿市场（Frontier Market）；②美洲：美国、加拿大、拉丁美洲、墨西哥等；③欧洲：欧元区、英国等；④亚太地区：中国、韩国、日本、澳大利亚和新西兰等；⑤中东和非洲：以色列、非洲、南非等。

2. 标普道琼斯指数公司的服务

标普道琼斯指数有限公司是全球最大的金融市场指数提供商，拥有提供投资和业绩基准指数的悠久传统，公司的服务对象包括投资管理人、OTC衍生品和结构化产品提供商、ETF提供商、主要交易所、机构投资人和私人财物管理者。

服务内容分为数据与指数授权、定制指数和 SPICE 数据传输平台三个方面。其中标普道琼斯定制指数是指为满足客户特定的投资需求而提供的解决方案。客户定制可以选择基于现有指数的定制方案或者重新设计。服务的客户包括衍生工具和结构性产品供应商、ETF 供应商、交易所、资产管理公司和养老金计划。

定制指数类型包括六大类：

（1）交易型开放式指数基金。

标普道琼斯为众多的 ETF 和 ETN 计算标的指数（Underlying Indices）和日中点位（Intraday Indicative Values）。不论客户希望在自己的方法论中采用现有的指数，或是在现有指数中进行初步筛选，还是需要一个第三方来计算客户自己的方法论，标普道琼斯均可以提供跨所有资产类别的全球交易产品解决方案。

（2）结构性产品。

标普道琼斯为结构化产品商提供跨所有资产类别的机会和选择。客户可以设计基于标准指数的定制版本，用于开发诸如 OTC 票据和期货的结构化产品，也可以利用现有指数构建筛选股票或合约池，或设计基于客户自己独有的因子和备选池的可投资指数。

（3）业绩比较基准。

标普道琼斯可以创造更好地衡量组合经理表现的特有业绩基准、衡量没有指数的空白市场，或基于现有指数如标普 500 的定制化。

（4）客户专利。

无论客户的指数是用于产品设计、业绩基准或是其他用途，标普道琼斯均可以给予服务，这些服务包括基于客户方法论的筛选、加权及（或）在需要时更换指数成分。另外，客户还可以公布选择标普道琼斯指数作为第三方计算机构，或者与标普道琼斯指数保持一个私密的合作关系。

（5）SLICE & DICE。

改进指数，如标普 500、标普高盛商品指数（GSCI）或道琼斯全市场指数可以通过改善的方法开发细分市场的投资产品或业绩基准。

（6）外包。

通过各区域的支持团队（纽约、伦敦和北京）及各地办公室（日本和悉尼），标普道琼斯指数为金融机构、投资银行和资产管理人提供指数外包服务。

标普道琼斯指数的定制化指数涵盖多种资产类型，包括但不局限于股票、商品和固定收益指数。标普道琼斯指数公司房价指数定制的优势表现为以下三个方面。

第一，品牌优势。作为全球最大的金融市场指数提供商，标普道琼斯指数公司 2015 年荣获 ETFI 亚洲和亚洲资产管理授予的“年度 ETF 指数提供商”和“Best Smart Beta Strategy”奖及 2014 年度“最佳指数提供商”（MENA 基金经理基金服务奖）等奖项。

第二，历史经验。标普道琼斯指数公司拥有提供投资和业绩基准指数的悠久传统，拥有 115 年为投资者建设高度创新及高度透明解决方案的经验。

第三，资源优势。标普道琼斯指数公司拥有健全的指数系统，房价指数覆盖美国、20 大都会区及各地区不同价格段的房产数据，数据资源优势明显。另外，通过分布在全球 60 个国家的 15 个办公室，标普道琼斯指数公司的专家为任何投资提供所需的本土市场的必要知识。

标普道琼斯指数公司一直以客户为中心来开发用以反映投资领域宽度的指数。随着全球房地产投资理念的强化，未来标普道琼斯指数公司的房价指数定制将可能进一步加大，帮助房产投资人实现特定的投资目标。

二、标普/凯斯—席勒房价指数期货和期权

2006 年，CME 推出标普/凯斯—席勒房价指数期货和期权。

CME 是全球金融衍生品交易服务龙头，2010 年执行了 31 亿笔期货与期权合约，涵盖所有类别资产，总值近 1000 万亿美元。交易方式包括交易所期货与期权买卖，或中央场外清算业务。CME 提供全球化投资服务，全球最多样的衍生性金融产品均可在 CME 的单一电子交易平台 Globex 取得。

CME 旗下拥有四个核心交易中心：芝加哥商品交易所、芝加哥商品期货交易所、纽约商业交易所和纽约商品交易所。

1. 房价指数期货简介

房价指数期货为房地产市场的主体提供规避房地产价格风险的手段。房价指数期货是一种与未来房地产价格水平挂钩的标准化合约交易，这种交易实际上是房地产价格水平风险在参与者之间的相互转移。

例如，对于银行和开发商来说，他们希望规避房地产价格指数下跌的风险，就可以卖出其持有的房地产价格指数期货，一旦房价下跌，他们便可以以低价抛出持有的期货合约，平仓出局，这样在期货交易中获得的收益可以部分或者全部弥补其在现货市场上的亏损。对于想要购房的普通居民，他们可以买入住房价格指数期货，一旦房价上涨，就可以以较高的价格在期货市场上平仓获利，来抵消

房价上涨的风险；对于正在购房的居民，在购房的同时可以卖出房价指数期货合约，如果未来房价下跌，购房者可以用期货市场的收益对冲房产价值的损失。

房价指数期货虽然可以帮助市场参与者回避价格不利的风险，但是避险的代价就是他们会减少价格朝有利方向变动对其带来的收益，如房价下跌时，购买房价指数期货的潜在购房者在期货市场上就会有利益损失。

另外，房价指数期货合约的交易价格在一定程度上反映了市场对房地产未来价格总体水平的预期。基于此，房价指数期货的功能表现为：

(1) 帮助开发商更加科学合理地决策。房地产的开发周期通常较长，开发商面临着开发期与销售期时间差带来的风险。

(2) 帮助银行评估房地产贷款的潜在风险，提高银行的风险管控水平。

(3) 帮助政府部门制定调控政策。

总之，房价指数期货交易可以一定程度上弥补当前房价在指导房地产投资和预测房价等方面滞后性带来的不足，有助于房地产业更加健康平稳地发展。

期货市场的参与者包括投机者和套期保值者两种类型。投机者是从价格波动中寻找投资机会的投资者，包括对冲基金、商品顾问基金和个人投资者等；套期保值者可能是某种商品的消费者，也可能是生产者，在房价指数期货中，套期保值者可能是开发商，也可能是银行或抵押放贷者。

在集中的交易所交易的期货合约拥有以下优势：

(1) 允许市场参与者使用更高的金融杠杆，具有更大的灵活性。

(2) 有交易所担保，可以避免交易对手违约。

(3) 自发产生的杠杆投资，给投资者带来可以从房价变动上获利的机会，同时也提供给这些投资者进行短期房地产投资的机会。

(4) 给投资者提供一个可以在更少的资本需求下预测房价变动的方式。

2. 标普/凯斯—席勒房价指数期货和期权

标普/凯斯—席勒房价指数（CSI）期货和期权是美国第一个全面的可以管理美国房地产价格风险的金融工具。

(1) 概述。

CSI 期货和期权给投资者提供了在上下波动市场中保值和获得收益的机会，它将以前 CME 在农业和金融领域关于风险管理和投资工具方面的创新延伸到了房地产行业。CSI 期货和期权交易的益处如下：①一种将房地产风险转移至各类投资者的新方法；②没有直接拥有房产的人士也可以低成本接触到房地产市场投资交易；③进入一个特殊的资产类别；④拥有从房价变动中获益的机会；⑤房地产短期交易和流动性投资的一种方式。

（2）市场参与者。

市场参与者包括那些利益得失均与各地区住宅产业相关的企业，如房地产开发商、银行、抵押贷款机构、房屋供应商。

同时，市场参与者也包括那些寻求参与到一个不相关资产类别的组织或个人，如对冲基金、商品交易顾问（CTAs）、养老基金、国外投资者。

（3）合约。

标普/凯斯—席勒房价指数期货合约和期权合约以美国房价综合指数为标的物，采用现金交割而非实物交割。综合指数涵盖美国 10 个主要都会区，分别为波士顿、迈阿密、芝加哥、纽约、丹佛、圣迭戈、拉斯维加斯、旧金山、洛杉矶和华盛顿。

2014 年 5 月，标普道琼斯指数公司对 10 个都会区综合房价指数的权重进行了调整，合约中每个都会区调整后的权重如表 7-1 所示。

表 7-1　10 个都会区综合房价指数的权重

都会区	10 都会区综合	
	旧权重	新权重
波士顿	0.0741	0.0643
芝加哥	0.0889	0.0813
丹佛	0.0368	0.0345
拉斯维加斯	0.0148	0.0153
洛杉矶	0.2116	0.2099
迈阿密	0.0499	0.0579
纽约	0.2724	0.2941
圣迭戈	0.0551	0.0526
旧金山	0.1179	0.0921
华盛顿	0.0785	0.0980

资料来源：标普道琼斯指数公司，中国指数研究院综合整理。

标普/凯斯—席勒房价指数期货和期权的合约规格如表 7-2 所示。

表 7-2　标普/凯斯—席勒房价指数期货和期权的合约规格

	期　货	期　权
交易代码	综合 CUS，波士顿 BOS，芝加哥 CHI，丹佛 DEN，拉斯维加斯 LAV，洛杉矶 LAX，迈阿密 MIA，纽约 NYM，圣迭戈 SDG，旧金山 SFR，华盛顿 WDC	
合约规模	每个合约价值为 250 美元乘以 CSI 指数，例如，洛杉矶的 CSI 指数为 267.74 点，合约价值就为 66936 美元（= 250 美元 × 267.74）	一个期货合约

续表

	期　货	期　权
最小价格波幅	0.20 个指数点（0.20×250 美元=50 美元）	0.10 个指数点（0.10×250 美元=25 美元）
交易时间	仅在 CME Globex 电子交易平台上交易，时间为周一至周五上午 8：15 至下午 3 点（中央标准时间）CT	在 CME Globex 电子交易平台上交易时间为周一至周五上午 8：15 至下午 3 点 CT； 用标普高盛商品指数通过公开喊价进行交易时，时间为周一/周五上午 8 点至下午 2 点 CT
合约月份	延伸至未来 18 个月的合约月份应季度性挂牌交易，合约月份为 2、5、8、11 月；延伸 19~39 个月应在 5 月、11 月半年挂牌交易；延伸 37~60 个月应每年 11 月挂牌交易	
价格指数的发布时间	每个月的最后一个周二上午 8 点 CT（东部时间 ET 9 点），指数延期 2 个月。例如，2006 年 3 月的指数值在 2006 年 5 月 30 日发布，这些指数值可以反映 3 月期（2006 年 1~3 月）的房屋交易记录	
最后交易时间	即将到期的合同终止时间为下午 2 点 CT（3 点 ET），日期为合约月份中指数发布日的前一个工作日	
现金交割	CSI 指数发布日进行现金交割	欧式期权，与相关的期货合约关联
行权价	N/A	高于或低于前一天标的期货合约收盘价 5 个指数点区间
日历价差	10 个城市及其综合均有	N/A
区域价差	每个合约月份中所有可能的地区和城市之间	N/A
头寸限额	5000 合约	
交易规则	这些合约应遵循 CME 的规章制度	

资料来源：CME，中国指数研究院综合整理。

（4）保证金。

投机者或非会员的初始保证金设定在投资产品的维持保证金的 110%，套期保值者或会员的初始保证金设定在维持保证金的 100%水平。

目前各都会区及都会区综合指数期货和期权的保证金情况如表 7-3 所示。

表 7-3　各都会区及都会区综合指数期货和期权的保证金

成品名称	产品代码	开始时间	结束时间	维持保证金（USD）
波士顿	BOS	08/2015	11/2019	1250
芝加哥	CHI	08/2015	11/2019	749
丹佛	DEN	08/2015	11/2019	749
拉斯维加斯	LAV	08/2015	11/2019	1499
洛杉矶	LAX	08/2015	11/2019	1499
迈阿密	MIA	08/2015	11/2019	1499
纽约	NYM	08/2015	11/2019	1249
圣迭戈	SDG	08/2015	11/2019	1499
旧金山	SFR	08/2015	11/2019	1499
华盛顿	WDC	08/2015	11/2019	1499
综合	CUS	08/2015	11/2019	999

资料来源：CME，中国指数研究院综合整理。

（5）期货结算程序。

1）每日结算。每日期货的结算是CME工作人员基于Globex电子交易平台上的交易来确定的，一般每日结算程序分为两种情况；

情况一：如果某个交易发生在Globex上的时间在13：59：00和14：00：00 CT之间，这个合约结算价就采用这段时期该交易的成交量加权平均价（VWAP）。

情况二：如果在13：59：00和14：00：00 CT时间段内没有交易出现，则最后的交易（或前期在最后交易价缺失情况下的结算）就成为决定是否对当前出价或要价进行结算的关键。如果当前出价高于最后交易或前期结算价，合约结算成出价；如果当前要价低于最后交易或前期结算价，合约结算成要价；其他情况均将合约结算成最后交易或前期结算价。

2）最终结算。标普/凯斯—席勒房价（综合）指数期货最终结算价格为各都会区（10都会区综合）的房价指数值。

一般情况下，期货最终结算价格在合约月份的最后一个周二确定，即为价格指数计划发布的时间。如果合约月份的最后一个周二不是工作日，最终结算价格将在下一个工作日确定。

特殊情况可分为两种情况，一种为指数发布时间的延迟，这种情况下如果某一个都会区的价格指数不能在原定发布日期内发布，该指数（综合指数）期货的最终结算价格将推迟到该指数价格发布时再确定；如果因不可预见或灾难性的事件造成某一特定都会区的价格指数不能发布，相应的期货合约的最终结算将推迟到可以确定该都会区价格指数的最早时间。

另外一种为基期的变化。如果基期发生变化，所有已经挂牌合约月份的最终结算将由原基期计算的价格指数决定，而即将挂牌合约月份的最终结算由新基期下计算的价格指数确定。

第二节　香港大学房地产价格指数

一、香港大学房地产价格指数简介

香港大学房地产价格指数（HKU-REIS）由香港大学编制，旨在反映中国香港房地产价格水平按月度变动的情况，它包含香港大学综合住宅物业价格指数（HKU-ARPI）、香港大学香港岛住宅物业价格指数（HKU-HRPI）、香港大学九龙住宅物业价格指数（HKU-KRPI）和香港大学新界住宅物业价格指数（HKU-NRPI）。

香港大学房地产价格指数的计算是基于土地注册处实际成交的楼宇成交价，采用重复交易法。数据从 1991 年 7 月开始，基期为 2000 年 1 月，基点为 100 点。综合价格指数的计算是在三个分区价格指数的基础上，采用加权平均得出，其中权重反映了每个区域市场住宅存量的总价值。指数发布延迟 6 周，于每月 18 日或下一个工作日发布，如 9 月 18 日发布是 7 月的指数数据。

房产交易数据均来自数据提供商 EPRC，EPRC 从香港土地注册处购入所有房产成交数据，并在此基础上，增加了如建筑面积、区域代码等信息。香港大学计算房地产价格指数的数据是先从 EPRC 中选取物业类型（如住宅、办公、商业和工业）、物业地址（包括区域代码、街道名称、建筑名称、楼层等）、物业竣工时间、交易价格、交易时间、交易类型（买卖协议、转让等）等数据，在此基础上进一步筛选，筛选出物业类型为住宅、交易类型为买卖协议、交易价格在 0~1 亿港元之间，以及交易时间在竣工之后的数据。

二、香港大学房地产价格指数掉期

2007 年 2 月，荷兰银行和新鸿基金融宣布双方基于中国香港住宅市场价格指数进行了一笔房地产掉期交易。这是亚洲首笔房地产掉期交易，该交易的完成使得全球房地产衍生品市场的发展进入一个新的阶段。

1. 掉期交易的概念

掉期交易是指交易双方约定在未来某一时期相互交换某种资产的交易形式，更准确地说，掉期交易是指当事人约定在未来某一时期内相互交换他们认为具有等价经济价值的现金流的交易。掉期交易的类型一般包括利率掉期、货币掉期、外汇掉期等。

掉期交易的特点主要有三个方面，一是买卖双方是有意识地同时进行的；二是买卖的货币种类相同、金额相等；三是买卖交割期限不相同。

房地产掉期交易在英国首先起步，迄今为止已达成大量此类交易。随后，美国和欧洲市场也出现不少类似于房地产掉期交易的案例。

房地产掉期交易的出现，丰富了房地产不同于不动产属性的交易属性。

2. 香港大学房地产价格指数掉期交易简介

香港大学房地产房价指数较为稳健，可用来发展房地产衍生工具。它是第一套在英美以外用作房地产衍生工具进行买卖并纯以物业成交价（非估价）计算的指数。

荷兰银行与新鸿基金融的房地产掉期交易是基于香港大学房地产价格一系列指数的一个分项指数——香港大学香港岛住宅物业价格指数（HKU-HRPI）进行的。该交易能顺利完成，最关键的因素是香港大学开发的可用于交易的可靠和稳定的指数。

（1）运作方式。

香港这笔房地产掉期交易属于一年期“价格回报掉期（Price Return Swap）”，具体的运作方式为：

1）荷兰银行（此款衍生品的买家）通过获得 HKU-HRPI 的年度变化率，来投资香港住宅市场。

2）新鸿基金融（此款衍生品的卖家）将根据之前的协议，得到高于香港银行同业拆息（HIBOR）协定基点的利差，其中，HIBOR 为中国香港本地无风险贷款利率。

这类似于荷兰银行在中国香港买了一个住宅物业，新鸿基金融用一种虚拟的方式（而非直接方式）售卖该住宅物业。

本次掉期交易的价值不足 1 亿港元（当时合约 1300 万美元），按照全球标准衡量的话，交易规模较小。GFI Colliers 是本次掉期交易的经纪人，它是由 GFI 集团和高力国际公司合资成立的中国香港房地产衍生品公司。GFI Colliers 完成此次交易花费了一年多的时间。

（2）发展潜力。

中国香港此次房地产掉期交易是继荷兰银行在开拓英国市场（2005 年 11 月，第一个英国零售业掉期；2006 年 1 月第一个英国办公掉期及 2006 年 8 月第一个基于英国购物中心的分行业掉期）之后，再一次开拓亚洲市场的案例。荷兰银行希望此次交易可以是中国香港房地产市场大步发展的开始。

历年来，中国香港的房地产市场一直备受关注，市场非常活跃，对于这种新生的金融工具，投资者能够迅速适应；另外，香港大学房地产价格指数的可靠性和稳定性，也使得中国香港房地产市场上的衍生品将有巨大的发展潜力。

第三节　IPD 英国年度全房产指数

一、IPD 英国年度全房产指数简介

作为世界上为基金、投资者、管理者等提供房地产特性分析的顶尖供应商，IPD（Investment Property Databank）提供包括研究、报告、基准和指数等全方位的服务。IPD 指数的覆盖面及它的一致性和透明度使得 IPD 成为在 Eurex（欧洲期货交易所）上建立独立和可比的房地产衍生品的理想供应商。IPD 指数是开发商业地产衍生品市场的基础，也是世界上反映房地产收益最权威的工具。

欧洲期货交易所是一个全面电子化的交易所，其电子交易系统使市场参与者在全球各地都可以交易产品。Eurex 拥有流动性高的国际性产品、现代化的结算构架、便捷且成本较低的交易通道及先进的高科技设施，这些均成就了 Eurex 成为世界级的衍生品交易所。欧洲期货交易所是世界上最大的衍生品交易所之一，同时也是欧洲最大的清算所。

Eurex 中房地产衍生品包括 IPD 英国年度全房产指数期货、IPD 英国季度全房产指数期货、IPD 英国年度零售指数期货、IPD 英国年度办公指数期货等 13 种期货产品。这里，我们仅对 IPD 英国年度全房产指数期货进行介绍。

IPD 英国年度全房产指数反映了英国全房产投资回报情况，全房产包括零售、办公和工业（不包括住宅）。IPD 英国年度全房产指数是 IPD 的主要产品，其拥有较大的房地产规模和悠久历史。

二、IPD 英国年度全房产指数期货

2009 年 2 月 Eurex 推出基于 IPD 英国年度全房产指数的期货产品。

1. 市场参与者

IPD 英国年度全房产指数期货的市场参与者除了期货市场上一般的参与者之外，还包括 Eurex 指定的市场参与者。

欧洲期货交易所将感兴趣的会员设定为 IPD 英国年度全房产指数期货合约的

指定的市场参与者。作为指定的市场参与者，Eurex 会员可以通过他们自己与客户之间共同参与市场的开发和推广来帮助确保市场的流动性。此外，指定的市场参与者还需要承担起实现市场有效运作的义务，这种义务通过提供信息来实现，如提供额外的价格信息和 Eurex 要求的用于额外价格和价值验证的信息。同时，指定的市场参与者也要同意在每年至少召开两次的房地产衍生品会上担任 Eurex 的工作委员（房地产衍生品会将重点放在市场的平稳运行和有效性上）。

2. 合约

欧洲期货交易所的房地产期货合约成为允许投资者对冲或对房地产多样化组合投资有力的风险管理工具。IPD 英国年度全房产指数期货合约可以让投资者及时了解英国的房产市场，并且可以从资产价值的增值和减值中获利。

IPD 英国年度全房产指数期货的合约规格如表 7-4 所示。

表 7-4 IPD 英国年度全房产指数期货的合约规格

交易代码	PUKA
合约价值	50000 英镑
货币	英镑 GBP
交割	现金交割
报价	以百分比的形式，保留两位小数
最小变化波幅	0.05 百分点（25 英镑）
交易时间（CET）	预交易：7：30~8：30，正式交易：8：30~17：30（最后交易日的时间截至 12 点），后交易：17：30~20：30，OTC 大宗交易：8：30~18：30
合约年份	最近的 5 个连续的年度合约随时都可交易
最后交易日	最后交易日即为最后交割日；到期期货的交易关闭时间为最后一个交易日的 12：00 CET
合同终止日	每年 3 月的最后一天（交割的是上年的合约）。例如，2008 年 12 月 31 日的合约终止日是 2009 年 3 月 31 日
最终结算价	最终的结算价计算公式为：100× $[TRI_t/TRI_{(t-1)}]$，其中 TRI_t 为年度指数计算期结束时的总回报指数值，$TRI_{(t-1)}$为年度指数计算期开始时的总回报指数值。最终结算价通常保留三位小数，四舍五入至 0.005 或 0.01

资料来源：欧洲期货交易所，中国指数研究院综合整理。

3. OTC 大宗交易

进入场外大宗交易的限制是至少拥有一个交易合约。

已经注册进入大宗交易市场的会员可以直接使用大宗交易设施来购买新的指数期货产品，而不需要其他进一步的操作。

4. 其他

（1）交易费用如表 7-5 所示。

表 7–5 交易费用

费用类型	费用
交易所交易	8 英镑/合约
OTC 大宗交易	12 英镑/合约

资料来源：欧洲期货交易所，中国指数研究院综合整理。

（2）供应商（Vendor）如表 7–6 所示。

表 7–6 供应商信息

名　称	代　码
彭博资（Bloomberg L.P.）	IAPA <Index>
汤森路透（Thomson Reuters）	<0#PUKA>
CQG	PUKA

资料来源：欧洲期货交易所，中国指数研究院综合整理。

第四节　中证房天下大数据指数

根据对国内外房地产指数的应用分析，我们发现房地产指数的应用基本上是建立在房地产衍生品的基础上，如房地产价格指数期货、期权、掉期等。目前，我国金融市场逐步走向正轨，交易机制日渐完善，风险管理体系逐渐完备，交易量、数额均不断增加，产品种类也在不断创新。

另外，我国的金融市场要获得更好的发展，产品就要不断创新，因而就需要增强自身的产品研究能力，开发设计出更多适合市场发展、满足客户需要的产品。

一、中证房天下大数据指数简介

2015 年，中国指数研究院基于庞大的房地产数据库资源，与博时基金管理公司、中证指数有限公司合作建立了我国第一只房地产大数据股票指数——中证房天下大数据指数，该指数旨在发掘房地产企业投资价值，更好地服务广大投资者，推动证券市场房地产板块投资的良性发展。

中证房天下大数据指数基于 CREIS 中指数据库及搜房网房天下的海量数据资源进行编制，在研究中，从多个角度采用和挖掘能够反映房地产上市公司经营情况的各项数据，包括销售情况（如销售金额、面积）、土地储备情况（如拿地面积、拿地价格、溢价率等）、去化情况（如销供比）等。在此基础上，计算基于上市公司的销售情况、土地储备情况及去化情况的房地产行业大数据因子得分，并结合博时内部选股模型中的综合财务因子和市场驱动因子进行加权得到个股的综合得分。最后，选择综合得分最高的、不超过房地产行业股票数量 80%的股票为样本建立指数。

1. 基期与基点

中证房天下大数据指数以 2008 年 12 月 31 日为基期，以该日收盘后所有样本股的调整市值为基值，以 1000 点为基点。

2. 样本选取

沪深两市的房地产行业的上市股票有 100 多只，根据特定的选样方法，从中选取一定数量的股票作为指数的成份股。

（1）建立样本空间。

在中证全指的基础上，选取房地产行业中的所有股票，建立样本空间。

（2）选样方法。

第一步，将样本空间内股票按照过去一年日均成交金额高低进行降序排名，剔除排名最低的 10%股票，余下的股票为待选样本。

第二步，对上述待选样本，按照基于综合财务因子、市场驱动因子、房地产行业大数据因子计算的综合评分降序排列，选取适当个数股票作为中证房天下大数据指数样本股。单个股票的综合得分计算如下：

1）综合财务因子：选取估值类因子，包括：市盈率、市净率、市销率、资产市值比等；成长类因子，包括：主营业务收入增长率、净利润增长率、EPS 增长率、总资产增长率等，再根据上述所有因子的长期历史回报和稳定性进行加权计算，得到综合财务因子得分。

2）市场驱动因子：选取短期收益率、长期收益率、特定波动率、交易量变化、自由流通市值等，再根据上述所有因子的长期历史回报和稳定性进行加权计算，得到市场驱动因子得分。

3）房地产行业大数据因子：根据中国指数研究院提供的房地产行业大数据，综合考察上市房地产公司的经营情况，包括销售情况（如销售金额、面积）、土地储备情况（如拿地面积、拿地价格）、去化情况（如销供比）等，给予相应评分，综合得到房地产上市公司大数据因子得分。

4）综合得分：以综合财务因子、市场驱动因子、房地产行业大数据因子和其相应长期及近期历史表现之间的相关性作为加权依据，对这三类因子得分进行加权计算，得到股票的综合得分。

3. 计算方法

中证房天下大数据指数计算公式为：

$$报告期指数 = \frac{报告期样本股的调整市值}{除数} \times 1000$$

其中，调整市值 = Σ（股价 × 调整股本数 × 权重上限因子），调整股本数的计算方法同沪深 300 指数。设置等权重因子以使每个样本股权重相等。

4. 指数修正

为了保证指数的连续性，当成份股名单发生变化、成份股的股本结构发生变化或成份股的市值出现非交易因素的变动时，采用“除数修正法”进行修正。

需要进行修正的情况主要包括：①除息：凡有样本除息，不予修正，任其自然回落；②除权：凡有成份股送股或配股，在成份股的除权基准日前修正指数，按照新的股本与市值计算成份股调整市值；③停牌：当成份股停牌时，取其停牌前收盘价计算，直至复牌；④股本变动：凡有成份股股本发生变动，在股本变动日前修正指数。

除数修正法计算公式为：

$$\frac{修正前的调整市值}{原除数} = \frac{修正后的调整市值}{新除数}$$

其中，修正后的调整市值为修正前的调整市值与新增（减）调整市值的和。

5. 成份股调整

定期调整：中证房天下大数据指数每月审核一次样本股，并根据审核结果调整指数样本股。定期调整时，根据样本空间内股票的综合得分，设置备选名单，用于样本股定期调整之间发生的临时调整。备选名单中股票数量一般为指数样本数量的 5%。

临时调整：当样本股停牌时，中证指数有限公司将根据其停牌原因，决定是否将其从指数样本中剔除。当样本股暂停上市或退市时，将其从指数样本中剔除。样本股公司发生收购、合并、分拆等情形的处理，参照沪深 300 指数处理。

6. 等权重因子调整

等权重因子每月随成份股定期调整而调整，采用调整生效日前第二个交易日收盘后数据计算。在下一个定期调整日之前，等权重因子一般固定不变。

当出现成份股临时调整，有指数样本股被非成份股替代时，新进指数的股票继承被删除股票在调整前最后一个交易日的收盘权重，并据此计算新进股票的等权重因子。成份股股本结构出现显著变化或者其他原因导致其权重发生突变时，中证指数有限公司决定是否对等权重因子进行临时调整。

二、中证房天下大数据指数基金

指数基金是一种以拟合目标指数、跟踪目标指数变化为原则，实现与市场同步成长的基金品种。指数基金的投资采取拟合目标指数收益率的投资策略，分散投资于目标指数的成份股，力求股票组合的收益率拟合该目标指数所代表的资本市场的平均收益率。

近年来，指数基金在中国证券市场上迅猛发展。2002 年 7 月，上证所推出上证 180 指数，同年，深交所也推出深证 100 指数。随后，国内第一只指数基金华安上证 180 指数增强型证券投资基金面市，2003 年初，天同上证 180 指数基金也上市发行，该基金紧密跟踪上证 180 指数走势。随着中国证券市场的不断完善及基金业的蓬勃发展，指数基金在中国将有很大的发展潜力。

2015 年中国指数研究院与博时基金管理公司、中证指数有限公司共同研发编制中证房天下大数据指数的同时，也推出了中证房天下大数据指数基金，这标志着中国指数研究院在房地产指数应用方面迈出了坚实的一步，这只基金也是我国资本市场第一只基于大数据的房地产指数基金。

指数基金运作的核心是通过跟踪指数，在分散个股风险的同时，获取市场的平均收益，它具有下面四个优点：

第一，费用相对较低。一方面，由于指数基金采取的是跟踪指数的投资策略，基金管理人的选股成本较低，不需要花大量的时间和精力来选择股票、债券等投资工具的种类和买入与卖出的时机，在一定程度上减少了基金的管理费用；另一方面，由于指数基金大致上采取的是一种买入并持有的策略，一般不会对投资组合进行频繁的调整，所以它的交易费用也会低于其他类型的基金。

第二，通过充分的分散投资来降低风险。由于指数基金通过跟踪指数进行广泛的分散投资，中证房天下大数据指数基金的投资标的为近百只房地产行业上市股票，任何单个股票的波动都不会对指数基金的整体表现构成太大的影响，这样就从整体上降低了投资者的投资风险。

第三，业绩透明度较高。投资者只要看到指数基金所跟踪的目标指数的涨跌就可以大体上判断出自己投资的那只指数基金净值的变动。

第四，管理过程受人为因素影响较小。指数基金的投资管理过程主要是对相应的目标指数进行被动跟踪的过程，而不是频繁地进行主动性的投资。这样在管理过程中就可以通过较为程序化的交易来减少人为因素的影响。

第五节 房地产指数应用的启示

根据对美国标普/凯斯—席勒房价指数、香港大学房地产价格指数、IPD 英国年度全房产指数及中证房天下大数据指数的应用分析，我们发现房地产指数的应用基本上是建立在房地产衍生品的基础上，如房地产价格指数期货、期权、掉期等。房地产衍生品对许多房地产投资者来说具有很大的吸引力，一方面，因为房地产衍生品可以让投资者在实际不拥有房地产的情况下，立即接触某个房地产领域；另一方面，投资者不会受到房屋交易中成本（房地产衍生品没有类似代理费、购买或销售的税费等一系列费用）和滞后的影响，一旦流动性形成，房地产衍生品交易可能仅需几分钟时间。

房地产衍生品起步于英国。根据英国研究机构 Investment Property Databank 公布的数据，英国迄今已达成大量房地产衍生品交易。近几年，房地产衍生品市场迅速发展，欧洲大陆已达成数笔交易，美国也有不少类似交易发生。随着房地产衍生品市场流动性的不断增强，更多的新来者参与到此类交易中，房地产衍生品市场未来交易数量将继续上升。

特别地，对于房地产衍生品中房价指数期货来说，它可以帮助市场参与者规避房地产价格不利的风险，有助于房地产业更加健康平稳发展。

中国推出房地产价格指数期货的意义主要体现在以下三个方面：

1. 有效降低房地产价格变动带来的风险

当房价下跌时，房地产开发商和银行不得不承受巨大的损失；当房价上涨时，潜在的购房者又不得不望房兴叹。房地产价格指数期货的推出可以有效地降低这些风险。对于开发商和银行来说，他们可以在房地产价格指数期货交易中做空，如果房价下跌，他们在期货交易中的收益将弥补现货市场上的亏损，以实现套期保值的功能；对于潜在购房者来说，他们可以在期货交易中做多，一旦房价上涨，他们就可以通过期货交易上的收益来弥补现货市场价格上涨带来的风险。同时，与房地产行业相关联的建筑、建材、钢铁、家居等一系列行业，也可以通过此类期货交易来规避房地产市场上的风险，减少自身的亏损。

房地产价格指数期货的推出可以有效规避风险、维护我国金融市场的稳定和安全，同时可以完善住房价格风险管理体制。

2. 丰富投资组合，有利于构建多层次、多品种的资本市场体系

一方面，房地产价格指数期货交易可以吸引众多的投资者和投机者进入，在一定程度上减少房地产市场上投机者的数量，缓解投机行为对房地产市场带来的压力，促进房地产市场的平稳发展。

另一方面，房地产价格指数期货产品流动性好，交易成本较低，为投资者增添了新的投资工具，有利于我国构建多层次、多品种的资本市场体系。同时，期货交易的低成本使得较低收入的人群也可以接触到房地产领域的投资，避免了只有富人才能参与的不公平现象，达到利益共享的局面。

3. 预期未来房产价格

房地产价格指数期货合约的交易价格一定程度上也反映了市场对房地产未来价格总体水平的预期。基于此，房地产价格指数期货的功能表现为：①帮助开发商更加科学合理地决策；②帮助银行评估房地产贷款的潜在风险，提高银行的风险管控水平；③帮助政府部门制定调控政策。

2014 年前三季度在中国经济下行压力加大、楼市库存高企、市场信心不足等因素影响下，中国房地产市场下行明显。2014 年底以来随着多重利好政策连续释放的刺激，市场预期向好，购房者信心逐渐提升，特别是改善性需求不断释放，促使楼市有所回暖，尤其是一线城市和部分热点二线城市。但是那些库存高企的中小城市，楼市下行压力不减，整个房地产市场面临较大风险。在当前的形势下，不论是开发商、银行还是潜在购房者对可以规避中国房地产市场风险的投资产品的推出都比较迫切，价格指数期货合约将是他们最为期待的产品。

目前，我国期货市场在经过盲目发展、整顿等几度波折后，市场逐步走向正轨，交易机制日渐完善，风险管理体系逐渐完备，期货交易量、数额均不断增加，期货产品种类也在不断创新。在我国金融改革正在有条不紊地进行时，以股票指数期货、利率期货和外汇期货为核心的金融衍生品市场得到了快速发展，这对我国金融体系的完善发挥了重要作用。另外，我国的期货市场想要获得更好的发展，产品就要不断创新，因而就需要增强自身的产品研究能力，开发设计出更多适合市场发展、满足客户需要的产品。

综上所述，现阶段我国开发房地产价格指数期货的外在条件已渐趋成熟，但可能存在的一些风险也不容忽视（如目前我国股票市场行情的涨跌起伏，金融市场可能存在一定的风险）。

第三篇
金融指数理论与实践

第八章　金融指数理论

第一节　金融指数概论

一、金融指数的产生及发展

金融的基本含义是指货币的发行、流通和回笼，表现在贷款的发放与收回、存款的存入与提取等经济活动。金融的本质是价值的流通，它是一种交易活动，而金融交易是一种将未来收入变现的方式，是当代经济活动的重要组成部分。金融交易的频繁程度是反映一个地区、区域乃至国家的经济繁荣能力的重要指标。

金融产品是资金融通过程的载体，包括货币、外汇、有价证券等。金融产品根据不同的划分方法，可以分为多种类别。根据循序渐进的过程，可以分为基础证券（如股票、债券等）和衍生证券（如期货、期权等）两大类；根据所有权属性，金融产品可以分为产权产品（如股票、期权等）和债权产品（如国库债、银行信贷产品等）两大类；根据预期收益，可以分为非固定收益产品（如股票、期权、基金等）和固定收益产品（如各种债券和信贷产品等）；根据时间的长短、风险程度等，又可以分为短期产品、长期产品、高风险产品、低风险产品等多种类别。

金融产品的价格变动影响着货币政策的传导效应、企业的融资与生产决策、投资者的资产规模等各个方面，因而，金融产品的价格变动受到社会各界的广泛关注，反映市场行情的金融指数也就应势而生。

世界上最早的金融指数起源于美国，是由道琼斯公司于 1884 年编制的股票价格指数。后来随着全球经济及金融市场的发展，金融指数的种类不断增加，债券价格指数、基金价格指数等相继出现。近年来，伴随着市场发展及投资者需求的提高，以及社会各界对规避金融市场系统性风险的迫切期望，金融指数产品不断创新，指数期货、期权等衍生品也随之产生，极大地丰富了国际金融市场。

我国第一个股票价格指数——静安股票价格指数于 1989 年发布，它是中国工商银行上海市分行信托投资公司静安证券营业部参考道琼斯股票价格指数的编制方法编制。随后上海证券交易所于 1991 年 7 月起编制并发布了上海证券交易所股价指数（上证综合指数），其前身即为静安股票价格指数，标志着我国编制并发布金融指数的正式起步。为了帮助投资者更好地把握、分析债券市场的走势，2000 年以来针对不同市场、券种的债券指数被陆续推出。截至目前，我国的金融指数涵盖了股票、债券、基金等多个方面。

二、金融指数的特征

金融产品作为一种独特的产品，其对应的金融指数具有其自身的特点，具体表现在以下四个方面：

1. 金融指数反映虚拟产品的价格走势，并呈现全球化的特点

金融产品作为一种由实物资产演变而来的虚拟产品，不涉及实物的生产制造、运输和保存等，因此，金融指数不受区域的限制。世界各地的金融市场紧密相连，纽约、伦敦、中国香港、新加坡等金融中心的金融市场关联更为密切，在全球范围内形成了全天不间断的金融交易市场。标准普尔公司、道琼斯公司、摩根士丹利等全球大型的指数编制公司推出了众多反映股票、债券、基金等市场走势的指数，其中有大量的指数突破地域限制，反映全球范围内的城市、地区的市场行情，明显呈现出全球化的特点。

2. 金融指数具备投资功能

一方面，随着经济、社会的发展，为满足市场发展及投资者需要，金融衍生品层出不穷，股票、债券等价格指数均作为众多期货、期权、掉期等衍生金融工具的标的物，继而成为广大投资者的投资对象；另一方面，在目前多元化投资环境下，投资者往往需要参考股票、债券等金融工具的相关价格指数的变化情况，来对资产进行配置，以达到资产盈利规模的最大化。指数化投资成为证券市场重要的投资方式。

3. 金融指数的数据更新速度快且频率高

针对金融产品交易速度快且频率高的特点，相应的金融指数也具备相同的特点。随着信息、通信技术的发展及信息处理技术的进步，金融产品的数据采集、筛选、处理的实时性得以实现，使得金融指数的实时性也成为了可能。投资者为了有效地配置资产，需要及时掌握市场的变化，这种实时的指数变化，无疑给投资者带来较大利好。

4. 金融指数分类的精细化

随着投资者个性化需求的不断增加，金融指数的分类逐渐趋于精细化。

三、金融指数的划分

金融指数的分类多种多样，根据不同的划分标准，一般分为以下四种：

第一，根据不同的金融工具，金融指数可以分为股票价格指数、债券价格指数、基金价格指数等类别。这些指数又可以根据一定的划分标准继续细分，如股票价格指数又可以根据行业、资本规模、信用等级等进行细分，债券价格指数又可以根据发行人、信用等级等标准进行细分。

第二，根据指数所包含金融工具的种类及数量，金融指数可以分为综合指数和分类指数。综合指数是以市场上的全部金融工具作为样本，从总体上反映价格变动情况；而分类指数的分类标准较为灵活，主要根据指数的定位和投资者的需要而定，可以是行业、地域，也可以是投资策略等。例如，我国的上证指数为综合指数，道琼斯行业指数、我国上证红利指数均为分类指数。

第三，根据指数编制时间间隔，金融指数又可以分为实时指数、日指数和月指数。股票价格指数、债券价格指数等均为实时指数，有效汇率指数大多是日指数或月指数。

第四，按照指数所代表的区域，可以分为全球指数、国别指数和地区指数。例如，道琼斯全球 1800 指数为全球指数，道琼斯中国 88 指数、富时 100 指数均为国别指数，标普道琼斯发达市场、新兴市场指数均为地区指数。

第二节 股票价格指数

股票价格指数是最为常见的一种金融指数，它是用于反映股票市场价格水平及其变化趋势和幅度的尺度，是测试股票市场行情的指标参数，也是反映一个国家或地区政治、经济发展状态的信号。

股票价格指数是反映股票市场现状及变化趋势的表现形式，建立于 1884 年的道琼斯股票指数是世界上最早的股票价格指数，随后不同机构或国家建立了多种股票指数，并且在样本选取、计算方法等方面均有一定的改进。在 100 多年的发展过程中，股票价格指数的数量不断增多，编制方法不断改善，影响力也不断扩大。

一、股票价格指数的分类

股票价格指数是反映某一时点上股价总体水平相对于基期的综合相对指数，是描述股票市场整体价格水平变化的一个指标，是反映所考察股票的总体变化水平的一个标尺，它可以反映股票市场上多种股票的平均价格水平及其变化程度，以及衡量股票市场总体运行状况。

股票价格指数最早出现于 1884 年，在 100 多年的发展过程中，股票价格指数无论从数量、用途，还是计算方法、编制流程等均有较大的提升和改善。

最早的股票价格指数是美国人查尔斯·亨利·道和爱德华·戴维斯·琼斯共同编制的“道琼斯指数”，该指数采用简单算术平均法对 11 只股票进行计算，得出最初的指数，并发表在《华尔街日报》上。1896 年，他们又对 12 只工业股票进行计算，求得了道琼斯工业平均数。

1923 年标准统计公司（标准普尔公司的前身）首次创新性地将市值加权法引入股票价格指数的编制中来，这是股价指数编制历史上非常重要的里程碑，目前多数股票价格指数都采用该方法进行编制。

在多年的发展过程中，股票价格指数形成了较为完善的编制方法，完成了指数的计算方法从简单计算到加权计算、指数类别从个体指数到综合指数、指数功能从标尺功能到投资功能的转变。

根据不同的分类标准，股票价格指数可以分为很多类别。

1. 根据研究范围和类别分类

以指数编制过程中所选取股票样本的范围或类别为分类标准，可以将股票价格指数分为综合指数、成份指数和分类指数。综合指数是采用全样本的计算方式，以证券交易市场中全部上市股票为成份股的股票指数，能够反映股票市场整体情况，如美国证交所综合指数、我国的上证综合指数和深证综合指数等。成份指数是采用科学方法，根据一定的规则，选取部分具有代表性的股票作为研究样本所编制的股票指数，比如沪深 300 指数、上证 180 指数等。分类指数是按照一定的分类标准，选取具有某种相同特征的股票作为研究样本所编制的股票指数，如富时新兴市场指数、银行业股票指数等。

2. 根据指数功能分类

从股票价格指数的功能和作用来看，指数可以分为标尺类指数、投资类指数。标尺类股票价格指数是以反映股票市场变化情况为根本目的的指数，如上证综合指数、深证综合指数；投资类股票价格指数是为投资者提供参考标准的指数，如上证 180 指数、上证 50 指数等。标尺类指数与投资类指数之间没有明确的划分标准，有一部分指数既是标尺类股票价格指数，也是投资类股票价格指数，如美国的标普 500 指数、我国的沪深 300 指数等。

3. 根据指数的样本股规模分类

根据所选择的样本股的规模特征，可以将股票价格指数分为大盘股指数、中盘股指数和小盘股指数。

4. 根据不同行业分类

选择某一行业的若干股票作为研究样本，编制股票价格指数，如房地产股指数、金融股指数、有色金属股指数等。

二、股票价格指数的作用

1. 标尺作用

股票价格指数具有天然的基准作用，能够描述股票市场整体变化情况，是股市发展的“风向标”，也是宏观经济的“晴雨表”。

2. 投资作用

股票价格指数还可以作为投资标的，直接为投资者带来收益。股票价格指数的投资性作用主要是通过对指数的创新，将其开发成指数产品或可以交易的金融衍生品，实现指数的产业化。1971 年美国 Wells Fargo 银行发布了全球第一只股票指数基金，从此预示着股票价格指数不仅具有标尺作用，更具有投资价值。

三、股票价格指数的编制

1. 股票价格指数的编制原则

在股票价格指数的编制过程中，必须采用科学的编制方法，及时准确地以简明的表达方式描述股市变化情况，同时必须保证指数是连续可比的。

（1）科学原则。

指数编制必须在明确指数要表达目的的基础上，选择合理的计算方法和计算规则，符合数学逻辑和统计学理论。在指数编制过程中，既可以借鉴已有的股价指数，也可以根据实际情况编制符合自身特点的价格指数。

（2）简明原则。

股票价格指数的目的是通过简单明了的一组数值来反映股票市场运行状况，描述股票价格的平均变化程度，因此股票价格指数必须简明扼要，容易被人接受和传播。

（3）时效原则。

股票价格指数的时间跨度越小越好。以前股票价格指数一天公布一次，而现在很多股价指数可以做到实时公布，为投资者提供最新的股价信息。在信息时代，时效性是股价指数的生命线。

（4）纵向可比原则。

股票价格指数是一组连续的数值，单纯看某个数值没有任何意义，只有将一段时期内的股价指数连续比较，才能对股票市场做出判断。同时，股票市场竞争激烈，股票数量、规模在不断变化，增资、配股、增发、回购、股票合并拆分等行为经常发生，因此在指数编制过程中必须制定详细的编制规则，使指数保持连贯一致，保证指数的纵向可比。

2. 股票价格指数的编制流程

股票价格指数编制具有一套完整的流程，在编制过程中应严格遵循编制原则和编制流程。

（1）明确编制目的。

应明确股票价格指数的编制目的，也就是通过股价指数表达哪些内容，传递哪些信息。没有明确的编制目的，在后续的编制过程中会出现各种含糊不清的问题，致使最终编制的股价指数可能无法反映股市状况。

（2）选择计算方法。

在明确了编制目的之后，就要根据编制目的选择适合的计算方法。由于指数的计算方法很多，而不同算法之间的差别又非常大，所以必须对计算方法进行全面了解，在众多的方法中选择最适合的计算方法。

（3）选择研究样本。

根据指数的编制目的，合理选择研究样本。若要编制综合指数，研究样本就要涵盖所有股票；若编制成份股指，则应根据一定的规则选取代表性较强的股票作为研究对象；若要编制行业股指，应选择某一特定行业的若干股票作为研究对象。

（4）设置样本权重。

根据所选择的计算方法，确定各只股票的权重配置。一般而言，权重设置分为相等权重、价格加权、市值加权等。相等权重是指各只股票的权重相同，每只股票都具有相同的代表性；价格加权是指根据各只股票的票面价格，为每只股票赋予一定的权重，票面价格越高，权重越大；市值加权是目前应用最为广泛的一种权重设置方法，是将各只股票的市值（一般采用流通市值）作为权重。

（5）计算股价指数。

在完成以上步骤之后，就可以根据编制方法计算股票价格指数。在计算股价指数时，应选择合理的基期和基点。基期是计算股票价格指数时作为基准的日期，基点是基期所对应的股价点数。例如，上证综指的基期是 1990 年 12 月 19 日，基点为 100 点；深证综指的基期为 1991 年 4 月 3 日，基点为 100 点。值得注意的是，基期应当选择股票市场较为平稳的时间点，不能选择波动较大的时间点；基点一般为整数，并且数值应当能够体现股指变化，同时也便于传播。

（6）股价指数发布。

指数编制往往有一个试运行的过程，以便检验指数的运行状况，及时发现指数中存在的问题，在确定指数正常运行后，方可对外发布。编制好的股价指数往往由指数编制方或相关政府部门进行发布。股价指数的发布内容，不仅包括指数名称、基期、基点等重要信息，还应包括指数的样本选择、计算方法、指数修正方法、样本股及其调整方案等重要内容。

3. 股票价格指数的计算方法

股票价格指数的计算方法多种多样，不同计算方法之间差别很大，我们以目前较为流行的股票价格指数为例介绍三种常用的计算方法。

（1）简单算术平均法。

简单算术平均法默认所有样本的权重是相同的，在计算时，所有样本变化情况的平均值即为指数值。

其计算公式为：

$$I=\frac{1}{N}\sum\frac{p_i}{p_0}$$

其中，N 为数量，p_0 为基期价格，p_i 为当期价格。

（2）价格加权平均法。

世界上历史最为悠久的股票价格指数是道琼斯指数，它的计算方法就是采用价格加权平均法。其计算公式为：

$$I=\frac{\sum p_i}{\sum p_0}$$

这种计算方法有一定代表性，同时具有计算简单、容易理解等优点，但这种计算方法使得高价股票对整个指数影响较大，而对低价股票的变化反映不够明显。

（3）综合加权平均法。

这种方法是以股票市值或流通市值作为权数，是目前最常用的股票价格指数编制方法。根据所选权数日期的不同，又可以分为拉氏公式和帕氏公式。

拉氏公式的计算方法为：

$$I=\frac{\sum p_i q_0}{\sum p_0 q_0}$$

帕氏公式的计算方法为：

$$I=\frac{\sum p_i q_i}{\sum p_0 q_i}$$

其中，p_0 为基期价格，p_i 为当期价格，q_0 为基期权数，q_i 为当期权数。

（4）三种计算方法的比较。

简单算术平均法、价格加权平均法和综合加权平均法是常见的三种股票价格指数计算方法，这三种方法所反映的重点不同，各有优点，也都有不足之处。下面我们选取中国石油、南山铝业、江西铜业作为样本股，通过实际计算和对比来说明三种计算方法的特点，如表 8-1 所示。

表 8-1 三只股票在 2015 年 7 月 28 日的价格及流通市值

股票代码	股票名称	流通股本（亿股）	流通市值（亿元）	股票价格（元）
601857	中国石油	1619.22	19187.76	11.85
600219	南山铝业	28.35	214.89	7.58
600362	江西铜业	20.75	305.44	14.72

资料来源：中国指数研究院综合整理。

2015 年 7 月 29 日，中国石油、南山铝业、江西铜业的收盘价格分别为 11.65 元、7.95 元、15.62 元，价格变化幅度分别为-1.69%、4.88%、6.11%。

1）根据简单算术平均法计算：

$$I=\frac{1}{N}\sum\frac{p_i}{p_0}=\frac{1}{3}\left(\frac{11.65}{11.85}+\frac{7.95}{7.58}+\frac{15.62}{14.72}\right)=103.10\%$$

根据计算结果显示，股票指数上涨 3.10%。

2）根据价格加权平均法计算：

$$I=\frac{\sum p_i}{\sum p_0}=\frac{11.65+7.95+15.62}{11.85+7.58+14.72}=103.13\%$$

根据计算结果显示，股票指数上涨 3.13%。

3）根据综合加权平均法计算：

$$I=\frac{\sum p_i q_i}{\sum p_0 q_i}=\frac{11.65\times19187.76+7.95\times214.89+15.62\times305.44}{11.85\times19187.76+7.58\times214.89+14.72\times305.44}=98.50\%$$

根据计算结果显示，股票指数下跌 1.50%。

通过以上三种计算方法的对比，我们发现采用不同权数设置方法，会导致指数产生完全不同的结果。而在设置权数时，应当以指数编制的目的和意义为导向，选择适合的计算方法和权数设置方法。

第三节 债券价格指数

债券是一种金融契约，是债券发行人向投资者发行，并承诺按照一定的利率支付利息且按约定条件偿还本金的债权债务凭证。债券发行人即为债务人，投资者或者债券购买人即为债权人。债券市场是我国经济体系的重要组成部分，债券也是我国证券市场的主要交易品之一。我国自 1981 年恢复国债发行以来，债券市场迅速发展，特别是 2005 年以来，债券市场多头监管格局已经形成，银行间债券市场成为我国债券市场的主体，市场成员和产品序列日益丰富。2014 年，我国的债券市场共发行各类债券 11 万亿元，且增长迅速，同比涨幅超两成。

随着债券市场的不断发展，反映债券价格变动的价格指数成为市场上必不可少的工具，同时公众对债券价格指数的关注度也在不断提高。为了帮助投资者更好地把握和分析债券市场的走势，20 世纪 70 年代国际上出现第一批债券价格指数，而我国债券价格指数的编制和发布出现在 2000 年左右，全国同业拆借中心、中央国债登记结算有限责任公司等机构分别陆续推出了同业中心银债指数、中国债券指数等一系列针对不同市场、券种的债券指数。这些指数的设计各有侧重，为不同风格的投资者调整投资组合、绩效评估等提供决策依据。

一、债券价格指数的分类

债券价格指数是反映债券市场价格总体走势的指标体系，是分析债券市场运行状况的重要工具，它反映的是当前市场的平均价格相对于基期市场平均价格的变动情况。

债券价格指数可以按照债券的种类进行灵活分类，如按照发行主体可以分为政府债券价格指数、金融债券价格指数和公司（企业）债券价格指数；按照信用等级分为投资级债券价格指数和高收益债券价格指数；按照国家和地区分类可以分为国家分类指数和地区分类指数；按照债券到期时间可以编制不同到期时间段的债券价格指数等。

债券价格指数的多样性为投资者提供了丰富的债券市场信息，满足投资者的需求，便于投资者灵活地进行投资决策。

目前，我国市场上应用较为广泛的债券价格指数主要包括中国债券指数、上海证券交易所债券指数、中信债券指数、同业拆借银债指数、中国银行债券指数、中证债券指数等，各债券指数体系中又包含诸多分类，按照各债券指数所属的债券品种和市场的不同，可归纳为以下分类（仅展示部分指数），如表 8–2 所示。

二、债券价格指数的作用

债券价格指数具有反映市场价格走势、引导投资者决策和评价投资业绩的功能。具体地，从实际运用的角度来说，债券价格指数的作用及意义主要表现在以

表 8-2 主要债券指数分类

项目	交易所	银行间	跨市场
综合指数		中信银行间债券指数	中债—总指数
		同业中心债券综合指数	中信全债指数
		中债银行间债券总指数	中证全债指数
国债	中国交易所国债总指数	中国银行间国债总指数	中国国债总指数
	上证国债指数	中国银行银行间国债指数	中证国债指数
	中信国债指数	同业中心国债指数	
金融债		中国金融债总指数	中证金融债指数
		中银金融债指数	
企业债	中信企业债指数		中国企业债指数

资料来源：中国指数研究院综合整理。

下六个方面。

第一，债券价格指数可用来进行市场分析研究和预测，从而为市场提供一个可以反映债券价格动态变化的风向标。投资者可以通过对债券价格指数的走势进行一定的分析，预测未来债券市场整体的变化趋势。

第二，作为衡量债券整体市场收益率水平的基础，是评估投资者投资业绩的标准。投资者可以将自己的债券投资收益率与债券价格指数的收益率进行对比，评价其投资业绩的优劣。

第三，引导投资者进行投资决策，实现投资者资产的优化配置。债券价格指数能给投资者提供市场价格变动的信号，投资者可以通过对债券价格指数的分析研究、预测，以及与其他证券指数的对比，来决定资产的配置比例，从而避免盲目投资，提高投资收益。

第四，帮助金融监管部门及时掌握债券市场的信息。债券价格指数作为债券市场整体的价格走势指标，可以帮助金融监管部门及时准确地掌握市场当前的情况，制定合理的、更加灵活的政策，并且及时调节市场的投资活动。同时监管部门还可以通过债券价格指数来实时掌握债券交易的异常波动，制定相应的监管措施。

第五，帮助债券发行主体了解市场情况，确立发债计划。各类债券的发行主体可以通过债券指数了解债券市场的当前行情和历史情况，为其制定债券发行的期限和价格提供决策帮助。

第六，可以为长期利率提供参考。市场利率是债券交易价格变动的重要影响因素，两者之间呈现反向变动的特点，同时，当前债券的价格也可以反映对未来利率的预期。

另外，债券价格指数的出现丰富了债券市场的理论与应用，为债券市场的整体发展起到促进作用。同时债券价格指数的编制也为债券价格指数期货、期权等金融衍生品的出现打下基础。

三、债券价格指数的编制

1. 样本选择

不同类型债券指数的样本选择规则不同，对于注重可交易性的指数一般选择流动性较好的债券，对于不同分类的指数则会选择某种类别或者拥有某种特征的债券。在样本券选择方面，多数指数选择的债券有以下特征：

（1）债券的剩余期限一般为至少 1 年。

究其原因，一方面，剩余期限少于 1 年的债券发行、到期的频率较高，会直接影响指数样本的稳定性；另一方面，剩余期限少于 1 年的债券流动性较低，因为其持有人持券待兑的可能性较大。除了以上原因之外，剩余期限少于 1 年的债券反映的是短期货币拆借市场的变动情况，不能反映债券资本市场的变动状况。

（2）息票类型一般为固定利率或一次还本付息利率等可以预期现金流的债券。

固定利率债券、一次还本付息债券等属于现金流可以预期的债券，其到期收益率、久期等指标比较容易获得。而浮动利率债券、可转换债券等因其到期收益率、久期等指标难于计算，且该类指数不能较好地反映市场利率的预期变动，通常该类债券不被列入指数样本。但是债券市场上有个别指数将浮动利率债券、可转换债券作为指数的样本券，如中信标普全债指数含有浮动利率债券、中信标普可转换债指数便以可转换债券作为样本。

（3）债券的信用等级一般在投资级及以上。

多数指数对信用债券设置了信用等级限制，要求入选债券的信用等级在投资级及以上。另外，对投资级以下的债券编制的指数被称为高收益指数。

（4）一般限制样本券的最小流通规模。

流通规模影响着流动性，所以在编制指数时一般要求样本券的最小流通规模不低于某一数值。

2. 权重的确定方法

债券价格指数编制过程中权重的确定方法一般有市值加权、等权重、流动性调整的市值加权等。其中最常用的是市值加权法，我国的上证国债指数、上证企业债券指数（上证企债指数）等均使用了该方法。流动性调整的市值加权是根据债券流动性的不同分别赋予不同的调整系数，来表现债券在流动性上的差异。例如，汇丰亚洲美元债券指数把债券样本按照流动性的高低分为流动性好、有交易和流动性差三个层次，并分别赋予100%、50%和0三种不同的权重，一段时间之后流动性差的债券将不参与到该指数的计算当中。

3. 指数计算

中国债券指数的计算方法一般有市值加权法、全价（净价）加权法和收益率加权法。

（1）市值加权法。

市值加权法采用帕氏加权综合方法，指数值的计算公式为：

$$BI=\frac{\sum P_i\times Q_i}{Base}\times BI_0$$

其中，Base为指数因子，BI_0为基点，公式中分子为市值，P_i为全价，Q_i为权重（一般为发行量或流通规模）。

（2）全价（净价）加权法。

全价（净价）加权法是以债券全价（净价）来计算指数的方法。

1）全价。考虑现金流、利息再投资等因素下，根据收到现金流后再投资的速度不同，计算公式分为两种。

第一，假设投资者将收到的利息和本金偿还额在当日投入指数组合中；

第二，假设投资者将该自然月收到的利息和本金偿还额以活期存款的方式持有至月末最后一个工作日，再把累计的现金投入指数组合中（中国债券指数的财富指标计算即采取这种方法，具体参阅第九章第二节）。

债券付息后的利息不计入指数的计算公式为：

$$I_T^F=I_{T-1}^F\times\sum\left(\frac{P_{i,T}^F}{P_{i,T-1}^F}\times\frac{MV_{i,T-1}^F}{\sum MV_{j,T-1}^F}\right)$$

其中，I_T^F为T日债券指数全价指标值，$P_{i,T}^F$为债券i在T日的全价价格，$MV_{i,T-1}^F$为债券i在T-1日的全价市值。

2）净价。以债券的净价计算指数，不考虑应计利息和利息再投资。计算公式为：

$$I_T^N=I_{T-1}^N\times\sum\left(\frac{P_{i,T}^N}{P_{i,T-1}^N}\times\frac{MV_{i,T-1}^N}{\sum MV_{j,T-1}^N}\right)$$

其中，I_T^N为T日债券指数净价指标值，$P_{i,T}^N$为债券i在T日的净价价格，

$MV_{i,T-1}^{N}$ 为债券 i 在 T-1 日的净价市值。

（3）收益率加权法。

计算债券价格指数分为三步。

1）计算每只债券的收益率。每只债券收益率的计算公式为：

$$BTRR_t=\frac{(P_t+AI_t)-(P_0+AI_0)+C(1+r/d)^s}{P_0+AI_0}$$

其中，$BTRR_t$ 为单只债券从期初到第 t 日的总收益率，P_t 为第 t 日价格，P_0 为上期收盘价，AI_t 为第 t 日应计利息，AI_0 为上期末应计利息，C 为从期初到第 t 日的现金流，包括债券支付的利息和债券赎回支付的本金，r 为再投资收益率，d 为再投资收益率转化为日利率的天数，s 为现金流收到日和第 t 日之间的天数。

上述公式是计算债券价格指数的全收益公式，包括购买债券的资本利得、利息收入和利息再投资收入。

如果不考虑应计利息和利息再投资，每只债券收益率的计算公式可以简化为：

$$BTRR_t=\frac{P_t-P_0+C}{P_0}$$

2）计算样本债券的总收益。计算样本债券的总收益的公式为：

$$TRR_t=\sum BTRR_{i,t}\times\omega_i$$

其中，TRR_t 为指数从期初到第 t 日的总收益率，$BTRR_{i,t}$ 为第 i 只债券从期初到第 t 日的总收益率，ω_i 为第 i 只债券的权重。

3）计算债券价格指数。债券价格指数的计算公式为：

$$I_t=I_0\times(1+TRR_t)$$

其中，I_t 为第 t 日的指数，I_0 为期初指数，TRR_t 为指数从期初到第 t 日的总收益率。

4. 指数修正

一般需要进行指数修正的情况分为新债券的添加、债券的剔除、债券发行量的变化等。对于多数指数的编制情况，指数修正的具体调整方式可归纳如下：

1）新债券添加：新添加的债券自第二个交易日起计入指数。

2）债券剔除：直接剔除。

3）暂停交易：不作调整，用该债券暂停交易的前一交易日的收盘价计算指数。

4）债券发行量变化：在样本券的发行量变动日前修正指数。

5）月末最后一个交易日：将当月样本券利息及再投资收益从指数中去除。

针对市值加权法的计算，具体修正方法普遍采用“除数修正法”，公式为：

$$\frac{\text{修正前的市值}}{\text{原除数}}=\frac{\text{修正后的市值}}{\text{新除数}}$$

其中，修正后的市值=修正前的市值+新增（减）市值。

第四节 基金价格指数

基金是指为了某种目的而设立的具有一定数量的资金，主要包括信托投资基金、保险基金、公积金、各种基金会的基金等，平常所说的基金主要指证券投资基金。基金是一种投资组合，将其资金委托专业的金融投资机构进行管理和操作，通过基金经理人多元化的投资组合，分散投资风险，谋求资本的长期稳定增值，并将所得的收益与投资者共享的一种投资工具。

我国自推出基金以来，基金市场迅速发展，基金管理公司不断增加，管理的基金资产总规模也在持续扩大，基金的发展对我国证券市场的发展带来了重要影响。但相比于国外成熟的基金市场，我国的基金市场存在着基金投资结构较为单一、风险难以分散等不足，由此，我国基金价格指数的产生就成为了必然。

基金价格指数可以反映基金市场的综合变动情况，是投资者了解基金市场的历史走势及未来发展趋势的重要参考依据。

一、基金价格指数的分类

随着我国基金市场的发展，基金的种类也在不断增加。根据不同的划分标准，证券投资基金可以划分为不同的种类：

1. 根据基金单位是否可增加或者赎回划分为开放式基金和封闭式基金

（1）开放式基金。

开放式基金是指基金发起人在设立基金时，基金单位或者股份总规模不固定，可视市场的需求随时出售基金单位或者股份，也可以赎回在外发行的基金单位或股份的一种基金运作方式。根据其能否在证券交易所挂牌交易，可将其分为上市交易型开放式基金（如交易型开放式指数基金 ETF、上市开放式基金）和契约型开放式基金。

（2）封闭式基金。

封闭式基金是相对开放式基金而言的，是指基金的发行总规模在基金发行之前就已经确定，在发行后规定期限内固定不变的并在证券市场上交易的投资基金。

2. 根据组织形态的不同可以划分为公司型基金和契约型基金

（1）公司型基金。

公司型基金是以发行股份的方式募集资金而组成公司形态的基金，认购基金股份的投资者即为公司股东。也就是说，基金通过发行基金股份成立投资基金公司的形式设立。

（2）契约型基金。

契约型基金又可称为单位信托基金，是基金管理人、基金托管人和投资者三方通过签订基金契约的形式发行收益凭证而设立的基金。

3. 根据投资对象的不同划分为股票基金、债券基金、货币市场基金等

股票基金是基金资产投资于股票市场的基金；债券基金是基金资产投资于债券的基金，主要投资对象为国债、金融债和企业债；货币市场基金是指资金仅投资于货币市场的基金，主要投资于国库券、商业票据、企业债券等短期货币。

4. 根据投资风险与收益不同划分为成长型、收入型和平衡型基金

另外，对冲基金也是基金分类中特别重要的一种，近两年发展较为迅猛。

根据基金以上的分类，基金价格指数也可以根据不同的划分标准分为不同的种类，如根据投资对象的不同可分为股票基金指数、债券基金指数等。

目前，我国编制的基金价格指数主要有中证基金指数、上海证券交易所基金指数、深圳证券交易所基金指数及晨星中国基金指数、好买·中国对冲基金指数等。其中，中证基金指数又可以分为中证开放式基金指数、中证股票型基金指数、中证混合型基金指数、中证债券型基金指数、中证 ETF 基金指数等；深圳证券交易所基金指数又可以分为深证基金指数、国证基金指数和中国开放式主动管理基金指数三个系列；晨星中国基金指数涵盖开放式基金指数、封闭式基金指数和对冲基金指数。图 8-1 展示了我国基金价格指数的构架。

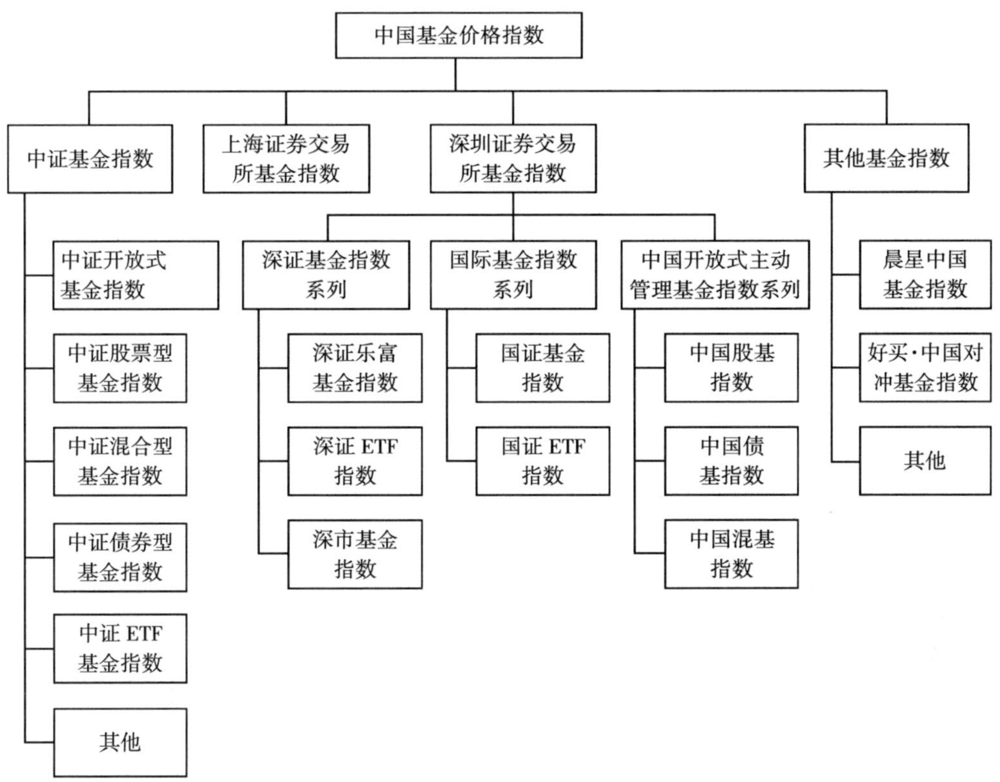

图 8-1　我国基金价格指数架构

资料来源：中国指数研究院综合整理。

二、基金价格指数的编制

1. 样本选择

基金价格指数的样本选择均是针对不同分类的指数进行，选择某一类或者拥有某一特性的基金。具体来看，样本选择的类型可以分为以下五种：

（1）开放型基金指数：选择特定交易所或全市场的所有开放型基金（或者剔除具有某些特征分类的基金，如货币市场基金等）作为样本基金。

（2）封闭式基金指数：选择特定交易所或全市场的所有封闭式基金（或者剔除具有某些特征分类的基金，如创新型基金等；抑或选取不同份额规模大小的基金）作为样本基金。

（3）股票（债券）型基金指数：选择特定交易所或全市场的股票（债券）型基金作为样本基金。

（4）ETF 指数：选择特定交易所或全市场的所有 ETF。

（5）对冲基金指数：选择全市场某一特定种类的基金，如阳光私募产品。

2. 权重的确定

基金价格指数多数选择样本基金的市场份额或发行量为权数，如上证基金指数。另有部分指数权重选取基金的净资产或净资产增长率作为权数。

3. 指数计算

基金价格指数的计算方法一般分为简单平均法、拉氏加权法和帕氏加权法三种。

（1）简单平均法。

简单平均法的计算公式为：

$$I_t = I_{t-1} \times \frac{1}{N_t} \sum \frac{p_{i,t}}{p_{i,t-1}}$$

其中，I_t 为 t 期的指数，I_{t-1} 为 t–1 期的指数，N_t 为 t 时刻的指数样本数，$p_{i,t}$ 为第 i 只样本基金在 t 期的价格，$p_{i,t-1}$ 为第 i 只样本基金在 t–1 时刻的价格。

（2）拉氏加权法。

拉氏加权法的特征就是固定权重，所以采用此方法的基金价格指数将权重设定为一固定值（一般固定为基期的权重），计算公式为：

$$I_t = \frac{\sum(p_{i,t} \times q_{i,0})}{\sum(p_{i,0} \times q_{i,0})} \times I_{t-1}$$

其中，$p_{i,0}$ 为基金 i 在基期的收盘价，$q_{i,0}$ 为基金 i 在基期的权数，$p_{i,t}$ 为基金 i 在 t 期的价格。

（3）帕氏加权法。

帕氏加权法的计算公式为：

$$报告期指数 = \frac{报告期基金的总市值}{基期的基金总市值} \times 基点$$

其中，基金的总市值 = Σ（基金市价 × 基金发行量）。

4. 指数修正

一般在指数出现样本基金的添加、退出、替换等情况下，需要对指数进行调整。总结多数基金价格指数的指数修正方法，可将需要修正的情况归纳为：

（1）新基金添加：在基金上市后的第二日或下一个月纳入指数。

（2）成份基金清盘：清盘当日立即删除。

（3）停牌：当某一样本基金在交易时间内突然停牌，取其最后成交价计算即时指数至收盘。

（4）份额拆分：凡有样本基金进行份额拆分时，基金指数在样本基金拆分日前按照拆分后的净值进行修正。

另外，基金价格指数还会有定期调整，时间一般分为月度调整和季度调整。

具体的修正方法一般采用“除数修正法”来修正原除数，以保证指数计算的连续性。修正公式为：

$$新除数=\frac{修正后的基金总市值}{修正前的基金总市值}\times原除数$$

其中，修正后的总市值=修正前的总市值+新增（减）市值。

第九章　金融指数实例

第一节　股票价格指数

随着我国证券市场的发展，我国股票价格指数的数量不断增多，编制方法不断创新，指数覆盖面越来越广，指数的投资价值逐渐凸显。上证股票价格指数、深证股票价格指数、沪深 300 指数等股票指数是我国最典型的股票价格综合指数和成份指数，对于反映股票市场的发展状况，引导投资者决策具有重要作用。

一、上海证券综合指数

上海证券交易所是我国最早的证券交易所，成立于 1990 年 11 月 26 日，同年 12 月 19 日正式开业。得益于中国经济的快速发展，25 年来上海证券交易所也有了长足进步。目前上交所已发展成为拥有股票、债券、基金、衍生品四大类证券交易品种，搭建起世界先进的交易系统及基础通信设施。截至 2014 年底，沪市上市公司数量达 995 家，总市值 24.4 万亿元。

为适应上海证券市场的发展格局，反映沪市股票价格变动，便于市场参与者进行多维度分析，引导市场资金的合理配置，上海证券交易所陆续发布了上证综指、上证 50、上证 180、上证 380 指数等一系列股票价格指数。其中，上证综指是建立最早、知名度最高、影响力最强的股票价格指数。

1. 指数简介

上海证券综合指数（以下简称“上证综指”）是典型的综合类股票价格指数，其前身就是静安股价指数，它是以在上海证券交易所上市的所有股票作为研究对象，用以反映沪市股票价格变动的指数。该指数的基期定为 1990 年 12 月 19 日，基点为 100 点。

上证综指是由上海证券交易所指数专家委员会编制。上海证券交易所指数专家委员会正式成立于 2002 年 10 月 11 日，是国内成立的首个指数专家委员会。该委员会由国内外专家组成，国外成员主要来自国际主要指数公司的资深专家、指数投资专家，国内成员主要来自经济、金融界具有广泛代表性和影响力的专家学者。一般情况下，上交所指数专家委员会每半年定期召开一次会议，也可以根据需要召开临时会议。图 9-1 是上证综指的历年走势。

图 9-1　上证综指历史走势

资料来源：上海证券交易所，中国指数研究院综合整理。

2. 计算方法

上证综指采用综合加权平均法，以发行的总股本为权数。

$$I=\frac{\text{当期成份股的总市值}}{\text{基期成份股的总市值}}\times\text{基期指数}=\frac{\sum p_i q_i}{\sum p_0 q_0}\times 100$$

其中，I 为股票价格指数，p_0 为股票的基期价格，p_i 为股票的当期价格，q_0 为当期发行股数，q_i 为基期发行股数，100 为基期股价指数。

上证综指采用股票的总发行股本数作为权数，是当时国际比较流行的编制方法，其优点是股票的总股本变化幅度较小，有利于保持股票指数的稳定性和连续性。但其缺点也非常明显，部分股票的流通股只占很少一部分，大部分都是无法流通的国家股和法人股，如建设银行（SH：601939）的总股本数为 2500.11 亿股，而流通股本数仅为 95.94 亿股，流通股占总股本的比重仅为 3.84%。如果以总股本数作为权重的话，就会扩大这类股票对整体市场的影响程度，不能很好地反映市场的整体变化和综合变动趋势。

指数的时效性非常重要，上证综指采用实时计算的方法计算、发布指数变动情况。在每一个交易日集合竞价结束后，均采用集合竞价产生的股票开盘价（若某股票无成交，则取前日收盘价）计算开盘指数，随后大约每 2 秒重新计算一次指数，直至收盘，大约每 6 秒实时向外发布。其中，各成份股的计算价位均采用最新成交价，若当日没有成交，则以前日收盘价参与计算。

$$实时指数=\frac{\sum 实时成交价格\times发行股数}{\sum 上一个交易日收盘价格\times发行股数}\times上一个交易日收盘指数$$

3. 样本选择

上证综指是综合类股票价格指数，它的样本股是在上海证券交易所上市的全部股票，包括 A 股和 B 股，通过股价指数综合反映上海证券交易所上市股票价格的变动情况。

需要注意的是，新发行股票于上市第 11 个交易日才开始纳入上证综指的样本股范围。

4. 指数修正

为了保证指数的连续性，当成份股名单发生变化、股本结构发生变化、市值出现非交易因素变动等情况时，均要对股票价格指数进行修正。

一般而言，需要对指数进行修正的六种情况如下：

（1）新上市股票：根据凡是在上交所上市的股票都应纳入上证综指中的原则，新股上市第 11 个交易日开始计入上证综指。

（2）除息：凡有成份股除息，指数不予修正，任其自然回落。

（3）除权：凡有成份股送股或配股，在成份股的除权基准日前修正指数。修正后市值=除权报价×除权后的股本数+修正前市值（不含除权股票）。

（4）停牌：当某一成份股处于停牌期间，以其最后成交价计算指数。

（5）摘牌：凡有成份股摘牌，在其摘牌日前进行指数修正。

（6）股本变动：凡有成份股发生其他股本变动（如增发新股上市引起的流通股本增加等），在成份股的股本变动日前修正指数。修正后市值=收盘价×调整后的股本数+修正前市值（不含变动股票）。

上证综指采用除数修正法进行修正，按照以下公式获得新除数，保持指数连续性。即：

$$\frac{修正前的市值}{原除数}=\frac{修正后的市值}{新除数}$$

$$新除数=\frac{修正后的市值}{修正前的市值}\times原除数$$

5. 样本股调整

若作为上证综指成份股的上市公司有特殊事件发生，如样本股退市、暂停上市、收购合并和分拆等，上证综指将作出必要调整。

（1）当成份股上市公司退市时，自退市之日起，将其从指数样本中剔除。

（2）暂停上市的公司恢复上市时，于恢复上市第二个交易日起纳入指数样本中来。

（3）股权分置改革方案实施股票的股权登记日后的第一个交易日，将对该股票撤权，第二个交易日开始重新纳入指数计算。

二、深圳证券成份指数

深圳证券交易所于 1991 年 4 月 16 日获得中国人民银行批准，7 月 3 日正式开业。深圳证券交易所成立的目的主要是建设我国多层次的资本市场体系，支持中国中小企业发展，推进国家战略实施。2004 年 5 月中小企业板正式推出，2006 年 1 月中关村科技园区非上市公司股份报价转让开始试点，2009 年 10 月创业板正式启动，多层次的资本市场体系架构基本确立。

为了更好地反映深证市场上股票价格变化情况，为投资者提供价值判断的重要依据，促进我国金融市场健康发展，深交所建立了深圳证券成份指数。

1. 指数简介

深圳证券成份指数（以下简称“深证成指”）是深圳证券交易所的主要股票价格指数，也是我国较为典型的成份股指数，它是按照一定规则从在深交所上市的所有股票中，选择 40 家具有代表性的股票作为样本股，以样本股的自由流通股数作为权数，采用帕氏加权法编制而成。该指数的基期定为 1994 年 7 月 20 日，基点为 1000 点。为更好地反映深圳证券市场的结构特点，适应市场的进一步发展，自 2015 年 5 月 20 日起深交所对深证成指实施扩容升级，深证成指样本股的数量从最初的 40 只扩大到 500 只。因此，目前深证成指的股票数量为 500 只。图 9-2 显示了深证成指的历年走势。

2. 计算方法

深证成指采用帕氏公式，以流通股数为权数。

$$I=\frac{当期成份股的流通市值}{基期成份股的流通市值}\times基期指数$$

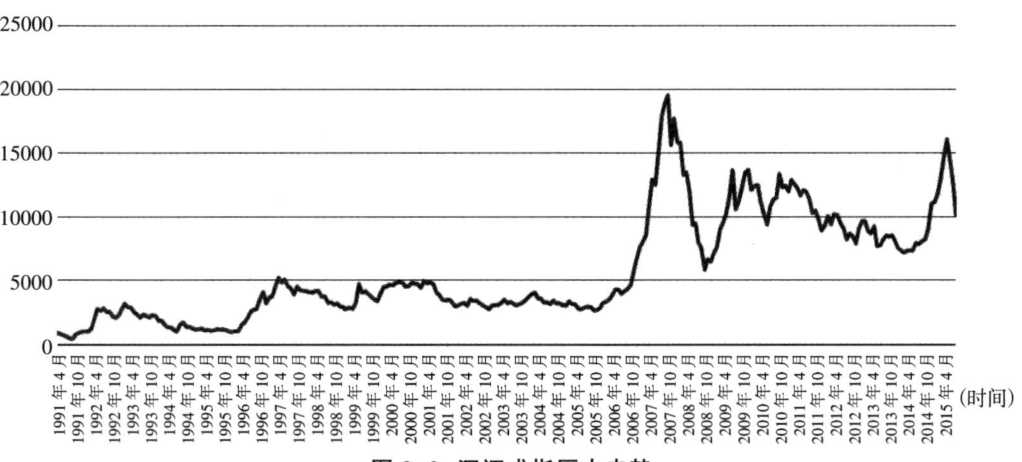

图 9-2 深证成指历史走势

资料来源：深圳证券交易所，中国指数研究院综合整理。

自由流通量是上市公司实际可供交易的流通股数量，它是无限售条件股份剔除持股比例超过 5%的下列三类股东及其一致行动人所持有的无限售条件股份后的流通股数量：国有（法人）股东、战略投资者、公司创建者、家族或公司高管人员。自由流通市值是股票价格与自由流通量的乘积。

在交易时间内，深证成指是实时发布的，其计算公式为：

$$实时指数=\frac{\sum 样本股实时成交价格\times 样本股权数}{\sum 样本股上一个交易日收市价格\times 样本股权数}\times 上一个交易日收市指数$$

股票价格选取：每个交易日集合竞价开市后用样本股的开市价计算开市指数，其后在交易时间内用样本股的实时成交价计算实时指数，收市后用样本股的收市价计算收市指数。样本股当日无成交的，取上一交易日收市价。样本股暂停交易的，取最近成交价。

3. 样本选择

样本是指数编制所依据的研究对象，样本的选择对于股票价格指数的编制至关重要。深证成指在选择样本时，采取“两步走”的方式，即首先根据入围标准选择一批股票作为观察样本，其次根据选样规则在这些股票中选取适合的股票作为指数编制的样本。

（1）样本空间。

在深圳证券交易所上市交易的所有股票必须满足以下条件，才可以进入观察范围。

1）非 ST、*ST 股票。

2）上市交易超过六个月（总市值和自由流通市值综合排名位于深圳市场前10名的股票不受此限制）。

3）公司最近一年无重大违规、财务报告无重大问题。

4）公司最近一年经营无异常、无重大亏损。

5）考察期内股价无异常波动。

符合以上标准的股票，就可以进入样本空间。

（2）选样方法。

在样本空间中，选择样本股。样本股选择指标为前6个月平均总市值的比重、平均自由流通市值的比重和平均成交金额的比重。选样时先计算入围个股平均总市值占市场比重、平均自由流通市值比重和平均成交金额占市场比重，再将上述指标按相同权重加权平均，将加权平均结果从高到低排序，选取排名在前500名的股票构成样本股。

在排名相似的情况下，综合考虑公司的行业代表性及所属行业的发展前景、公司盈利记录等，优先选择指标优良的上市公司股票作为样本股。

4. 样本股调整

（1）定期调整。

样本股在每年1月和7月的第一个交易日实施调整，通常在前一年的12月和当年6月的第二个完整交易周的第一个交易日提前公布样本调整方案。

样本股定期调整方法是先对入围股票进行综合排名，再按下列原则选股：

1）排名在样本数70%范围之内的非原样本股按顺序入选。

2）排名在样本数130%范围之内的原样本股按顺序优先保留。

3）每次样本股调整数量不超过样本总数的10%。

（2）临时调整。

1）对于新上市股票，若前5个交易日平均总市值和平均自由流通市值的综合排名位于深圳市场前10名，则于上市15个交易日之后快速入选样本股，同时从指数中剔除总市值和自由流通市值综合排名最低的原样本股。

2）非样本股由于合并、收购或重组等行为导致股票的总市值和自由流通市值的综合排名位于深圳市场前10名，实施同新股上市一样的快速入选规则。

3）样本股公司发生收购合并的，按以下三种情形处理：①样本股公司合并的，合并后的新公司股票保留样本股资格，产生的样本股空缺由选样空间汇总排名最高的非样本股填补；②样本股公司合并非样本股公司的，一家样本股公司合并另一家非样本股公司时，合并后的新公司股票保留样本股资格；③非样本股公司合并样本股公司的，一家非样本股公司收购或接管另一家样本股公司时，如果合并后的新公司股票排名高于选样空间中排名最高的非样本股，则新公司股票成为指数样本；否则，自该样本股退市日起，由选样空间中排名最高的非样本股作为指数样本。

4）一家样本股公司分拆为两家或多家公司，分拆后形成的公司能否作为指数样本需要视这些公司的排名而定。

5）样本股暂停上市的，从暂停上市日起，将相应样本股从指数计算中剔除，并选择选样空间中排名最高的非样本股补足。

6）样本股终止上市的，从进入退市整理期的第一个交易日起，将相应样本股从指数计算中剔除，并选择选样空间中排名最高的非样本股补足。

7）若样本股公司因重大违规行为而可能被暂停或终止交易的，将依据指数专家委员会的决定将其在指数样本中及时剔除，并选取选样空间中排名最高的非样本股作为样本股。

5. 指数修正

为了保证指数的连续性，当成份股名单发生变化、股本结构发生变化、市值出现非交易因素变动时，均要对股票价格指数进行修正。

需要对指数进行修正的七种情况：

（1）当上市公司进行送股、配股、转增或其他除权情况时，在除权日将母项中该样本股的股权登记日收市价更新为除权参考价，该价格以深圳证券交易所发布的数据为准。

（2）除息：凡有成份股除息，指数不予修正，任其自然回落。

（3）样本股公司进行送股、转增等权益分配及配股时，在除权日对样本股的自由流通量进行修正。

（4）样本股公司进行增发、配股时，在其新增股份上市日对样本股的自由流通量进行修正。

（5）样本股公司进行债转股、股份回购、权证行权时，在其公告日的下一个交易日实施修正。

（6）样本股公司实施股权分置复牌时，根据支付对价后的自由流通量进行实时修正。

（7）对样本股公司因股改限售上市、新股发行发起人限售期满、网下配售解禁、定向增发大股东或战略投资者获配股份解禁、大股东增持、大股东减持等非公司行为引起的自由流通量变化，在每年 1 月、7 月的第一个交易日，根据上市公司最新定期报告与临时公告中公布的股东持股数据进行集中修正。

三、沪深 300 指数

上证综指只能代表上海证券交易所的股票价格变化情况，深证成指只能代表深圳证券交易所主要股票的价格变化情况。而很多投资者在进行价值投资的时候，往往都参与到沪深两市中，他们迫切需要一个能够代表沪深两市股票价格变化情况的指数。因此，沪深 300 指数应运而生。

1. 指数简介

沪深 300 指数是反映沪深两市 A 股综合表现的跨市场的成份指数，其成份股是由 300 只规模大、流动性好的股票组成。该指数的基期定为 2004 年 12 月 31 日，基点为 1000 点。中证指数有限公司负责沪深 300 指数的日常经营运作，根据指数编制规则对其进行维护、管理和市场服务。

沪深 300 指数以调整后的自由流通股本而非总股本为权数，更能真实地反映市场中实际可供交易股份的股价变化情况，从而避免通过大盘股操纵指数。同时，指数还采用了分级靠档技术，确保样本股公司的股本发生小幅变动时，用于指数计算的股本数相对稳定，有效降低股本频繁变动带来的跟踪成本。另外，缓冲区技术的采用，使得每次调整的幅度得到一定程度的控制，指数能够保持良好的持续性。图 9-3 是沪深 300 指数的历年走势。

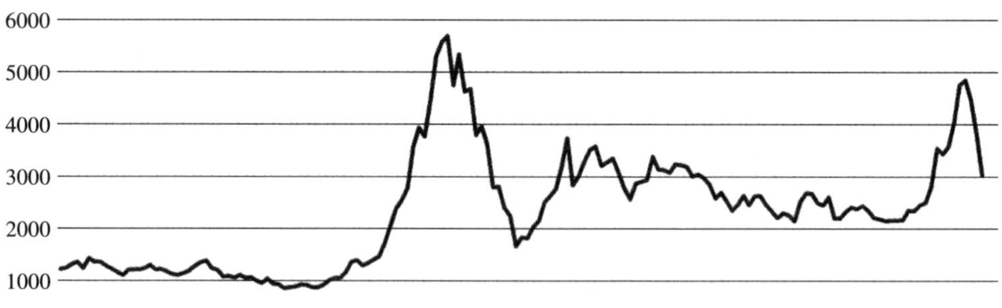

图 9-3 沪深 300 指数历史走势

资料来源：中证指数有限公司，中国指数研究院综合整理。

2. 计算方法

沪深300指数采用帕氏公式进行指数编制。计算公式如下：

$$报告期指数=\frac{报告期成份股的调整市值}{基日成份股的调整市值}\times 1000$$

沪深300指数的权数是股票的自由流通量，而非总股本量。自由流通量是在总股本的基础上，剔除了不流通及由于各种原因基本不流通的股份，这样更能够反映市场中实际可交易股份的价格变动情况。一般而言，基本不流通的股份主要包括：创始人及管理者持股、国有股、战略投资者持股、冻结股份、受限的员工持股、交叉持股等。

3. 样本选择

在选择样本时，沪深300指数首先确定一个样本空间，其次根据一定规则从样本空间的股票中，选择300只股票作为样本股。

（1）样本空间。

同时满足以下条件的股票可以进入样本空间：

1）上市时间超过一个季度，除非该股票上市以来日均A股总市值在全部沪深A股中排在前30位。

2）非ST、*ST股票，非暂停上市股票。

3）经营状况良好，最近一年无重大违法违规事件，财务报告无重大问题。

4）股价无明显的异常波动或市场操纵。

5）剔除其他经专家委员会认定的应该剔除的股票。

符合以上条件的股票，方可进入样本空间，作为备选股票。

（2）选样方法。

在选择样本股时，充分考虑市场代表性、广泛性、可投资性，选取规模大、流动性好的300只股票作为样本股。

1）计算样本空间内股票最近一年（新股为上市以来）的A股日均成交金额与日均总市值。

2）对样本空间股票在最近一年的A股日均成交金额由高到低排序，剔除排名后50%的股票。

3）对剩余股票根据最近一年日均A股总市值由高到低进行排序，选取排名在前300名的股票作为样本股。

4. 分级靠档

由于上市公司股票自由流通量会随着时间实时变化，为了适度地保持指数的稳定性，在计算沪深 300 指数的时候采用分级靠档的方法。分级靠档是根据自由流通股本所占 A 股总股本的比例赋予 A 股总股本一定的加权比例，以使参与计算和指数的股本保持相对稳定，如表 9-1 所示。

$$自由流通比例 = \frac{自由流通量}{总股本}$$

$$调整股本数 = 总股本 \times 加权比例$$

表 9-1　沪深 300 指数分级靠档

自由流通比例（%）	≤10	(10，20]	(20，30]	(30，40]	(40，50]	(50，60]	(60，70]	(70，80]	>80
加权比例（%）	自由流通比例	20	30	40	50	60	70	80	100

资料来源：中证指数有限公司，中国指数研究院综合整理。

根据分级靠档表，我们计算三只股票的加权比例如表 9-2 所示。

表 9-2　三只股票的加权比例

股　票	中国石油	南山铝业	江西铜业
总股本（亿股）	1830.21	28.35	34.63
自由流通量	1619.22	28.35	20.75
自由流通比例（%）	88.47	100.00	59.92
加权比例（%）	100.00	100.00	60.00

资料来源：中证指数有限公司，中国指数研究院综合整理。

5. 样本股调整

（1）定期调整。

沪深 300 指数样本股每年会有两次定期调整，每次调整的比例一般不超过 10%，即 30 只股票。中证指数专家委员会一般在每年 6 月及 12 月的中上旬审核沪深 300 指数，样本股调整实施时间分别为每年 7 月、1 月的第一个交易日。

样本股调整的参考依据一般是上一年度（新上市股票为上市以来）的交易数据及财务数据。通过剔除代表性和投资性较差的老样本股，增加代表性较强的新样本股。

为了有效降低指数样本股周转率，沪深 300 指数样本股定期调整时采用缓冲区规则，排名在前 240 名的新样本优先进入指数，排名在 360 名之前的老样本优先保留。

在实际操作中，会有部分股票长期停牌，这会影响沪深 300 指数的敏感性和代表性。对于这些股票，通常采用以下处理方法。

对于沪深 300 指数的成份股，在审查样本资格时，至交易数据考察截止日已连续停止交易 3 个月，且仍未恢复交易的样本股成为候选删除股票；至交易数据考察截止日连续停止交易接近 3 个月的样本股，将其名单通知专家委员会；在交易数据参考时段内连续停止交易达到 3 个月，现已恢复交易的样本股，如果符合样本股标准，仍将保留在指数内。

对于尚未进入指数的股票，在审查样本资格时，至交易数据考察截止日已连续停止交易 3 个月，且仍未恢复交易的股票不能成为候选新进股票；连续停止交易接近 3 个月，且仍未恢复交易的股票，需通知专家委员会；在交易数据考察时段内连续停止交易达到 3 个月的股票，恢复交易 3 个月后才可以进入指数，指标按照其恢复上市后至考察截止日期计算。

（2）临时调整。

当成份股上市公司发生特殊事件，如破产、退市、暂停上市、增发、收购等，影响到沪深 300 指数的代表性和可投资性时，会对沪深 300 指数样本股做出必要的调整。

（3）样本股备选名单。

为了提高指数样本股临时调整的可预期性和透明性，沪深 300 指数设置了备选名单，用于样本股的临时调整。

在每次样本股定期调整时，都要设置备选名单，沪深 300 指数设置 15 只备选成份股，当指数因为各种原因出现样本空缺时，依次选择备选名单中排序最靠前的股票作为样本股。当备选名单中股票数量使用过半时，中证指数有限公司将及时补充并公告新的备选名单。

6. 指数修正

为了保证指数的连续性，当成份股名单发生变化或成份股的股本结构发生变化或成份股的市值出现非交易因素的变动时，沪深 300 指数采用“除数修正法”进行修正。

需要进行修正的情况主要包括：

（1）除息：凡有样本除息，沪深 300 指数不予修正，任其自然回落。

（2）除权：凡有成份股送股或配股，在成份股的除权基准日前修正指数，按照新的股本与市值计算成份股调整市值。

（3）停牌：当成份股停牌，取其停牌前收盘价计算，直至复牌。

（4）股本变动：凡有成份股发生股本变动，在股本变动日前修正指数。

除数修正法计算公式为：

$$\frac{\text{修正前的调整市值}}{\text{原除数}}=\frac{\text{修正后的调整市值}}{\text{新除数}}$$

其中，修正后的调整市值为修正前的调整市值与新增（减）调整市值的和。

第二节　债券价格指数

一、中国债券指数

为适应中国债券市场的发展，中央国债登记结算有限责任公司根据国外债券市场发展的成熟经验和我国债券市场的实际发展情况，参照 JP 摩根政府债券指数、美林证券债券指数、道琼斯债券指数、汇丰银行的 ADBI 等，于 2002 年 12 月 31 日试推出中国债券指数（简称中债指数），旨在客观且多角度地反映我国债券市场的走势情况，同时为投资者提供多元化的指数标的。自发布以来，中债指数经过不断的完善和改进，逐渐形成一个指标丰富、覆盖面广的指标体系，其应用范围也在不断扩大，截至 2014 年 12 月底，已有 300 多只基金使用中债指数作为业绩基准，部分指数还成为境内外基金产品的标的指数。

1. 指数系列

目前中债指数产品体系按编制方法的不同分为中债总指数族、中债成份指数族、中债策略型指数族、中债投资人指数族、中债持仓指数族和中债定制指数族六个系列，如图 9-4 所示。

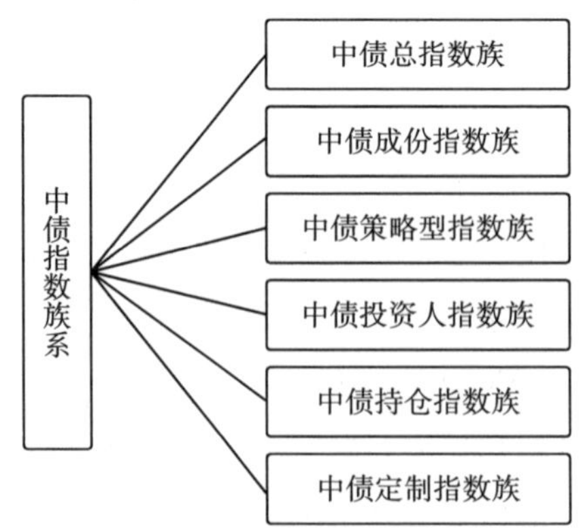

图 9-4　中债指数产品系列

资料来源：中债信息网，中国指数研究院综合整理。

(1) 中债总指数族。

中债总指数族反映债券全市场或某一类债券的整体价格走势情况，一般是以债券的待偿期、发行人类型、流通场所类型、债券付息方式及信誉评级等单一或多个要素下全部债券为成份空间。

中债总指数族分为综合类指数和分类指数，共计 40 余种指数，其中综合类指数包括中债—总指数、中债—综合指数等五类指数，分类指数又可以按照计息方式、发行人类型、流通场所、信用等级等方式分为若干指数类型。

(2) 中债成份指数族。

中债成份指数是通过科学客观的方法挑选出具有代表性的成份债券来反映债券市场全部或某类债券价格的走势特征，成份债券一经确定，在一段时期内会保持不变。中债成份指数族中包括中债—央票 50 指数和中债—短融 50 指数。

(3) 中债策略型指数族。

中债策略型指数是采用非市值加权方法，结合权重设定及其他选样条件，模拟一类投资策略的债券指数，适合用作投资跟踪标的。中债策略型指数族包括中债—中国高等级债券指数和中债—关键期限国债指数。

(4) 中债投资人指数族。

中债投资人指数是以不同类别投资人在中央结算公司托管的债券集合作为指数成份券，剔除美元债和资产支持证券后，以持仓市值进行加权计算。不同投资者可以选取所属分类的投资人指数作为横向比较的业绩评价基准。该指数族包括中债—商业银行投资指数、中债—保险机构投资指数、中债—证券公司投资指数、中债—债券基金投资指数和中债—信托计划投资指数，如图 9-5 所示。

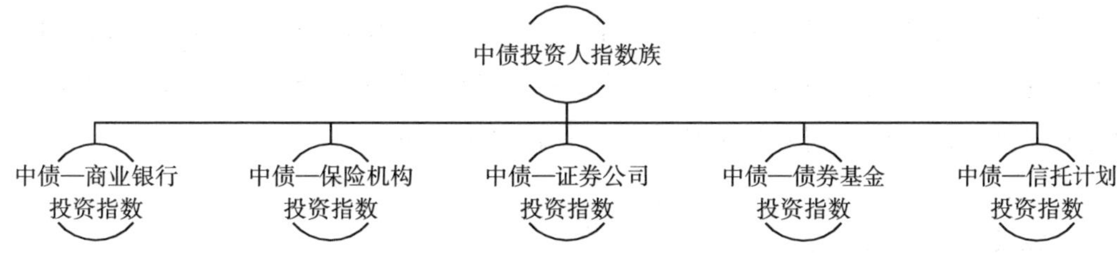

图 9-5　中债投资人指数族架构

资料来源：中债信息网，中国指数研究院综合整理。

(5) 中债持仓指数族。

中债持仓指数是以托管在中央结算公司的各机构成员债券账户为单位，以各账户中的全部债券基础上剔除美元债和资产支持证券后的债券为集合每日自动生成的指数。该类指数仅供开户成员内部业绩评估、风险控制使用，不对外公布。

（6）中债定制指数族。

中债定制指数是根据客户定制的成份规则挑选成份债券编制生成的指数，定制指数可以充分满足客户个性化的指数需求。

2. 编制原则

（1）反映市场原则。

反映债券市场的运行和发展的总体特征，同时也反映市场的细分状况。

（2）公开原则。

将样本选择原则、数据采集来源、指数计算公式等定期公布，数据的选择标准、调整和加工方法定期向市场公开。

（3）简单客观原则。

指数的编制应尽量简单、实用、便于理解。

（4）可复制性原则。

指数系列中的部分指数具备可复制性，能反映完全复制该指数的投资组合业绩。

（5）有效性和稳定性原则。

在有效反映市场的前提下，指数的运行保持稳定。

（6）实用性原则。

在实践中接受市场投资评判，反映市场一段时间内的总体回报的变化幅度，同时可以反映不同期限结构的变化。

3. 指数编制

（1）取价规则。

中债指数的取价规则为：以中债估值为参考，优先选取合理的最优双边报价中间价，若没有则选取合理的银行间市场加权平均结算价或交易所市场收盘价，若再没有，则直接采用中债估值价格。如图 9–6 所示。

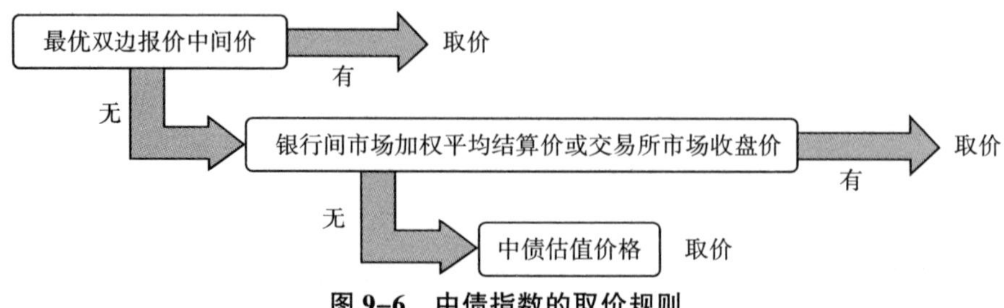

图 9–6　中债指数的取价规则

资料来源：中债信息网，中国指数研究院综合整理。

(2)指标体系。

中债指数族系中大部分指数涵盖总指数和 6 个按待偿期分段的子指数，其中持仓指数暂未涵盖待偿期分段子指数。待偿期分段子指数是将该指数中成份券按待偿期的不同分为 1 年以下、1~3 年、3~5 年、5~7 年、7~10 年及 10 年以上 6 个区间段。总值指数和分段子指数均计算财富、全价、净价 3 个指标及其他 14 个指标，包括平均市值法久期、平均现金流法久期、平均市值法凸性、平均现金流法凸性、平均基点价值、平均到期收益率、平均市值法到期收益率、平均待偿期、平均派息率、上一日总市值、财富指数涨跌幅、全价指数涨跌幅、净价指数涨跌幅、现券结算量。

(3)财富、全价、净价指标值的计算公式。

1) 财富指标。财富指标是以债券全价计算的指数值，考虑了利息再投资因素。根据收到现金流后再投资的速度不同，计算公式分为两种。

第一，假设投资者将收到的利息和本金偿还额在当日投入指数组合中，计算公式为：

$$I_T^{TR} = I_{T-1}^{TR} \times \sum \left(\frac{P_{i,T}^F + PIN_{i,T} + INT_{i,T}}{P_{i,T-1}^F} \times \frac{MV_{i,T-1}^F}{\sum MV_{j,T-1}^F} \right)$$

其中，I_T^{TR} 为 T 日债券指数财富指标值，$P_{i,T}^F$ 为债券 i 在 T 日的全价价格，$PIN_{i,T}$ 为债券 i 在 T 日百元面值下的本金偿还额，$INT_{i,T}$ 为债券 i 在 T 日百元面值下的利息支付额，$MV_{i,T-1}^F$ 为债券 i 在 T－1 日的全价市值。

第二，假设投资者将该自然月收到的利息和本金偿还额以活期存款的方式持有至月末最后一个工作日，再将累计的现金投入到指数组合中，计算公式为：

$$I_T^{TR} = I_{T-1}^{TR} \times \left[\sum \left(\frac{P_{i,T}^F + PIN_{i,T} + INT_{i,T}}{P_{i,T-1}^F} \times \frac{MV_{i,T-1}^F}{\sum (MV_{j,T-1}^F + CASH_{j,T-1})} \right) + (1 + R_{T-1}) \times \frac{\sum CASH_{j,T-1}}{\sum (MV_{j,T-1}^F + CASH_{j,T-1})} \right]$$

其中，I_T^{TR} 为 T 日债券指数财富指标值，$P_{i,T}^F$ 为债券 i 在 T 日的全价价格，$PIN_{i,T}$ 为债券 i 在 T 日百元面值下的本金偿还额，$INT_{i,T}$ 为债券 i 在 T 日百元面值下的利息支付额，$MV_{i,T-1}^F$ 为债券 i 在 T-1 日的全价市值，$CASH_{j,T-1}$ 为该自然月截至 T-1 日，投资者以活期存款方式持有的累计债券 j 的本金偿还额和利息支付额，R_{T-1} 为 T-1 日活期存款日利率。

2) 全价指标。全价指标是以债券全价计算的指数值，债券付息后的利息不再计入指数。计算公式为：

$$I_T^F = I_{T-1}^F \times \sum \left(\frac{P_{i,T}^F}{P_{i,T-1}^F} \times \frac{MV_{i,T-1}^F}{\sum MV_{j,T-1}^F} \right)$$

其中，I_T^F 为 T 日债券指数全价指标值，$P_{i,T}^F$ 为债券 i 在 T 日的全价价格，$MV_{i,T-1}^F$ 为债券 i 在 T-1 日的全价市值。

3）净价指标。净价指标是以债券净价计算的指标值，不考虑应计利息和利息再投资。计算公式为：

$$I_T^N = I_{T-1}^N \times \sum \left(\frac{P_{i,T}^N}{P_{i,T-1}^N} \times \frac{MV_{i,T-1}^N}{\sum MV_{j,T-1}^N} \right)$$

其中，I_T^N 为 T 日债券指数净价指标值，$P_{i,T}^N$ 为债券 i 在 T 日的净价价格，$MV_{i,T-1}^N$ 为债券 i 在 T-1 日的净价市值。

4. 交易概况

2015 年 7 月 28 日中债—总指数的各指标值如图 9-7 和表 9-3 所示。

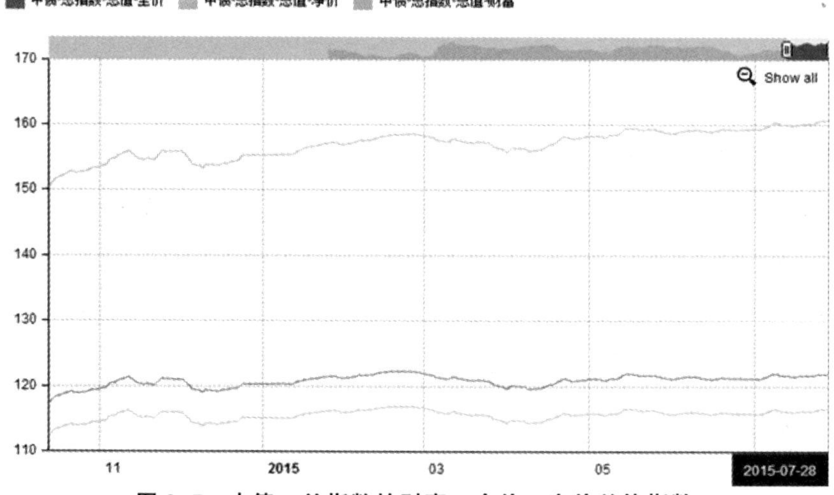

图 9-7　中债—总指数的财富、全价、净价总值指数

资料来源：中债信息网，中国指数研究院综合整理。

表 9-3　中债—总指数的各指标值

指标	总值	1 年以下	1~3 年	3~5 年	5~7 年	7~10 年	10 年以上
财富	155.3508		149.5038	154.8294	158.0067	157.4989	157.7794
全价	120.3256		123.244	119.5921	122.1657	119.2076	113.5201
净价	115.1083		113.5197	116.0215	117.3582	115.1342	112.2021
平均市值法久期（年）	4.9357		1.8848	3.5324	5.1033	6.8193	14.2803
平均现金流法久期（年）	5.0034		1.8881	3.5357	5.1087	6.839	14.3572

续表

指标	总值	1 年以下	1~3 年	3~5 年	5~7 年	7~10 年	10 年以上
平均市值法凸性	53.1236		5.4798	16.4895	32.4808	56.1774	307.535
平均现金流法凸性	55.5175		5.4932	16.4975	32.4991	56.5597	311.3993
平均现金流法到期收益率（%）	3.9363		3.7758	3.9037	3.9002	3.7786	4.1548
平均市值法到期收益率（%）	3.8668		3.7876	3.9023	3.9054	3.7797	4.1299
平均基点价值（元）	0.0513		0.0197	0.0365	0.0528	0.0714	0.1479
平均待偿期（年）	6.5633		2.0316	3.9677	5.9397	8.2443	24.8587
平均派息率（%）	4.0875		3.9425	4.0913	4.104	4.2296	4.3016
指数上日总市值（亿元）	158259.9082		54298.0432	33390.7357	26818.0299	26921.0979	16832.0016
财富指数涨跌幅（%）	0.0460		0.0195	0.0416	0.0606	0.1101	0.0140
全价指数涨跌幅（%）	0.0460		0.0195	0.0416	0.0606	0.1101	0.0140
净价指数涨跌幅（%）	0.0024		−0.0232	−0.0021	0.0173	0.0664	−0.0321
现券结算量（亿元）	473.8		272	83.7	82.68	34.92	0.5

资料来源：中债信息网，中国指数研究院综合整理。

2015 年 7 月 28 日，中债—总指数的财富、全价和净价指数分别为 155.4、120.3 和 115.1 点（保留 1 位小数），分别较上日增长 0.046%、0.046%和 0.0024%，其中 7~10 年待偿期指数涨幅均最大。

二、全国银行间同业拆借中心银债指数

2002 年 6 月 10 日，全国银行间同业拆借中心（简称交易中心）推出银行间债券指数（简称银债指数）系列。2009 年 6 月 29 日，交易中心配合新一代本币系统上线，推出了新版银债指数系列。交易中心银债指数为银行间债券市场提供了实时的、可以综合反映债券市场或某一类债券的整体运行情况。

1. 指数系列

交易中心银债指数系列包括综合债券指数、国债指数、短期国债指数、中期国债指数、长期国债指数、政策性金融债指数、企业债指数和中期票据指数 8 类指数，且每类指数分为全价和净价指数两种。交易中心银债指数系列如表 9–4 所示。

表 9-4 交易中心银债指数系列

指数种类	待偿期（年）	基期	基点	债券样本
综合债券指数	(1，30]	2007-01-04	1000 点	记账式国债、政策性金融债、企业债、中期票据
国债指数	(1，30]	2002-06-10	1000 点	记账式国债
短期国债指数	(1，3]	2002-06-10	1000 点	记账式国债
中期国债指数	(3，7]	2002-06-10	1000 点	记账式国债
长期国债指数	(7，30]	2002-06-10	1000 点	记账式国债
政策性金融债指数	(1，30]	2002-06-10	1000 点	政策性金融债
企业债指数	(1，30]	2007-01-04	1000 点	企业债
中期票据指数	(1，30]	2008-05-04	1000 点	中期票据

资料来源：全国银行间同业拆借中心，中国指数研究院综合整理。

2. 样本选取

（1）债券类型：固定利率、零息债券、贴现债券。

（2）含权债券：非含权债券。

（3）样本券权重：银行间市场上市流通量。

3. 取价规则

（1）取价来源：银行间债券市场做市报价、点击报价、现券成交价、债券估值。

（2）取价优先级：成交价、最优点击报价中间价、债券估值。

4. 指数计算

交易中心银债指数采用总市值法（帕氏加权指数），计算公式为：

$$I_{t,k}=\frac{V_{t,k}}{X_{t-1,k}}\times I_{t-1,k}$$

其中，$V_{t,k}$ 为指数样本在交易 t 日中某一发布时点 k 的市值，即：

$$V_{t,k}=\sum P_{t,k}^{i}Q_{t,k}^{i}$$

$P_{t,k}^{i}$ 和 $Q_{t,k}^{i}$ 分别为指数样本中债券 i 在发布时点 k 所选取到的价格和流通数量；$X_{t-1,k}$ 为前一个交易日收盘指数计算完毕后指数样本调整后的市值，表达式为：

$$X_{t-1,k}=V_{t-1,k}-\sum P_{t-1,k}^{j}Q_{t-1,k}^{j}+\sum P_{t-1,k}^{l}Q_{t-1,k}^{l}$$

指标 j 标识的债券在 t－1 期收盘后被剔除，指标 l 标识的债券在 t-1 期收盘后被加入。

5. 指数调整

（1）样本调整频率：每月月末调整。

（2）新券取样：新券上市流通后，在存在有效做市报价、点击报价或成交价的首日，收盘后纳入指数样本。

（3）异常价格剔除规则：根据债券净价前 60 个交易日历史波动方差，按照既定置信水平，确定下一交易日的净价正常波动范围，该范围以外的净价被判为异常价格；债券指数计算全过程都进行异常价格判定，包括开盘、盘中、收盘指数。

（4）派息：当月有派息的在当月最后一个交易日收盘后，将利息额从 $X_{t-1,k}$ 中扣除。

6. 交易概况

交易中心银债指数的交易更新频率为每个交易日上午 9 时计算开盘指数，5 分钟更新一次，直至收盘 16：30。2015 年 7 月 29 日 15：40 各指数的全价指数交易概览如表 9-5 所示。

表 9-5　2015 年 7 月 29 日各指数全价指数交易概览

指数名称	最新	涨跌（%）	前收	开盘	最高	最低	成交量（百万）
综合债券指数	1567.29	0.04	1566.59	1567.60	1567.60	1566.81	209573.80
国债指数	1519.54	0.05	1518.73	1519.60	1519.60	1519.16	34660.00
短期国债指数	1528.88	0.00	1528.89	1529.42	1529.53	1528.73	7150.00
中期国债指数	1505.09	0.06	1504.19	1505.54	1505.54	1504.94	17750.00
长期国债指数	1678.39	0.08	1677.11	1677.49	1678.47	1676.59	9760.00
政策性金融债指数	1804.43	0.06	1803.42	1805.28	1805.28	1803.33	128525.38
企业债指数	1973.52	0.00	1973.58	1973.87	1973.87	1973.50	24137.72
中期票据指数	1741.74	0.03	1741.16	1741.34	1741.79	1741.29	22250.70

资料来源：全国银行间同业拆借中心，中国指数研究院综合整理。

以综合债券指数为例的日 K 线图如图 9-8 和图 9-9 所示。

三、中证债券指数

1. 指数系列

中证债券指数系列主要有中证全债指数、中证综合债券指数两大体系，每一体系中又包含诸多类指数。

（1）中证全债指数体系。

中证全债指数是中证指数公司编制的综合反映银行间债券市场和沪深交易所债券市场的跨市场债券指数，也是中证指数公司编制并发布的首只债券类指数。该指数的样本由银行间市场和沪深交易所市场的国债、金融债券及企业债券组

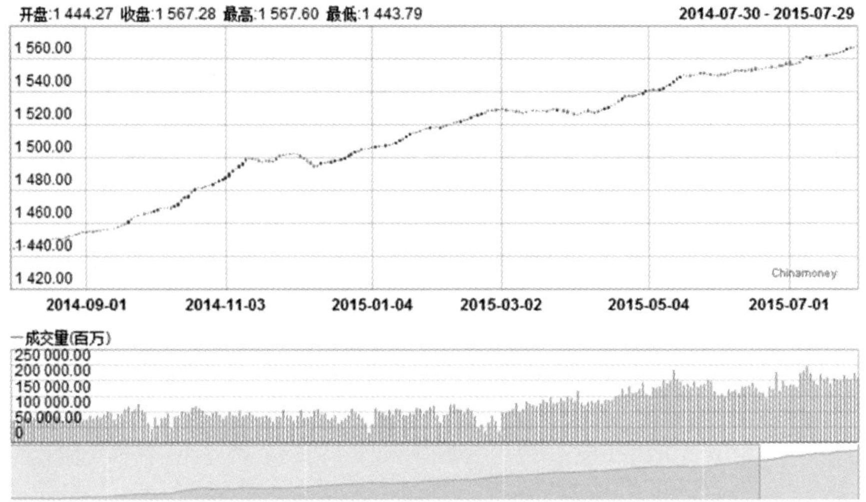

图 9-8　2014 年 7 月 30 日~2015 年 7 月 29 日综合债券指数全价指数的日 K 线

资料来源：全国银行间同业拆借中心，中国指数研究院综合整理。

图 9-9　2014 年 7 月 30 日~2015 年 7 月 29 日综合债券指数净价指数的日 K 线

资料来源：全国银行间同业拆借中心，中国指数研究院综合整理。

成，中证指数公司每日计算并发布中证全债的收盘指数及相应的债券属性指标，为债券投资者提供投资分析工具和业绩评价基准。该指数的一个重要特点在于对异常价格和无价情况下使用了模型价，能更为真实地反映债券的实际价值和收益率特征。

如图 9-10 所示，中证全债指数体系还包括 4 只分年期指数和 3 只分类别指数，分年期指数是在全债指数样本集合中挑选剩余期限 1~3 年、3~7 年、7~10 年及 10 年以上的样本构成相应的指数，分类别指数是在全债指数样本集合中挑选信用类别为国债、金融债和企业债的样本构成相应的指数。

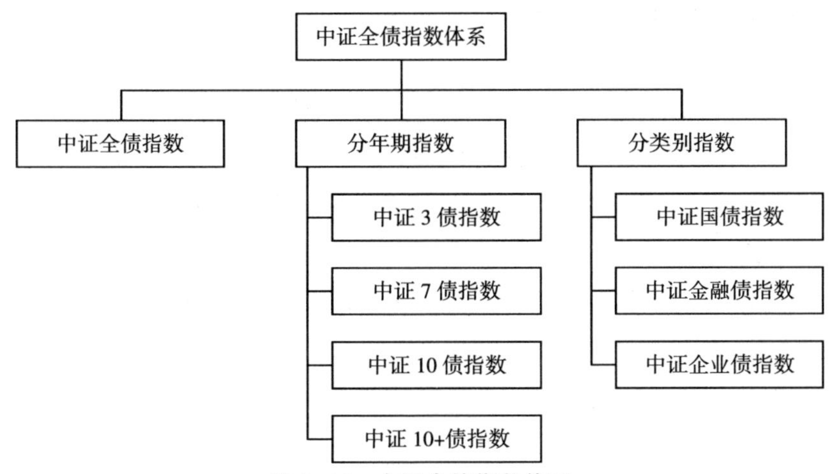

图 9-10 中证全债指数体系

资料来源：中证指数有限公司，中国指数研究院综合整理。

（2）中证综合债券指数体系。

中证综合债券指数是综合反映银行间和交易所市场国债、金融债、企业债、央票及短融整体走势的跨市场债券指数，其选样是在中证全债指数样本的基础上，增加了央行票据、短期融资券及一年期以下的国债、金融债和企业债。该指数的推出旨在更全面地反映我国债券市场的整体价格变动趋势，为债券投资者提供更切合的市场基准。指数体系如图 9-11 所示。

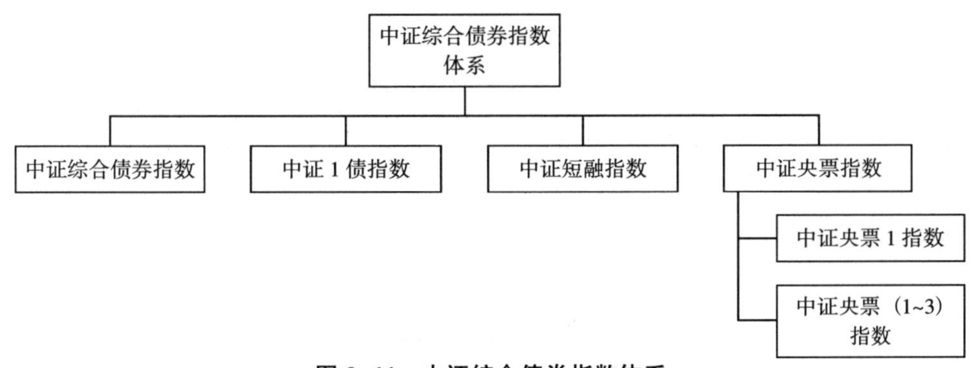

图 9-11 中证综合债券指数体系

资料来源：中证指数有限公司，中国指数研究院综合整理。

其中，中证 1 债指数、中证央票 1 指数和中证短融指数又可以归类于中证短债指数。

中证短债指数是综合反映一年期以下债券及票据整体价格变动趋势的指数，

其样本包括一年期以下的国债、金融债、企业债、央票及短期融资债券，该指数旨在反映短期债券的走势，为短期债券投资提供分析工具和业绩比较基准。

（3）其他债券指数。

中证债券指数系列中还包含公司债指、分离债指、中证 50 债指数、中期国债指数、中证企债 100 指数、中证短融 50 指数等数十种债券指数。

下面，以中证全债指数为例来介绍中证债券指数的编制过程。

2. 样本选取

（1）债券种类：在上海证券交易所、深圳证券交易所及银行间市场上市的国债、金融债及企业债。

（2）信用等级：投资级以上。

（3）债券币种：人民币。

（4）发行量：暂不考虑发行量限制。

（5）剩余期限：一年以上。

（6）付息方式：固定利率付息和一次还本付息。

3. 取价规则

（1）选取债券交易价格为净价。

（2）交易所债券（是指仅在交易所交易的债券）：取做市商最优报价（最优报价 =（最高买价 + 最低卖价）/2，下同），若无，取日收盘价，再无，采用模型定价。

（3）银行间债券（是指仅在银行间交易的债券）：取做市商最优报价，若无，取日内加权收盘价，再无，采用模型定价。

（4）跨市场债券（是指同时在两个及以上市场交易的同一债券品种）：若存在银行间做市商报价，则取最优银行间报价，若无，取其在交易所的收盘价（交易所如有做市商报价，则先取最优报价），再无，取其在银行间的日内加权收盘价，再无，考虑模型定价。

4. 指数计算

中证全债指数的基期为 2002 年 12 月 31 日，基点为 100 点。

以样本债券的发行量为权重，采用帕氏加权综合价格指数公式计算，计算公式为：

$$报告期指数 = \frac{报告期样本债券的总市值 + 报告期债券利息及再投资收益}{基期} \times 基期指数$$

其中，总市值=Σ（全价×发行量），全价=净价+应计利息，报告期债券利息及再投资收益表示将当月付息样本债券的利息收入再投资于债券指数本身所得的收益。

5. 指数修正

需要修正的三种情况如下：

（1）发生指数样本券调整时，在调整实施前一个交易日修正指数。

（2）凡有样本债券发生发行量变动时，在变动日前修正指数。

（3）月末最后一个交易日，将当月样本债券利息及再投资收益从指数中去除。

具体修正方法采用“除数修正法”。当样本券的市值出现非交易因素变动时，采用“除数修正法”修正原除数，以保证指数的连续性。修正公式为：

$$\frac{\text{修正前的市值}}{\text{原除数}}=\frac{\text{修正后的市值}}{\text{新除数}}$$

其中，修正后的市值=修正前的市值+新增（减）市值。

由此公式得出新除数（即修正后的除数，又称新基期），并据此计算以后的指数。

6. 指数调整

（1）新券计入：符合基本条件的债券自下个月第一个交易日起计入指数。

（2）不合格券剔除：每月最后一个交易日，将不合格债券（剩余期限不到一年或信用级别投资级以下）剔除。

7. 交易概况

2015 年 7 月 28 日中证全债指数的交易行情如表 9-6 所示。

表 9-6　2015 年 7 月 28 日中证全债指数的交易行情

指数名称	中证全债 H11001	中证全债（利） N11001	中证全债（净） H01001
指数值	165.1334	162.7232	101.4960
指数涨跌幅（%）	0.093	0.013	0.083
成交量（万元）	1715610.37	1715610.37	1715610.37
结算金额（万元）	1761809.49	1761809.49	1761809.49
修正久期	4.67	4.80	4.67
凸性	24.19	24.85	24.19
到期收益率（%）	3.839	3.944	3.839
久期	4.82	4.95	4.82
指数样本数量	5229	5229	5229
平均价格	104.90	104.90	104.90
净价指数值	101.50		

续表

指数名称	中证全债 H11001	中证全债（利） N11001	中证全债（净） H01001
利息及再投资指数值	162.72		
平均票面利率（%）	4.72	4.85	4.72

资料来源：中证指数有限公司，中国指数研究院综合整理。

2015 年 7 月 28 日，中证全债指数环比 7 月 27 日上涨 0.093%至 165.13 点，净价指数值和利息及再投资指数值分别上涨 0.083%和 0.013%至 101.50 点和 162.72 点。成交量和结算金额分别达 171.6 和 176.2 亿元。

第三节　基金价格指数

一、中证基金指数

中证基金指数系列反映中国开放式基金市场的整体绩效表现，为投资者在该市场的投资提供丰富的分析工具和收益评价基准。

中证基金指数系列包括中证开放式基金指数、中证股票型基金指数、中证债券型基金指数、中证混合型基金指数、中证 ETF 基金指数、中证货币基金指数等，如表 9–7 所示。

表 9–7　中证基金指数系列

指数简称	指数全称	基期	基点
中证基金	中证开放式基金指数	2002–12–31	1000
股票基金	中证股票型基金指数	2002–12–31	1000
混合基金	中证混合型基金指数	2002–12–31	1000
债券基金	中证债券型基金指数	2002–12–31	1000
ETF 基金	中证 ETF 基金指数	2005–12–30	1000
货币基金	中证货币基金指数	2005–12–30	1000
QDII 基金	中证 QDII 基金指数	2007–12–31	1000
金牛股票	中证金牛股票型基金指数	2007–04–30	1000
金牛混合	中证金牛混合型基金指数	2007–04–30	1000
稳健股基	中证稳健股票上市分级基金指数	2011–12–30	1000

续表

指数简称	指数全称	基期	基点
进取股基	中证进取股票上市分级基金指数	2011-12-30	1000
进取债基	中证进取债券上市分级基金指数	2011-12-30	1000
纯债债基	中证纯债债券型基金指数	2014-12-31	1000
普通债基	中证普通债券型基金指数	2014-12-31	1000

资料来源：中证指数有限公司，中国指数研究院综合整理。

下面，我们以中证开放式基金指数的样本选取、计算方法、指数修正、指数调整等内容来描述中证基金指数系列的编制过程。

1. 样本选取

中证开放式基金指数（CSI Open-end Fund Index）的样本空间为当前市场上的所有开放式基金（不包括货币型基金和保本型基金），样本即由当前市场上的所有开放式基金（不包括货币型基金和保本型基金）组成。

2. 指数计算

中证开放式基金指数采用简单平均方法进行计算，计算公式为：

$$I_{t+1}=I_t\times\frac{1}{N_{t+1}}\sum\frac{V_{i,t+1}}{V_{i,t}}$$

其中，I_{t+1} 为 t+1 时刻的指数收盘价，I_t 为 t 时刻的指数收盘价，N_{t+1} 为 t+1 时刻的指数样本数，$V_{i,t+1}$ 为第 i 只样本基金在 t+1 时刻的单位净值，$V_{i,t}$ 为第 i 只样本基金在 t 时刻的单位净值。

3. 指数修正

当指数样本、基金单位净值出现非交易因素的变动时，采用“除数修正法”进行修正，以保证指数的连续性。

需要进行指数修正的情况包括：①基金分红：凡有样本基金分红时，基金指数在样本基金除息日前按照除息后的净值进行修正；②份额拆分：凡有样本基金进行份额拆分时，基金指数在样本基金拆分日前按照拆分后的净值进行修正；③样本调整：当指数样本定期或临时调整生效时，在生效日之前修正指数；④其他需要修正的事件。

指数的调整分为定期调整和临时调整两种，具体来看：

（1）定期调整。

每年的 2 月、8 月对基金的类型进行定期审核，当基金的投资类型发生变化时，将调整相应的分类指数样本，生效时间分别为 3 月和 9 月的第一个交易日。

对基金类型的审核依据为中国证券监督管理委员会在 2004 年 7 月 1 日公布

并正式实施的《证券投资基金运作管理办法》，分类标准为：

1）60%以上的基金资产投资于股票，即为股票基金。

2）80%以上的基金资产投资于债券，即为债券基金。

3）投资于股票、债券和货币市场工具，并且投资于股票、债券的比例不符合以上1）、2）项规定的，即为混合基金。

（2）临时调整。

需要进行临时调整的情况存在但不限于以下三种：

1）新基金发行：当有新基金发行时，新基金连续公布单位净值次日进入指数。

2）基金契约终止：终止日即时删除。

3）基金合并或拆分：根据事件进展情况即时调整和修正。

4. 指数行情

2015年7月20日~31日中证开放式基金指数行情如表9-8所示。

表9-8　2015年7月20~31日中证开放式基金指数行情

交易日期	收盘	涨跌	涨跌（%）
2015-07-20	6083.02	64.12	1.07
2015-07-21	6133.01	50.00	0.82
2015-07-22	6160.50	27.49	0.45
2015-07-23	6257.06	96.56	1.57
2015-07-24	6207.13	-49.93	-0.8
2015-07-27	5949.01	-258.13	-4.16
2015-07-28	5881.59	-67.42	-1.13
2015-07-29	6008.83	127.24	2.16
2015-07-30	5911.81	-97.02	-1.61
2015-07-31	5877.06	-34.75	-0.59

资料来源：中证指数有限公司，中国指数研究院综合整理。

从2015年7月20~31日中证开放式基金指数的表现来看，指数下行明显，其中7月27日指数降幅最大为4.16%，指数值降至6000点以下。

二、上海证券交易所基金指数

上证基金指数反映了上海证券交易所基金价格的整体变动情况。该指数自2000年6月9日起正式发布。

上证基金指数的成份股是上海证券交易所上市的所有证券投资基金。指数的基期为2000年5月8日，基点为1000点。上证基金指数的行情数据实时发布。

计算方法采用帕氏公式法，以发行的基金单位总份额为权数。计算公式为：

$$报告期指数 = \frac{报告期基金的总市值}{基期} \times 基点$$

其中，基金的总市值 = ∑（基金市价 × 基金单位总份额）。

当样本基金发生变化或样本基金总市值出现非交易因素变动时，需要对指数进行修正。具体需要修正的情况有以下六种：

（1）新基金上市：新基金上市后第二日计入指数。

（2）派发现金收益：凡有样本基金派发现金收益时，在除息日前修正指数。

（3）停牌：当某一样本基金在交易时间内突然停牌，取其最后成交价计算即时指数至收盘。

（4）暂停交易：当某一样本基金暂停交易时，取该基金暂停交易的前一日的收盘价计算指数；若时间超过两天以上，则从第三日起撤权，待其复牌后再复权。

（5）摘牌：在摘牌日前进行指数修正。

（6）开放式基金份额：对于 ETF 等开放式证券投资基金在指数计算中的份额，按照证券投资基金的公告，每季度调整一次。

具体的修正方法采用"除数修正法"来修正原除数，以保证指数计算的连续性。修正公式为：

$$新除数 = \frac{修正后的基金总市值}{修正前的基金总市值} \times 原除数$$

其中，修正后的总市值 = 修正前的总市值 + 新增（减）市值。由此得出新的除数（即新基期），并据此计算以后的指数。

2015 年 7 月 6 日~8 月 4 日上证基金指数的收盘指数较为波动，最高收盘指数出现在 7 月 23 日，指数点为 6415.48 点。从成交量和成交金额来看，2015 年 7 月 6 日~24 日成交下行较为显著，成交量从 198.73 亿股降至 49.77 亿股，成交金额由 845.10 亿元降至 368.50 亿元，如表 9-9 所示。

表 9-9　2015 年 7 月 6 日~8 月 4 日上证基金指数行情

日期	开盘	最高	最低	收盘	涨跌	涨跌（%）	成交量（亿股）	成交金额（亿元）	指数市值（百亿元）	成份股数目
2015-07-06	6422.00	6427.27	5936.80	6143.69	147.98	2.47	198.73	845.10	21.57	78
2015-07-07	6050.49	6093.97	5841.81	5980.15	−163.54	−2.66	146.28	637.22	20.99	78
2015-07-08	5623.31	5729.52	5552.08	5579.83	−400.32	−6.69	127.28	513.19	19.59	78
2015-07-09	5463.66	5975.39	5458.91	5957.08	377.25	6.76	83.32	412.21	20.91	78
2015-07-10	6033.34	6348.62	5990.65	6292.27	335.19	5.63	91.26	514.60	22.09	78

续表

日期	开盘	最高	最低	收盘	涨跌	涨跌（%）	成交量（亿股）	成交金额（亿元）	指数市值（百亿元）	成份股数目
2015-07-13	6313.99	6479.42	6239.82	6403.23	110.96	1.76	83.82	449.48	22.48	78
2015-07-14	6308.45	6433.87	6211.22	6266.05	-137.18	-2.14	71.00	429.35	22.00	78
2015-07-15	6211.30	6241.77	5990.34	6035.25	-230.80	-3.68	76.35	450.25	21.19	78
2015-07-16	5990.15	6193.52	5940.04	6123.55	88.31	1.46	70.17	401.36	21.50	78
2015-07-17	6145.34	6348.30	6130.79	6311.38	187.83	3.07	63.41	419.48	22.16	78
2015-07-20	6309.75	6380.61	6259.53	6310.69	-0.69	-0.01	60.58	426.48	22.15	78
2015-07-21	6248.15	6353.42	6244.56	6315.28	4.58	0.07	52.41	387.99	21.47	79
2015-07-22	6303.47	6331.48	6257.26	6301.55	-13.72	-0.22	47.29	413.76	21.27	79
2015-07-23	6301.14	6420.82	6299.62	6415.48	113.93	1.81	53.80	472.11	21.65	79
2015-07-24	6417.30	6443.92	6316.88	6339.35	-76.13	-1.19	49.77	368.50	21.40	79
2015-07-27	6289.24	6308.08	5961.99	5963.22	-376.13	-5.93	58.99	392.86	20.13	79
2015-07-28	5850.06	6050.16	5816.54	5962.42	-0.80	-0.01	90.74	538.84	20.12	79
2015-07-29	5988.06	6093.54	5919.75	6087.99	125.58	2.11	58.16	438.69	20.55	79
2015-07-30	6071.24	6108.15	5973.64	5982.27	-105.72	-1.74	56.47	639.98	20.19	79
2015-07-31	5945.84	6009.65	5926.69	5954.43	-27.84	-0.47	25.09	286.08	20.10	79
2015-08-03	5921.78	5944.96	5865.95	5927.56	-26.87	-0.45	18.34	285.90	20.01	79
2015-08-04	5936.56	6078.82	5928.62	6072.95	145.39	2.45	20.53	335.69	20.60	81

资料来源：上海证券交易所，中国指数研究院综合整理。

三、深圳证券交易所基金指数

为了全面反映深圳证券交易所上市基金及细分产品的二级市场的整体走势，同时也为市场及投资者提供更加丰富的基金业绩评价基准和基金投资参考依据，深圳证券交易所编制了深证基金指数系列和国证基金指数系列。其中，深证基金指数系列包括深证乐富基金指数、深证 ETF 指数和深市基金指数；国证基金指数系列包括国证基金指数和国证 ETF 指数。

另外，深圳证券信息有限公司、中国基金报与上海证券有限责任公司共同编制并发布了中国开放式主动管理基金指数系列，该指数系列可以反映我国开放式主动管理基金的业绩表现，同时给市场和投资者提供业绩评价的基准及投资决策的参考依据。该指数系列包括中国股基指数、中国债基指数和中国混基指数。

深圳证券交易所基金指数系列如表 9-10 所示。

表 9-10　深圳证券交易所基金指数系列

指数名称	基期	基点	发布日
深证 ETF 指数	2010-12-31	1000	2011-12-02
深证乐富基金指数	2004-12-31	1000	2011-12-02
深市基金指数	2000-06-30	1000	2000-07-03
国证基金指数	2004-12-31	1000	2011-12-02
国证 ETF 指数	2010-12-31	1000	2011-12-02
中国股基指数	2004-12-31	1000	2015-01-05
中国混基指数	2004-12-31	1000	2015-01-05
中国债基指数	2004-12-31	1000	2015-01-05

资料来源：深圳证券信息有限公司，中国指数研究院综合整理。

深证基金指数系列与国证基金指数系列的编制方法相同，中国开放式主动管理基金指数系列的编制方法采用了帕氏综合加权计算方法。这里我们主要介绍深证和国证基金指数系列的编制过程。

1. 样本选取

深证和国证基金指数系列的样本组成情况如表 9-11 所示。

表 9-11　深证和国证基金指数系列样本组成

指数名称	样本组成
深证 ETF 指数	深圳证券交易所上市的所有 ETF
深证乐富基金指数	深圳证券交易所上市的所有基金
深市基金指数	深圳证券交易所上市的全部封闭式基金（不包含创新型基金）
国证基金指数	沪深两市所有的上市基金
国证 ETF 指数	沪深两市所有的 ETF

资料来源：深圳证券信息有限公司，中国指数研究院综合整理。

2. 指数计算

指数的计算公式为：

$$实时指数=上一交易日的收市指数\times\frac{\sum(基金实时成交价\times基金份额)}{\sum(基金上一交易日的收市价\times基金份额)}$$

其中，基金份额为样本基金上个月实际份额的均值，公式中分子与分母的基金份额相同，也就是说分子与分母当月的权数相同，每个月之间的权重随着实际份额的变化而变化。

3. 指数修正

深证和国证基金指数系列的修正需要根据不同情况进行，具体的有以下情形：

（1）新基金上市：符合选样的新基金在其上市后的第二个交易日开盘时纳入相应指数。

（2）基金终止：在终止上市日即时删除。

（3）上市基金进行派息、分拆或其他除权情况：在除权除息日将基金的上一交易日的收市价更新为除权参考价。除权参考价均以深圳证券交易所发布的数据为准。

（4）修正基金份额：分为月度修正和基金拆分或其他除权情况修正。①月度修正：以上月实际份额的均值作为下月指数计算时的基金份额；②基金拆分或其他除权情况：在基金除权除息日，基于之前指数计算时的基金份额对下月基金份额进行相应的比例修正。

4. 指数行情

2015 年 8 月 3 日深证和国证基金指数行情如表 9-12 所示。

表 9-12　2015 年 8 月 3 日深证和国证基金指数行情

指数名称	前收	开盘	最高	最低	最新	涨跌（%）	成交量（万手）	成交金额（万元）
深市基金	6921.17	6876.61	6876.61	6590.77	6661.1	−3.76	93.44	9456.41
乐富指数	6561.52	6466.85	6493.79	6380.34	6461.54	−1.52	20512.11	1769081.0
深证 ETF	1176.48	1170.72	1172.17	1147.99	1163.64	−1.09	465.02	126469.9
国证基金	6888.14	6802.40	6839.47	6717.68	6810.57	−1.13	23370.56	2290354.0
国证 ETF	1301.73	1291.04	1300.18	1275.44	1296.49	−0.40	1938.23	534380.5

资料来源：深圳证券信息有限公司，中国指数研究院综合整理。

从 2015 年 8 月 3 日各指数行情来看，各指数出现了不同程度的下跌，其中深市基金指数跌幅最大为 3.76%，国证 ETF 跌幅最小为 0.40%。成交方面，乐富指数和国证基金指数的成交量均超过 2 万手，明显高于其他指数，其中国证基金指数成交金额高达 229 亿元，在各指数中金额最大。

四、好买·中国对冲基金指数

好买·中国对冲基金指数（Howbuy China Hedge Fund Index）由好买基金研究中心编制并发布，旨在反映中国对冲基金市场的发展概况，为投资者提供中国对冲基金市场的业绩比较基准和收益分析的工具。

1. 样本选取

好买·中国对冲基金指数的样本空间由以下私募产品组成：①国内通过信托平台发行的非结构化阳光私募产品；②产品成立时间超过一个季度，即至计算日满三个月且连续公布净值；③经营状况良好。

在样本空间内，好买·中国对冲基金指数的样本基金选取为具有相同开放日、流动性好的阳光私募产品，具体的选取方法如下：

（1）样本私募基金需选定每个月最后一个工作日作为其开放日，开放日可申购赎回，并通过公开可查询的渠道（信托或私募公司）公布其净值。

（2）开放日基金净值需为扣除信托管理费、托管费、业绩浮动报酬等费用后的值。

（3）对同一个基金经理管理的多个基金，将计算期满足条件的基金取平均收益，之后与其他基金做平均，对单个基金由多个基金经理管理的，只要与其他产品未完全重复，则单独计算。

2. 指数计算

好买·中国对冲基金指数以 2006 年 12 月 31 日为基期，基点为 1000 点。

指数计算方法采用简单加权平均法，考虑红利再投资因素，以成份基金的平均复权单位净值增长率作为指数增长率，从而得到计算期指数点位。

好买·中国对冲基金指数每月发布一次，在每月的前 10 个工作日内发布上月末的相关数据。

3. 指数修正

需要进行指数修正的情况包括：

（1）新基金添加：凡有新的对冲基金成立，连续三个月公布净值后计入指数。

（2）合同变更：基金合同发生变更，根据最新合同内容加入或剔除指数。

（3）清盘：凡有样本基金发生清盘，在指数公布日将其剔除。

（4）暂停公布净值：凡有样本基金因故暂停公布净值，则在指数公布日剔除，待其正常公布后再计入。

（5）公司有重大违规违法事件：对公司存在违法违规事件的基金，给予一年考察期，考察期自相关部门调查完毕并处分之后开始，若一年内公司正常运营且无类似事件，则重新纳入指数。

（6）其他需要修正的情况。

4. 指数行情

2006 年 12 月 29 日以来，好买·中国对冲基金指数上行明显，由最初的 1000 点上升至 2015 年 5 月 29 日的最高点 3064.3 点，增长超两倍；6 月 30 日指数下降至 2856.3 点，如图 9-12 所示。

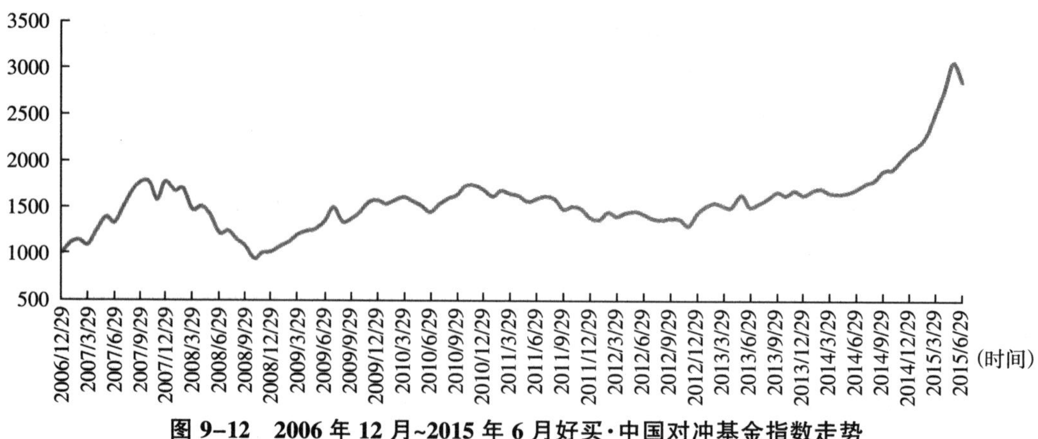

图 9-12　2006 年 12 月~2015 年 6 月好买·中国对冲基金指数走势

资料来源：好买私募基金网，中国指数研究院综合整理。

第四节　国外著名金融指数

一、道琼斯工业股价平均指数

1. 指数简介

道琼斯工业股价平均指数（简称“道琼斯指数”）由查尔斯·亨利·道编制，是全世界最早的股票价格指数。1884 年，他采用算术平均法，对在纽约证券交易所上市的 11 种具有代表性的铁路公司的股票进行计算，并发表在他自己编辑出版的《每日通讯》上。1897 年，道琼斯指数分为工业和运输业两大类指数，其中工业股票价格平均指数包括 12 种股票，运输业平均指数包括 20 种股票，并且发布于道琼斯公司出版的《华尔街日报》上。在 1929 年，道琼斯股票价格平均指数又增加了公用事业类股票，使其所包含的股票达到 65 种。

自此，道琼斯指数系统正式成立。它包括工业平均指数、运输业平均指数、公共事业平均指数、综合平均指数。其中，道琼斯工业平均指数成立时间最早、使用最广、最有影响力，人们经常提到的道琼斯指数就是指道琼斯工业平均指数，如图 9-13 所示。

在长期的发展过程中，道琼斯指数也在不断改进。由于道琼斯指数建立初期存在一定的缺陷，如当成份股除权或除息时，股票指数就会发生不连续的现象。

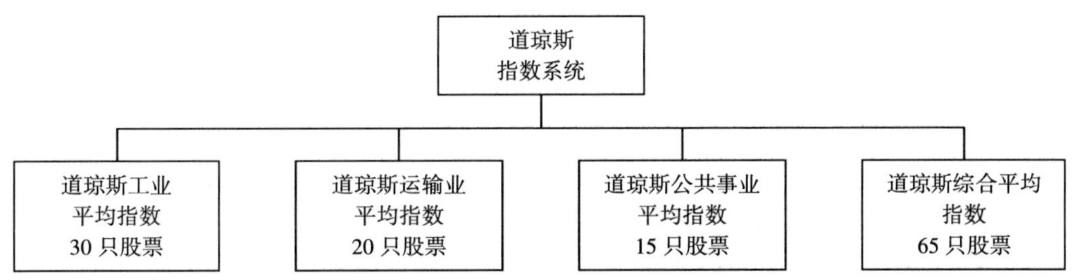

图 9-13　道琼斯指数系统架构及各指数成份股数量

资料来源：中国指数研究院综合整理。

1928 年道琼斯指数采用连接技术，确保了股票指数的连续性。道琼斯指数是一个价格平均数，它没有明确的基期和基点，由于 1928 年 10 月 1 日道琼斯股票价格平均数恰好是 100 美元，后来人们一般认为道琼斯指数的基期是 1928 年 10 月 1 日，基点为 100 点。

2. 计算方法

道琼斯指数采用平均算术法，计算各只成份股的平均价格，其计算公式为：

$$\text{股票价格平均数} = \frac{\text{成份股的价格之和}}{\text{成份股的数量}}$$

在进行指数编制时，其计算公式为：

$$I = \frac{\sum p_i}{\sum p_0} \times 100$$

其中，I 为指数值，p_0 为基期价格，p_i 为当期股票价格。

3. 样本选取

道琼斯指数之所以成为世界上影响力最大、最具权威性的指数，除了其最早建立外，也与其选择成份股的科学性有关。道琼斯指数在选择成份股方面往往根据以下规则：①代表性强，在行业内具有重要影响力；②规模较大，能够部分反映股市变化特征；③朝阳产业，企业或行业发展动力强劲。

成份股选定之后，即可根据计算方法编制股票价格指数，但成份股并非恒定不变的。自 1928 年以来，道琼斯工业股票价格指数的成份股已经更换 30 多次，平均每两年就有一个新公司的股票替代失去代表性的公司股票。

随着时代发展，道琼斯指数也在不断创新，先后建立了道琼斯全球指数、道琼斯 STOXX 指数、道琼斯全球顶尖指数、道琼斯新兴市场指数等一系列价格指数，以适应金融市场需求。

随着中国金融市场的快速发展，1996 年道琼斯公司编制了道琼斯中国 88 指数。该指数从沪深市场中选取 88 只自由流通市值最大且交易流通性最强的股票作为成份股进行计算，每季度进行一次成份股调整。该指数以 1993 年 12 月 31 日为基期，基点为 100 点。道琼斯中国 88 指数具有一定的权威性和代表性，是全球投资者衡量我国资本市场的重要工具之一。

除了道琼斯中国 88 指数，道琼斯公司还与第一财经传媒有限公司共同编制了中国 600 指数和 600 行业领先指数。

二、汇丰银行（HSBC）债券指数

长期以来，汇丰银行一直在国际债券市场上扮演着重要的做市商和承销商的角色。目前汇丰银行为亚洲债券市场的国际投资者提供了亚洲本地债券指数（Asian Local Bond Index，ALBI）、离岸人民币债券指数（Offshore Renminbi Bond Index，CNH Index）和亚洲美元债券指数（Asian USD Bond Index，ADBI）这三大指数系列。

以下我们主要介绍 HSBC 亚洲本地债券指数。

1. 指数系列

亚洲本地债券指数追踪的是亚洲除了日本以外国家发行的以当地货币计价的流通债券的总收益变动情况。指数系列包括各国—地区的分类指数，也包括一个综合指数，包括的国家或地区有中国、中国香港、印度、印度尼西亚、韩国、马来西亚、菲律宾、新加坡、中国台湾和泰国，综合指数中各国—地区的权重表现如表 9-13 所示。

表 9-13　2013 年 12 月各国—地区的权重

国家—地区	权重（%）
中国在岸	7.9
中国离岸	3.8
中国香港	12.9
印度	5.7
印度尼西亚	9.3
韩国	18.9
马来西亚	10.4
菲律宾	6.3
新加坡	15.0
中国台湾	2.2
泰国	7.6

资料来源：HSBC，中国指数研究院综合整理。

2. 样本选取

（1）币种：各自的国内货币，ALBI 综合指数的计算是基于各国家—地区指数的每日以美元计的收益率。

（2）息票类型：固定息票。

（3）债券类型：政府、准政府和企业债券。

（4）剩余期限：至少一年。

（5）发行人类型、最低流通规模、信用等级及价格来源如表 9-14 所示。

表 9-14　亚洲部分国家—地区发行的债券参数

国家—地区	发行人类型	最低流通规模		最低信用等级	价格来源	
		政府债券	非政府债券		政府债券	非政府债券
中国在岸	政府	100 亿元人民币	—	—	CHBK	—
中国离岸	所有	5 亿元人民币	5 亿元人民币	无限制	HSBC	HSBC
中国香港	所有	3 亿港元	3 亿港元	A 级	HKMA	HSBC
印度	政府	500 亿印度卢比	—	—	NDSI	—
印度尼西亚	政府	2 万亿印尼卢比	—	—	IDMA	—
韩国	政府	1 万亿韩元	—	—	KSDY	—
马来西亚	所有	20 亿林吉特	5 亿林吉特	A-或 RAM-Moody's-S&P 评定的以上级别	BIDS	BIDS
菲律宾	政府	30 亿比索	—	—	PDEX	—
新加坡	所有	15 亿新元	3 亿新元	无限制	MAS	HSBC
泰国	所有	200 亿泰铢	150 亿泰铢	A-或 TRIS 评定的以上级别	TBDC	TBDC

资料来源：HSBC，中国指数研究院综合整理。

3. 指数计算

HSBC 亚洲本地债券指数的基期为 2000 年 12 月 29 日，基点为 100 点。

计算指数过程中需要的统计数据有总收益率、修正久期、总市值、平均净价、平均息票等，其中总收益率包括价格变动、应计和再投资所得的收益。每一市场收盘之后首先对每个国家—地区的分类指数的总收益率进行计算，然后 ALBI 综合指数的总收益就是每日每个国家—地区的分类指数总收益率的累计收益率，以美元来衡量。

每月的第一个工作日对各分类指数以及 ALBI 综合指数进行调整。表 9-15 是 2000 年 12 月 29 日至 2013 年 12 月 2 日 ALBI 的市场表现。

表 9-15　2000 年 12 月 29 日至 2013 年 12 月 2 日 ALBI 的市场表现

国家—地区	总收益率（%）	平均到期收益率（%）	平均年限（年）	修正久期	市值（亿美元）	权重（%）
ALBI①	147.9	4.29	7.73	5.54	1415.65	100.00
中国在岸	50.83	4.41	8.52	5.77	124.87	7.91
中国离岸②	7.08	4.06	3.27	2.85	33.45	3.83
中国香港②	206.08	2.78	5.40	4.63	35.02	12.88
印度	195.16	9.05	11.14	5.98	184.16	5.68
印度尼西亚②	523.71	8.97	12.58	6.65	71.19	9.29
韩国	105.55	3.62	6.40	5.00	389.62	18.92
马来西亚	72.54	3.99	6.17	5.04	164.06	10.39
菲律宾	308.66	4.22	11.26	7.63	87.09	6.32
新加坡	58.11	2.48	7.26	5.92	91.98	15.04
中国台湾	75.47	1.79	10.38	8.55	165.28	2.16
泰国	86.76	3.96	7.34	5.19	112.07	7.59

注：①美元收益率，各分类指数均为当地货币收益率；②中国香港开始于 1993 年 12 月，印度尼西亚开始于 2003 年 11 月，中国离岸开始于 2010 年 12 月。

资料来源：HSBC，中国指数研究院综合整理。

三、HFRI 对冲基金指数

对冲基金研究公司是一个专门从事投资信息的收集、汇总和分析的研究公司，其拥有 HFR 对冲基金数据库，该数据库是一个应用广泛的针对对冲基金的表现和其他投资行业研究成果的商业数据库。目前，HFR 对冲基金数据库涵盖世界各地的超过 7300 个基金和母基金（Fund of Funds）。HFRI 是一系列通过对样本基金进行等权重综合加权来反映对冲基金行业表现的业绩基准。等权重加权与市值加权或资产加权不同，在对冲基金行业中等权重更能体现对冲基金的一般表现情况。

1. 指数体系

HFRI 对冲基金指数包括 HFRI 基金加权综合指数、HFRI 策略指数、HFRI 子策略指数、HFRI 区域投资集中指数和 HFRI 管理公司位置指数五大类。

策略指数中的主要策略包含股权对冲、事件驱动、宏观、相对价格及母基金。子策略指数根据策略的种类包含诸多分类，如 HFRI 宏观货币指数、HFRI 母基金市场防御指数等。

2. 样本选取

HFRI 对冲基金指数的样本基金需满足以下条件。

（1）拥有月度收益报告。

（2）拥有所有费用的净收益报告。

（3）拥有以美元计价的市值和资产报告。

（4）在管理下至少拥有 5000 万美元或者连续稳定交易 12 月。

从 HFR 对冲基金数据库中的全球对冲基金集中选取得到具有代表性的对冲基金策略集。全球对冲基金集可以表示为：

$$HFU = \cup HFS$$

其中，HFS 是 HFR 对冲基金数据库中根据不同策略区分的一系列基金分类。

构造策略集的基金可以从 HFS 包含的基金中通过以下公式选出：

$$\delta(freg-12)\cdot\delta(fees)\cdot\delta(ISO-USD)\cdot[H(AUM-50)+H(m-12)]\neq 0$$

其中，H(x)是一个阶梯函数，定义为：

$$H(x)=\begin{cases}1, & x\geqslant 0\\ 0, & x<0\end{cases}$$

δ(x)为一个 delta 函数，定义为：

$$\delta(x)=\begin{cases}1, & x=0\\ 0, & x\neq 0\end{cases}$$

freg 是报告频率（月度为 12，季度为 4），fees 为所有费用的净收益（是为 0，否为 1），ISO 为报告货币，AUM 为基金资产以百万美元计，m 为所有报告月份。

如果有多个拥有相同或相似投资配置的基金，HFR 只选择最具有代表性的基金作为样本基金。HFR 有权利将不能代表指数策略的基金从指数中删除。

值得注意的是，国内和离岸基金也包含在指数计算中；HFRI 基金加权综合指数不包含母基金。

3. 指数计算

HFRI 对冲基金指数是全收益指数。指数基期为 1990 年 1 月，基点为 1000 点。

指数资产净值（NAV）可以采用成份基金的实际业绩来计算，业绩可以反映成份基金的管理费、奖励费、分红及其他费用。

NAV 的变化受指数表现的影响，指数的表现定义为从上期 t-1 至当期 t 指数值的百分比变化。

在 t 时期的 NAV 的计算公式为：

$$NAV_t = NAV_{t-1}\times(1+ROR_t)$$

其中，ROR_t 为指数值从 t-1 期至 t 期指数值的百分比变化，计算公式为：

$$ROR_t = \frac{1}{n}\sum ROR_t^i$$

ROR_t^i 为基金 i 在 t 期的收益率，n 为指数的样本基金的个数。

4. 指数修正

（1）指数每月三次更新：首次更新（当月第 5 个工作日）、中期更新（当月第 15 个工作日）和终期更新（下个月的第 1 个工作日）。

（2）新样本基金添加：添加至 HFR 数据库之后的次月进入指数计算。

（3）样本基金关闭或清算：HFRI 指数的计算使用该基金最后报告中的表现。

5. 指数行情

2015 年 6 月 HFRI 对冲基金指数中基金加权综合指数环比下降 1.26%至 12728.92 点，2015 年累计上涨 2.48%。其他部分指数的指数行情表现如表 9-16 所示。

表 9-16　2015 年 6 月 HFRI 对冲基金指数中部分指数的行情

	月度表现		历史表现			
	2015 年 6 月变化率（%）	2015 年 6 月指数值	年度以来（%）	过去 12 个月（%）	过去 36 个月（%）	过去 60 个月（%）
HFRI 基金加权综合指数	−1.26	12728.92	2.48	2.31	6.38	5.13
HFRI 股权指数	−0.92	18665.36	3.87	2.41	8.38	6.04
HFRI 事件驱动指数	−1.31	14405.13	2.42	−0.78	7.44	6.01
HFRI 宏观指数	−2.37	14622.08	−0.38	4.13	1.83	1.85
HFRI 相对价值指数	−0.72	10771.73	2.55	1.79	6.61	6.33
HFRI 母基金综合指数	−1.05	5831.61	2.71	3.97	6.28	4.10

资料来源：对冲基金研究公司，中国指数研究院综合整理。

第十章　金融指数的衍生品

第一节　金融指数衍生品简介

金融指数衍生品实际上是以金融指数为标的物的金融投资工具（“指数化”的投资工具），也可以说是金融指数的创新产品。金融指数衍生品种类繁多，不仅包括指数期货、指数期权、指数基金等，还包括指数票据、指数存款、指数存托凭证等类型。

金融指数交易的过程是一个风险和收益均重新分配的过程，不同投资者有不同的投资需求、抗风险能力等个性化因素，为了满足投资者的各类需求，不同风险或收益组合的投资工具成为市场选择的产物。金融指数衍生品就是为了在投资者之间重新分配风险和收益的投资工具，它的出现极大地提高了市场的交易效率。

整体来说，金融指数衍生品的出现具有以下功能：

（1）更好地满足了投资者的需要。

（2）极大地增加了风险或收益的组合性，重新分配风险和收益。

（3）降低了交易成本。

（4）提高交易效率，增加了市场的流动性。

（5）打破投资在法律、资金及地域上的限制，便于投资者进入其他市场。

（6）完备市场体系。

金融指数衍生品的创造者和使用者包括交易所、证券公司、保险公司、养老基金等机构，交易类型可分为交易所交易和场外交易（OTC）。

当前国际上较为重要且常见的金融指数衍生品可归纳为指数期货、指数期权、指数基金、指数债券、指数存托凭证、指数存款等类型，如表 10-1 所示。

表 10-1　当前国际上较为重要且常见的金融指数衍生品

名称	基本概念	实例
指数期货	指数期货是以指数作为基础资产的期货合约。交易时合约双方同意承担价格波动引起的涨跌，把指数按点位换算成现金，以交易单位乘以指数点位计算出合约价值	标准普尔 500 指数期货 香港恒生指数期货 道琼斯工业平均指数期货 MSCI 欧洲指数期货
指数期权	指数期权是指在未来某特定日期或之前，根据特定指数的大小，买进或卖出某特定指数的权利	标准普尔 500 指数期权 纽约证交所股指期货期权 台湾综合股价指数期权
指数基金	指数基金是以特定指数为标的物，通过购买该指数的全部或部分证券的基金	沪深 300 指数基金 先锋标准普尔 500 指数基金 国泰纳斯达克 100 指数基金
指数债券或指数票据	指数债券是证券连动债券的一种。证券连动债券是指本金及利息偿付金额的多寡与特定期间内指定指数的表现直接相关的债券证券，其中与股价指数相关的债务凭证就是指数债券	标准普尔 500 指数债券 纽约证券交易所综合指数债券 标准普尔 400 中盘指数债券
指数存托凭证或指数参与单位	指数存托凭证是指将组成标的指数的股票资产组合证券化，然后向投资者发行存托凭证并在交易所上市交易	金融时报 100 指数存托凭证 多伦多指数参与单位
指数存款	指数存款与指数债券类似，指数存款是一种保证本金的存款，多由银行推出	日经 225 指数存款 纳斯达克 100 指数存款

资料来源：中国指数研究院综合整理。

目前，我国金融指数衍生品的类型主要表现在指数期货、指数期权及指数基金上。

这些金融指数衍生品有着不同的形式和用途，但是它们具有一些相同的结构性特征：①金融指数衍生品均是基于某一个特定的标的指数；②它们均可以满足投资者通过单一的指数产品达到投资整个市场的目的；③金融指数衍生品的投资属于间接投资，其价值体现在标的指数的涨跌之间；④它们均会因标的指数的变化而进行调整；⑤均具有套期保值的作用等。

第二节　指数期货

一、指数期货简介

指数期货是以金融指数为交易标的物的一种期货合约。根据标的指数类型的不同，指数期货可以分为股票价格指数期货（简称“股指期货”）和债券价格指数期货（简称“债指期货”）。世界上最早的指数期货是 1982 年由美国堪萨斯期货交易所（Kansas City Board of Trade ，KCBT）推出的价值线综合指数期货，该合约属于股指期货合约。近年来，股指期货市场迅速发展，交易量迅猛增长，至今已成为全球金融衍生品市场中较为活跃的交易品种；而债指期货的发展相对缓慢，因此，通常人们所说的指数期货一般是指股指期货。本节我们将主要介绍股指期货。

1. 股指期货的定义

股指期货是一种以股票价格指数为标的物的金融期货合约，它是由交易双方订立的、约定在未来某一特定时间按约定价格进行股价指数交易，并将股票指数的点位换算成货币单位进行现金结算的一种标准化合约。

顾名思义，股指期货是股票价格指数和期货的结合。股票价格指数是描述股票市场总体价格水平变化的指标，能够反映股市变化特征，股票价格的变化会影响到股价指数的变化，从而通过传导机制影响股指期货的交易价格；期货是以某种产品或金融资产为标的的标准化可交易的合约，是由买卖双方约定在未来某一特定的时间和地点交割。股指期货的标的物为相应的股票价格指数，报价单位以指数点计算，合约的价值以一定的货币乘数与股票价格指数报价的乘积表示，交割方式采用现金交割。

股票市场存在系统风险和非系统风险，非系统性风险可以通过分散投资对冲部分股票所存在的风险，但却无法避免系统风险。作为一种投资工具，股指期货能够为投资者规避系统风险。

2. 股指期货的特征

（1）跨期交易。

股指期货是交易双方约定在未来某一时间按照一定条件进行交易的合约，到期就要摘牌，不可无限期持有。交易股指期货必须注意合约到期日，以决定是提前了结头寸，还是等待合约到期，或者将头寸转到下一个月。

（2）杠杆性。

股指期货交易不需要全额支付合约价值的资金，只需要支付一定比例的保证金就可以签订较大价值的合约，保证金的比例一般为 10%~15%。保证金制度一方面提高了盈利的空间，但另一方面也带来了风险，股指期货每天要按照结算价对持有在手的合约进行结算，账面盈利可以提走，但账面亏损第二天开盘前必须通过追加保证金的方式补足。

（3）联动性。

股指期货的价格与其标的物——股票价格指数的变动联系极为紧密，两者变化方向基本一致。股票价格指数是股指期货的基础资产，对股指期货价格的变动具有很大影响。

（4）可以卖空。

股指期货合约可以十分方便地卖空，等价格回落后再买回，投资者可以在股市回落的过程中赚取利润。

（5）当日买卖。

股指期货实行“T+0”交易制度，可以当日买进当日卖出，没有交易时间和次数限制。

3. 股指期货的作用

股指期货是金融市场的重要投资方式之一，对有效地分散风险具有重要作用。

（1）规避风险。

期货市场可以通过套期保值的方式来规避现货市场存在的风险。套期保值是通过在期货市场上买进或卖出与现货市场数量相等但交易方向相反的期货合约，来建立一种盈亏对冲机制。股票市场存在一定的风险，为了尽量避免系统风险，投资者需要采取某种方式来抵御风险获得收益，而股指期货恰好能够满足投资者的这个需求。股指期货的走势与股票价格走势基本相同，投资者可以在两个市场建立相反的头寸，若在一个市场亏损，则在另一个市场肯定获利，其盈亏可以全部或部分抵消。另外，股指期货交易集中了众多投资者，他们通过频繁买卖转移了股票持有者的价格风险，使得股指期货规避风险的功能得以实现。

（2）价格发现。

股指期货市场是一个公开高效的交易市场，众多的专业投资者参与其中，他们往往具有丰富的期货知识和经验、广泛的信息渠道及科学的分析预测方法，能够将众多影响供求关系的因素集中在交易场内，并且通过公开喊价的竞争方式，将诸多因素转化为一个统一的、有权威性的交易价格，因而股指期货价格能较准确地反映未来整个股票市场价格的总体水平。股票现货市场和期货市场都受相同经济因素的影响，二者的走势一致并逐渐趋合，使得套期保值者、套利者和投机商能够利用股指期货的交易价格判定相关股票的近期和远期价格变动趋势，从而制定相应的投资决策。

（3）增强股市流动性。

股指期货能够在一定程度上反映股票市场未来走势，提高市场信息传递的效率和现货市场的透明度，有利于投资者进行分析预测。股指期货产生的预期价格可以快速传递到现货市场，从而使得现货市场价格达到均衡。股指期货丰富了股票市场参与者的投资渠道，增加了市场流动性，促进股票现货市场的交易，减轻集中性抛售对股票市场造成的恐慌性影响，对平均股价水平的剧烈波动起到缓冲作用。

（4）丰富投资组合。

股指期货给证券市场引入了做空机制，使得投资者的投资策略从单向获利模式转向双向投资模式，让投资者在下跌行情中也可以化被动为主动，获得收益。股指期货可以提高资金的使用效率，有利于投资者快速调整投资组合，由于股指期货的现金交割和保证金制度使买卖股指期货时只需少量的资金，提高了资产配置的效率。

股指期货交易完善了组合投资方式，有利于投资者根据自己的风险偏好构筑不同收益和风险水平的投资组合，为投资者提供了根据期货市场和现货市场价差进行指数套利的机会。投资者可以利用股指期货定价偏差，即通过买入股指期货标的指数成份股并同时卖出股指期货，或者卖空股指期货标的指数成份股并同时买入股指期货，来获得无风险收益。

二、指数期货的定价

1. 股指期货价格的影响因素

股指期货的价格主要由股票价格指数决定，而影响股票价格指数的因素主要包括：

（1）宏观经济：主要有 GDP、PPI、CPI 等经济数据因素及汇率改革、加息等经济政策因素。

（2）成份股企业相关联的信息：成份股增发、派息分红等因素。

（3）国际金融市场走势等。

因此，股指期货的价格走势同样受到这些因素的影响。除此之外，股指期货有到期日，其价格也受到到期日时间长短的影响。

2. 股指期货的定价

股指期货合约是一个未来对应现货资产交易的临时替代物，它不是真实的资产而是买卖双方之间的协议，双方同意在以后的某个时间进行交易，因此该协议开始的时候没有资金的易手。股指期货存在一个理论价格，这个价格可以通过基差得出。

$$基差 = 现货价格 - 期货价格$$

即：

$$基差 = (现货价格 - 期货理论价格) - (期货价格 - 期货理论价格)$$

公式中，前一部分可以称为理论基差，主要来源于持有成本（不考虑交易成本等其他因素）；后一部分可以称为价值基差，主要来源于投资者对股指期货价格的高估或低估。在正常情况下，在合约到期前理论基差必然存在，而价值基差不一定存在。

持有成本是指投资者持有现货资产至期货合约到期日必须支付的净成本，即因融资购买现货资产而支付的融资成本减去持有现货资产而取得的收益。具体公式如下：

$$F = S \times \left[1 + \frac{(r - y) \times \Delta t}{360}\right]$$

其中，F 表示股指期货的理论价格，S 表示现货资产的市场价格，r 表示融资年利率，y 表示持有现货资产而取得的年收益率，Δt 表示距合约到期的天数。

假设沪深 300 股票指数为 4000 点，一年期融资利率为 5%，持有现货的年收益率为 2%，以沪深 300 指数为标的物的股指期货合约距离到期日的天数为 60 天，则该合约的理论价格为：

$$4000 \times \left[1 + \frac{(5\% - 2\%) \times 60}{360}\right] = 4020$$

该合约到期的理论价格为 4020 点。

三、指数期货实例

1. 沪深 300 指数期货

（1）基本特征。

沪深 300 指数期货是以沪深 300 指数为合约标的的股指期货，它实行日内双向交易（"T+0"）的交易制度，可以当日建仓当日平仓，这与我国股票交易制度不同。沪深 300 指数期货具有涨跌幅限制，每日的涨跌幅度不得超过 10%。沪深 300 指数期货合约规则如表 10-2 所示。

表 10-2 沪深 300 指数期货合约规则

合约标的	沪深 300 指数
合约乘数	每点 300 元
合约价值	股指期货指数点乘以合约乘数
报价单位	指数点
最小变动价位	0.2 点
合约月份	当月、下月及随后两个季月
交易时间	9：15~11：30，13：00~15：15
末交易日	9：15~11：30，13：00~15：00
最大波动限制	上一个交易日结算价的±10%
交易保证金	合约价值的 12%
交割方式	现金交割
最后交易日	合约到期月的第 3 个周五，法定节假日顺延
交割日期	同最后交易日
上市交易所	中国金融期货交易所
交易代码	IF

资料来源：中国金融期货交易所，中国指数研究院综合整理。

1）合约价值。合约价值是投资者每买卖一手期货合约在期货市场上所成交的金额，它由指数的点位和合约乘数的大小共同决定，其大小直接影响着股指期货市场参与者的结构和交易的活跃性。按照沪深 300 指数 4000 的点位来计算，300 的合约乘数所决定的沪深 300 指数的合约面值为 120 万元。

2）交易保证金比例。投资者要想购买股票，必须要用 100%的资金，而股指期货交易采用保证金制度，用较少的资金就可以买卖一手金额比保证金大几倍的合约。

例如，按最近沪深 300 指数的点位 2000 点，乘以每点 300 元，则一手合约的价值就近 60 万元。按最低 12%的保证金比例，买卖一手所需的资金为：

$$600000 \times 12\% = 7.2 \text{ 万元}$$

3）强制减仓制度。根据最新规定股指期货交易连续出现同方向单边市，交易所有权采取强制减仓措施。

4）最后交易日。中国金融期货交易所《沪深 300 指数期货合约》拟定，股指期货最后交易日为每个合约月份的第三个星期五，遇法定节假日顺延。沪深 300 指数期货合约的最后交易日不是月末，新合约月份开始交易的日期自然也就不是月初第一个交易日，而是到期合约交割结束后的第一个交易日。

（2）作用与意义。

沪深 300 指数是我国最具代表性的股票价格指数之一，选择沪深 300 指数作为我国首只股指期货标的物的主要原因有以下三个方面：

第一，沪深300指数市场覆盖率高，主要成份股权重比较分散，能有效防止市场可能出现的指数操纵行为。

第二，沪深300指数成份股行业分布相对均衡，抗行业周期性波动较强，以此为标的的指数期货有较好的套期保值效果，可以满足投资者的风险管理需求。

第三，以沪深300指数为标的的期货合约能在未来我国股指期货产品系列中起到旗舰作用，具有占据市场主导地位的潜力。

沪深300指数期货整体运行平稳，市场规模发展迅速，它的交易额已占整个期货市场的半壁江山，成为全球第二大股指期货产品，对于改善我国股市运行机制、完善产品工具体系、促进资本市场改革发挥着日益重要的作用。

1）沪深300指数期货显著提高了股市的内在稳定性。从股指期货上市前后五年对比来看，沪深300指数涨跌超过2%的天数分别下降了52.27%和56.55%。

2）沪深300指数期货增强了投资者信心。通过参与股指期货交易，机构投资者在股市的投资行为日趋理性和成熟，为股市提供了长期稳定的买方力量。股指期货参与程度较高的12家证券公司，其大盘蓝筹股持仓比例由不足30%提升至50%。

3）沪深300指数期货提升了金融机构产品创新和市场服务能力。通过使用股指期货，财富管理机构实施了更为灵活的投资策略，加快了业务创新，吸引和推动各种机构和长期资金入市，也实现了稳健经营。目前理财产品中相当一部分已使用了股指期货，且使用股指期货的产品业绩效果好于未使用股指期货的产品。

4）沪深300指数期货促进投资者学习先进投资理念。股指期货上市之后，投资者在参与方式、持股结构、投资理念等方面发生了积极变化。沪深300成份股日均换手率由股指期货上市前一年的609.2%下降到最近一年的126.8%。

（3）交易数据。

2010年至2015年11月3日，沪深300指数期货年度交易量逐年上升。2015年以来日均成交量超过130万手，总成交量高达2.8亿手，超过2014年全年水平；成交金额达341.1万亿元，已超过2014年全年的2倍，如表10-3所示。

2. 上证50指数期货和中证500指数期货

上证50指数期货和中证500指数期货分别以上证50指数和中证500指数为标的物，由中国金融期货交易所于2015年4月16日推出。

上证50指数的样本股是由上海证券市场中流动性较好、市场深度较大的最具代表性的50只股票组成，用来综合反映上海证券市场中最具市场影响力的一

表 10-3 沪深 300 指数期货年度交易数据

日期	交易日数	日均成交量（万手）	总成交量（万手）	总持仓量（万手）	成交金额（万亿元）
2010-12-31	174	26.4	4587.3	3.0	41.1
2011-12-30	244	20.7	5041.2	4.8	43.8
2012-12-31	243	43.2	10506.2	11.0	75.8
2013-12-31	238	81.2	19322.1	12.0	140.7
2014-12-31	245	88.4	21665.8	21.5	163.1
2015-11-03	202	136.8	27632.1	4.5	341.1

注：交易数据均按照单边计算。
资料来源：中国金融期货交易所，中国指数研究院综合整理。

批龙头企业的整体状况。

中证 500 指数的样本股是由沪深证券市场内具有代表性的中小市值公司组成，用来综合反映沪深证券市场内中小市值公司的整体状况。样本股的具体选取规则如图 10-1 所示。

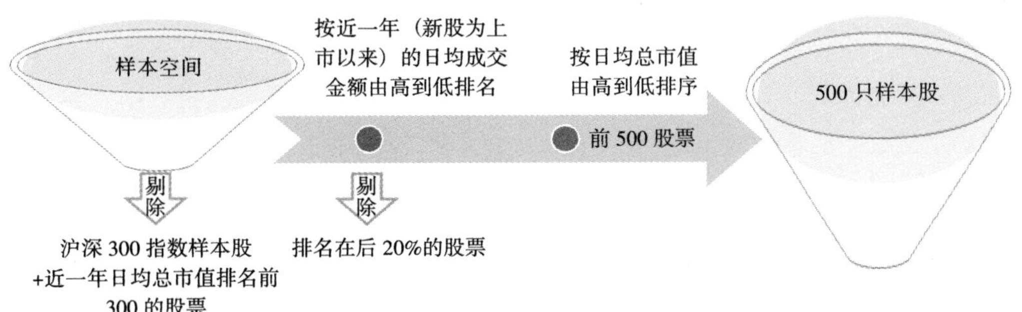

图 10-1 中证 500 指数样本股选取规则
资料来源：中国金融期货交易所，中国指数研究院综合整理。

（1）基本特征如表 10-4 所示。

表 10-4 上证 50 指数期货和中证 500 指数期货合约规则

合约标的	上证 50 指数	中证 500 指数
合约乘数	每点 300 元	每点 200 元
报价单位	指数点	
最小变动价位	0.2 点	
合约月份	当月、下月及随后两个季月	
交易时间	9：15~11：30，13：00~15：15	
最后交易日交易时间	9：15~11：30，13：00~15：00	
每日价格最大波动限制	上一个交易日结算价的±10%	
最低交易保证金	合约价值的 8%	

续表

合约标的	上证 50 指数	中证 500 指数
最后交易日	合约到期月份的第三个周五，遇国家法定假日顺延	
交割日期	同最后交易日	
交割方式	现金交割	
交易代码	IH	IC
上市交易所	中国金融期货交易所	

资料来源：中国金融期货交易所，中国指数研究院综合整理。

（2）作用与意义。

上证 50 指数期货和中证 500 指数期货发布的意义主要表现在以下三个方面：

1）与沪深 300 指数期货发挥协同作用，构建覆盖不同类型、不同大小股票的风险管理体系，对于降低股市整体波动和促进股市持续健康发展起到积极作用，有助于增强我国宏观经济的抗风险能力。

目前，我国指数期货的种类还过于单一，功能尚不齐全。在我国实体经济的各项改革不断深入的过程中，指数期货的发展滞后于实体经济改革所释放出来的风险对冲需求，上证 50 指数期货和中证 500 指数期货的推出较大地满足了这种需求，帮助投资者有效对冲风险，在一定程度上弥补了沪深 300 指数期货在期货市场中部分功能不全的不足。

2）有利于促进我国金融产品的创新和发展，让更多的投资者分享资本市场创新发展带来的红利，为我国金融衍生品市场增添新的活力。另外，上证 50 指数期货和中证 500 指数期货的推出，也向市场传递了积极信号，为后续指数期货的推出起到积极带动作用。

3）与国际上发达国家成熟的金融市场（指数期货种类丰富）相比，上证 50 指数期货和中证 500 指数期货的推出进一步缩小了我国金融衍生品市场与国际成熟市场的差距，有利于提升我国金融市场的国际影响力。

（3）交易数据。

2015 年 4 月至 10 月，上证 50 指数期货和中证 500 指数期货的月度总成交量先上升后回落，其中 6 月总成交量最高分别达 1129 万手和 749.4 万手，成交金额分别为 10.6 万亿元、15.5 万亿元；10 月成交量分别降至 11.1 万手和 18.6 万手，下降明显。具体交易数据如表 10–5 所示。

表 10-5 上证 50 指数期货和中证 500 指数期货月度交易数据

日期	交易日数	上证 50 指数期货				中证 500 指数期货			
		日均成交量（万手）	总成交量（万手）	总持仓量（万手）	成交金额（亿元）	日均成交量（万手）	总成交量（万手）	总持仓量（万手）	成交金额（亿元）
2015-04-30	11	25.9	284.6	5.1	27923.7	13.4	147.2	2.1	23811.6
2015-05-29	20	28.4	568.0	5.0	54702.7	22.7	453.4	5.3	84443.9
2015-06-30	21	53.8	1129.0	7.8	106368.7	35.7	749.4	3.3	154799.2
2015-07-31	23	39.4	907.1	3.1	72960.0	20.0	460.8	1.7	70223.7
2015-08-31	21	26.6	559.1	2.9	38316.2	14.1	296.7	1.7	43682.0
2015-09-30	20	2.8	56.9	1.8	3549.6	2.4	48.3	1.4	5483.5
2015-10-30	17	0.7	11.1	1.8	754.5	1.1	18.6	1.8	2465.3

注：交易数据均按照单边计算。
资料来源：中国金融期货交易所，中国指数研究院综合整理。

第三节 指数基金

一、指数基金简介

指数基金（Index Fund）是基金的一种，它是以特定指数为标的，并以该指数的成份股为投资对象，通过购买该指数的全部或部分成份股构建投资组合的基金产品。指数基金的收益与所投资的标的指数收益基本一致。

1. 指数基金的特点

一般来说，指数基金具有费用低、分散风险、延迟纳税、监控较少等特点。

（1）费用低。

费用低是指数基金最突出的优势。指数基金的费用主要包括管理费用、交易成本和销售费用三个方面。管理费用是指基金经理人进行投资管理所产生的成本；交易成本是指在买卖证券时发生的经纪人佣金等交易费用。

（2）分散风险。

由于指数基金广泛地分散投资，任何单个股票的波动都不会对指数基金的整体表现构成重大影响，从而能够分散风险，保证整体收益的稳定性。另外，由于指数基金所选择的标的指数一般都具有较长的历史，可以预测未来指数变化情况，因此可以有效地避免基金投资风险。

（3）延迟纳税。

由于指数基金采取了一种购买并持有的策略，所持有股票的换手率很低，只有当一个股票从指数中剔除的时候，或者投资者要求赎回投资的时候，指数基金才会出售持有的股票，实现部分资本利得，因此每年交纳的资本利得税很少。另外，加上复利效应，延迟纳税会给投资者带来很多好处。

（4）监控较少。

由于运作指数基金不用进行主动的投资决策，基金管理人的主要任务是监控对应指数的变化，以保证指数基金的组合构成与之相适应。因此，基金管理人的时间投入成本较低。

2. 指数基金的类型

自诞生以来，指数基金快速发展，根据指数基金的建立目的、股票选择、交易机制等，可以将指数基金进行多种分类。

根据复制方式分类，指数基金可以分为：

第一，完全复制型指数基金：根据标的指数的成份股及权重进行配置，以最大限度地减小跟踪误差。

第二，增强型指数基金：这类基金是将大部分资产按照标的指数的权重进行配置，同时也将一部分资产进行积极的投资，其目的是在紧密跟踪基准指数的同时获得高于基准指数的收益。

根据交易机制分类，指数基金可以分为：

第一，封闭式指数基金：可以在二级市场交易，但是不能申购和赎回。

第二，开放式指数基金：不能在二级市场交易，但可以向基金公司申购和赎回。

第三，指数型 ETF：可以在二级市场交易，也可以申购、赎回，但申购、赎回必须采用组合证券的形式。

第四，指数型 LOF：既可以在二级市场交易，也可以申购、赎回。

二、指数基金的发展与建立

1. 指数基金的发展

历史上第一只指数型基金诞生于 1976 年，是由先锋集团建立的先锋 500 指数型基金，随后指数型基金如雨后春笋般大量产生。经过几十年的发展，指数基金的数量大幅增长，类型也不断多样化，目前美国证券市场上已经有几百种指数型基金，而且每年还在以很快的速度增加，尤其是 ETFs（Exchange-Trade Funds）诞生之后，指数基金申购量大幅增长。如今在美国，指数基金不仅包括广泛的美国权益指数型基金、美国行业指数型基金、全球和国际指数型基金、债券指数型基金，还包括成长型、杠杆型和反向指数型基金。

2002 年我国第一只指数基金华安上证 180 指数基金面市，2003 年初，天同上证 180 指数型基金也上市发行。随后指数基金在我国快速发展，基金数量和申购量屡创新高，所选择的标的指数也多种多样。据不完全统计，截至 2014 年底，我国开放性指数基金已经超过 600 只（部分见表 10-6）。2015 年初，博时基金推出淘金 100 指数基金，以中证淘金大数据 100 指数为标的，该指数将电商大数据引入到指数编制中来。

表 10-6 我国重要的指数基金

指数名称	基金名称
沪深 300 指数	博时沪深 300 指数基金、大成沪深 300 指数基金、国泰沪深 300 指数基金、嘉实沪深 300ETF 联接指数基金、工银沪深 300 指数基金、农银沪深 300 指数基金、景顺长城沪深 300 增强指数基金、广发沪深 300 指数基金、华夏沪深 300 指数增强 A
上证 50 指数	易方达上证 50 指数基金、华夏上证 50ETF 联接指数基金、博时上证 50ETF、华夏上证 50ETF、国金通用上证 50 分级 B、中海上证 50 指数基金
上证 180 指数	国泰上证 180 金融联接指数基金、华宝上证 180 联接指数基金、华安上证 180 联接指数基金、交银 180 治理联接指数基金、景顺长城上证 180 联接指数基金、华安上证 180ETF
上证综指	汇添富上证综指基金、富国上证综指联接、富国上证综指 ETF
大数据类型	南方大数据 100 指数基金、博时淘金 100 大数据指数基金、南方大数据 300A 基金、南方大数据 300C 基金、百发 100 指数基金

资料来源：中国指数研究院综合整理。

2. 指数基金的建立

在建立指数基金时，应当明确指数基金的投资风格、期望收益、风险偏好等，据此来选择标的指数，按照标的指数购买股票，并实时跟踪标的指数，若标的指数有所调整，基金也应及时作出相应的调整。

（1）选择标的指数。

市场上的指数基金既可以选择反映市场整体情况的指数（如上证综指、沪深 300 指数等）作为跟踪目标，以获取市场的平均收益，也可以选择某一特定类型的指数（如成长型指数）或选择某一个行业（如环保行业、消费行业等）的指数作为标的指数。

（2）构建投资组合。

在确定了标的指数之后，就可以根据指数的成份股构建相应的投资组合。根据标的指数的成份股买入股票，所购买股票的数量配比理论上应与指数中成份股的权重基本一致。

在实际操作中，考虑到建仓成本、效率等因素，可以采取完全复制、分层抽样、行业配比等方法构建投资组合。完全复制就是在选择股票时完全按照标的指数的各种证券及相应的权重来构建投资组合；而分层抽样和行业配比都是利用统计原理选择构成指数的股票中最具代表性的一部分股票而不是全部股票来构建基金的投资组合。

（3）调整投资组合。

由于标的指数的成份股会进行定期和不定期的调整，如新股加入和原有成份股的退出及成份股增发、配股等，这些因素都会引起标的指数中的成份股发生变化。因此，为保证基金组合与指数的一致性，指数基金也应当及时作出相应调整。

（4）调整跟踪误差。

在实际操作中，指数基金的收益与对应标的指数的收益存在一定的差异，这种差异就是跟踪误差。由于交易成本和交易制度的限制，任何一个指数基金的收益都与标的指数的收益存在一定的误差。因此，基金管理人需要及时监测这种差异，确保差异稳定地保持在合理的范围内，若误差超出这个范围，基金管理人应及时调整指数基金的投资组合方案。

三、指数基金实例

1. 博时裕富沪深 300 指数证券投资基金

博时裕富沪深 300 指数证券投资基金（以下简称“博时沪深 300 指数基金”）成立于 2003 年 8 月 26 日，自 2008 年 1 月 1 日起，标的指数由新华富时中国 A200 指数变更为沪深 300 指数。

（1）基本信息。

博时沪深 300 指数基金的基本信息如表 10-7 所示。

（2）费率结构。

1）申购费率如表 10-8 所示。

投资人在一天之内如果有多笔申购，所适用的费率按单笔分别计算。另外，基金管理人可以根据情况调整申购费率，但最高不超过 1.5%。

表 10-7 博时沪深 300 指数基金基本信息

基金代码	050002
基金类型	契约型开放式基金
基金存续期限	不定期
基金单位面值	1.00 元
业绩比较基准	95% × 沪深 300 指数 + 5% × 银行同业存款利率
销售对象	中华人民共和国境内的个人投资者、机构投资者（法律、法规和有关规定禁止购买者除外）
托管人	中国建设银行股份有限公司
资产配置策略	原则上采用复制的方法，按照个股在标的指数中的基准权重构建投资组合

资料来源：博时基金管理有限公司，中国指数研究院综合整理。

表 10-8 博时沪深 300 指数基金申购费率

申购金额（M）	申购费率
M<1000 万元	1.50%
M≥1000 万元	1000 元

资料来源：博时基金管理有限公司，中国指数研究院综合整理。

2）赎回费率如表 10-9 所示。

表 10-9 博时沪深 300 指数基金赎回费率

持有基金时间（Y）	赎回费率
Y<2 年	0.50%
2 年≤Y<3 年	0.25%
Y≥3 年	0

资料来源：博时基金管理有限公司，中国指数研究院综合整理。

基金管理人可以根据情况调低赎回费率。

3）其他费率如表 10-10 所示。

表 10-10 博时沪深 300 指数基金其他费率

认购费率	1.00%
管理费率	0.98%
托管费率	0.20%

资料来源：博时基金管理有限公司，中国指数研究院综合整理。

（3）申购份额与赎回金额的计算。

1）基金申购份额的计算。基金申购份额的计算公式为：

$$基金份额申购价格 = 基金份额净值 \times (1 + 申购费率)$$

$$申购份额 = \frac{申购金额}{基金份额申购价格}$$

例如，某投资者投资 10 万元申购本基金，申购费率为 1.5%，假设申购当日基金份额净值为 1.040 元，则其可得到的申购份额为：

$$基金份额申购价格 = 1.040 \times (1 + 1.5\%) = 1.0556 元$$

$$申购份额 = \frac{100000}{1.0556} = 94732.85 份$$

2）基金赎回金额的计算。赎回金额为按实际确认的有效赎回份额乘以以当日基金份额净值为基准计算的赎回价格。

$$基金份额赎回价格 = 基金份额净值 \times (1 - 赎回费率)$$

$$赎回金额 = 基金份额赎回价格 \times 赎回份额$$

例如，某投资者赎回 10 万份基金份额，持有年数少于 2 年，对应的赎回费率为 0.5%，假设赎回当日基金份额净值是 1.016 元，则其可得到的赎回金额为：

$$赎回价格 = 1.016 \times (1 - 0.5\%) = 1.01092 元$$

$$赎回金额 = 100000 \times 1.01092 = 101092 元$$

3）基金份额净值的计算公式。基金份额净值为基金资产净值除以基金份额，基金资产净值是指基金资产总值减去基金负债总值后的价值。

$$基金资产净值 = 基金资产总值 - 基金负债总值$$

$$基金份额净值 = \frac{基金资产净值}{基金份额}$$

T 日的基金份额净值在当天收市后计算，并在 T+1 日公告。

（4）基金净值表现。

2015 年 1 月 5 日~11 月 3 日博时沪深 300 指数基金累计净值经过快速增长后渐趋平稳。累计净值于 6 月 8 日达到最高点 3.56 元，随后逐渐下滑，10 月以来保持在 3.1 元左右，如图 10–2 所示。

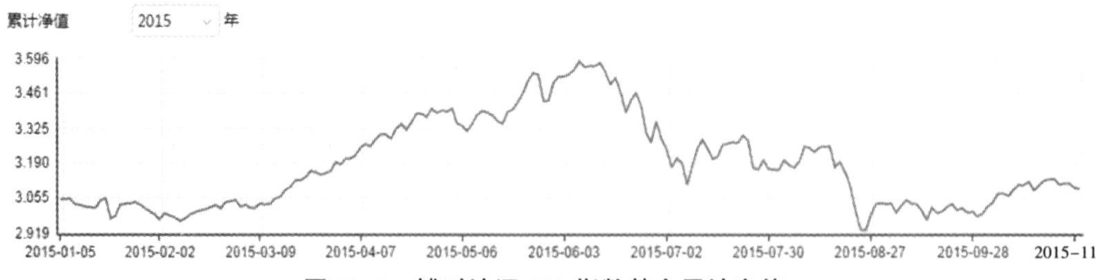

图 10–2 博时沪深 300 指数基金累计净值

资料来源：博时基金管理有限公司，中国指数研究院综合整理。

2. 南方中证 50 债券指数证券投资基金（LOF）

南方中证 50 债券指数证券投资基金（以下简称“南方中证 50 债券指数基

金”）是以中证 50 债券指数为标的指数的指数基金，成立于 2011 年 5 月 17 日，于 2011 年 7 月 25 日正式上市交易，是我国国内首只债券指数基金。

（1）基本信息。

2015 年 9 月 30 日，南方中证 50 债券指数基金 A 类基金份额为 17916772.70 份，基金资产规模为 20767154.44 元，C 类基金份额为 18102917.59 份，基金资产规模为 20636702.90 元。南方中证 50 债券指数基金的基本信息如表 10-11 所示。

表 10-11 南方中证 50 债券指数基金基本信息

基金代码	A 类：160123　　C 类：160124
基金类型	债券型
基金存续期限	不定期
运作方式	上市契约型开放式
基金单位面值	1.00 元
业绩比较基准	中证 50 债券指数 × 95% + 银行活期存款利率（税后）× 5%
托管人	中国工商银行股份有限公司
资产配置策略	以不低于基金资产净值 90%的资产投资于中证 50 债券指数成份券和备选成份券；采用最优复制法

资料来源：南方基金管理有限公司，中国指数研究院综合整理。

（2）费率结构。

南方中证 50 债券指数基金的基金份额申购与赎回包括场外和场内两种方式。A 类可通过场外和场内两种方式申购与赎回，C 类可通过场外方式申购与赎回。

1）申购费率如表 10-12 所示。

表 10-12 南方中证 50 债券指数基金申购费率

申购金额（M）	前端申购费率
M<100 万元	0.8%
100 万元≤M<500 万元	0.6%
500 万元≤M<1000 万元	0.4%
M≥1000 万元	每笔 1000 元

资料来源：南方基金管理有限公司，中国指数研究院综合整理。

A 类基金份额在申购时收取前端申购费用，C 类基金份额不收取申购费用。本基金前端申购费率最高不高于 0.8%，且随申购金额的增加而递减。

2）赎回费率如表 10–13 所示。

表 10–13　南方中证 50 债券指数基金赎回费率

申请份额持有时间（N）	场外赎回费率
N<1 年	0.1%
1 年≤N<2 年	0.05%
N≥2 年	0

资料来源：南方基金管理有限公司，中国指数研究院综合整理。

A 类基金份额场外赎回费率不高于 0.1%，随申请份额持有时间的增加而递减（其中 1 年为 365 天）；场内赎回费率为 0.1%。C 类基金份额不收取赎回费（对持续持有期少于 30 日的 C 类基金份额投资人，基金管理人可收取赎回金额 0.5%的赎回费除外）。

3）认购费率如表 10–14 所示。

表 10–14　南方中证 50 债券指数基金认购费率

申购金额（M）	前端申购费率
M < 100 万元	0.60%
100 万元≤M < 500 万元	0.40%
500 万元≤M < 1000 万元	0.20%
1000 万元≤M	每笔 1000 元

资料来源：南方基金管理有限公司，中国指数研究院综合整理。

C 类基金份额不收取认购费用。

4）其他费率如表 10–15 所示。

表 10–15　南方中证 50 债券指数基金其他费率

管理费率	0.50%
托管费率	0.10%
销售服务费（仅 C 类）	0.35%

资料来源：南方基金管理有限公司，中国指数研究院综合整理。

（3）申购份额与赎回金额的计算。

1）基金申购份额的计算。

第一，选择 A 类基金份额，申购份额的计算公式为：

$$\text{净申购金额}=\frac{\text{申购金额}}{1+\text{前端申购费率}}$$

$$\text{前端申购费用}=\text{申购金额}-\text{净申购金额}$$

$$申购份额 = \frac{净申购金额}{申购当日基金份额净值}$$

例如，某投资者投资 1 万元申购 A 类基金份额，缴纳前端申购费，对应费率为 0.8%，假设申购当日基金份额净值为 1.0160 元，若投资者选择场外申购，则可得到的申购份额为：

$$净申购金额 = \frac{10000}{1 + 0.8\%} = 9920.63\text{ 元}$$

$$前端申购费用 = 10000 - 9920.63 = 79.37\text{ 元}$$

$$申购份额 = \frac{9920.63}{1.0160} = 9764.40\text{ 份}$$

若选择场内申购，场内申购份额保留至整数份，故投资者申购所得份额为 9764 份。

第二，选择申购 C 类基金份额（只适用于场外），申购份额的计算公式为：

$$申购份额 = \frac{申购金额}{申购当日\text{ C }类基金份额净值}$$

2）基金赎回金额的计算。

第一，选择 A 类基金份额，赎回金额的计算公式为：

$$赎回费用 = 赎回份额 \times 赎回当日基金份额净值 \times 赎回费率$$

$$赎回金额 = 赎回份额 \times 赎回当日基金份额净值 - 赎回费用$$

第二，选择 C 类基金份额，目前不收取赎回费用，赎回金额的计算公式为：

$$赎回金额 = 赎回份额 \times 赎回当日基金份额净值$$

3）基金份额净值的计算。

T 日的基金份额净值在当天收市后计算，并在 T+1 日内公告。

（4）基金净值表现。

2011 年 5 月 20 日~2015 年 11 月 3 日南方中证 50 债券指数基金 A 类和 C 类基金单位净值和累计净值均上涨明显，其中 A 类基金累计净值突破 1.2 元。A 类和 C 类基金的具体表现分别如图 10-3 和图 10-4 所示。

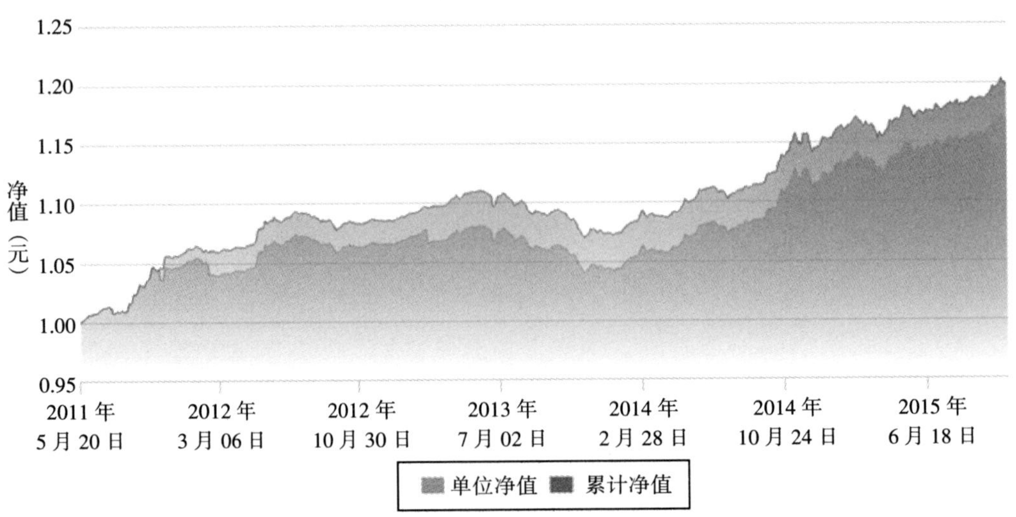

图 10-3　南方中证 50 债券指数基金 A 类基金单位净值和累计净值

资料来源：南方基金管理有限公司，中国指数研究院综合整理。

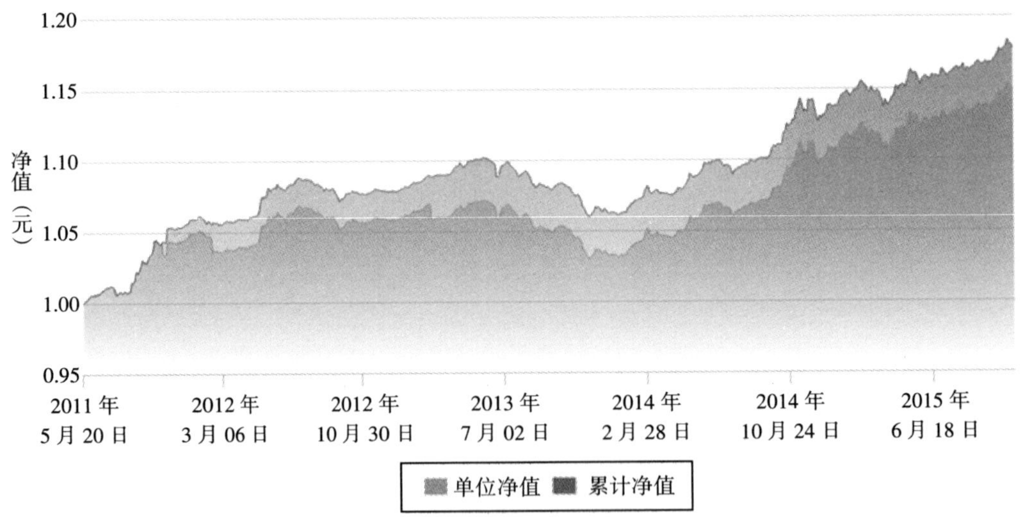

图 10-4　南方中证 50 债券指数基金 C 类基金单位净值和累计净值

资料来源：南方基金管理有限公司，中国指数研究院综合整理

第四节　指数期权

一、指数期权简介

指数期权是以指数或者指数期货为标的物的一种期权合约。根据不同的金融指数类型，指数期权可分为股票价格指数期权（简称“股指期权”）和债券价格指数期权（简称“债指期权”）。本节主要对股指期权进行简单介绍。

1. 股指期权的定义

股指期权是在未来特定时间以特定价格买进或卖出一定数量特定标的物的权利，投资者可以按照事先确定的价格选择买卖该标的物，也可以不买卖。它的具体交易方式是：期权购买者付给期权的出售方一笔期权费，双方约定期权购买者取得在未来某个时间以某种价格水平买进或卖出某种基于股票指数的标的物的权利。

世界上第一个股指期权合约是芝加哥期权交易所于 1983 年 3 月推出的标准普尔 100 指数期权。随后，美国证券交易所和纽约证券交易所迅速引进指数期权交易。我国最早的指数期权合约出现在 1993 年，是由中国香港交易所推出的恒生指数期权；2001 年中国台湾证券交易所推出中国台湾股价指数期权；2002 年 11 月中国香港交易所针对小型恒生指数期货，推出了小型恒生指数期权。2013 年 11 月以来，中国金融期货交易所开展了沪深 300 股指期权、上证 50 股指期权和中证 500 股指期权的仿真交易，预计近期将正式推出这三只股指期权合约。

股指期权以股票价格指数作为标的，其价值变化取决于股票价格指数的价值变化，交割方式必须采用现金交割。

股指期权具有四个基本要素，分别为标的资产、权利金、行权价格和到期日。标的资产是合约规定的在某一确定时间进行交易的资产；权利金是期权买方为了获得权利支付给卖方的资金，是期权的价格（也称为期权费）；行权价格是期权合约规定的，买方有权在合约所约定的时间买入或者卖出标的资产的特定价格；到期日是合约规定的最后有效日期。

2. 股指期权的优势

股指期权的出现除了拥有股指期货的优势之外，还有以下三个方面的优势。

（1）规避期货交易的持仓风险。

投资者通过购买指数期权，可以不必为市场暂时的波动而担忧。也就是说，投资者只要在购买指数期权合约时一次性付清期权的权利金，在到期日之前，无论市场如何波动投资者都不会被要求追加任何资金，进而打消投资者心理上的顾虑。

（2）为市场创造更多投资盈利机会。

股指期权交易是由买方享有权利，卖方承担义务，这与股指期货的交易双方在合约到期前均有对等的权利和义务不同。由于买方和卖方权利与义务的不对等，股指期权的买方在规避风险时，可以同时保留追求潜在盈利的权利。因此，股指期权为金融市场创造出许多新的投资盈利机会。

（3）股指期权更能适应市场变化。

股指期权使得投资者的风险管理更加灵活多样，如看涨期权和看跌期权、欧式期权和美式期权、传统期权和长期期权、标准期权和变通期权等。股指期权具有很强的投资和避险功能，投资人可以根据不同的履约价格与到期日，调整和管理相关的风险。

二、指数期权实例

恒生指数期权诞生于 1993 年 3 月，标的指数为恒生指数。恒生指数是中国香港股票市场变化的主要指标，也是亚洲最著名、被广泛应用衡量基金经理表现的指标之一。恒生指数期权的推出为投资者提供了管理投资组合风险的有效工具。

为了吸纳场外交易，2010 年 2 月中国香港交易所推出更具灵活性行使价及合约月份的自订条款指数期权。

1. 恒生指数期权的特征

恒生指数期权的合约乘数为 50 港元，最低价格波动幅度为 1 个指数点。根据期权合约月份的不同可以分为短期期权和长期期权，短期期权是当月、下两个月及之后的三个季月；长期期权是随后的六月及十二月合约月份。合约到期日为该月最后第二个交易日。交易时间为上午 9：15~12：00 及下午 1：00~4：15。恒生指数期权的行使方式是欧式行使方法。

恒生指数期权行使价如表 10-16 所示。

表 10-16 恒生指数期权行使价

短期期权		长期期权	
指数点	行使价分隔	指数点	行使价分隔
低于 2000 点	50	低于 4000 点	100
2000~8000 点	100	4000~8000 点	200
8000 点以上	200	8000~12000 点	400
		12000~15000 点	600
		15000~19000 点	800
		19000 点以上	1000

资料来源：中国香港交易所，中国指数研究院综合整理。

最后结算价是在到期日每 5 分钟所报指数点的平均数下调至最接近的整数指数点，个别情况下，交易所行政总裁有权根据买卖股票指数期货合约的法规决定最后结算价。

2. 恒生指数期权的优势

（1）高收益。

恒生指数期权合约能提供成本效益更高的投资机会，投资者购买期权时，只需缴纳保证金，保证金只占合约面值的一小部分。

（2）低收费。

恒生指数期权合约相当于“一揽子”高市值的股票，每次交易只收取一次佣金，交易成本比买入或卖出该组成份股的交易成本要低。

（3）高流通。

恒生指数期权的一大优势就是高流通量和海外投资者的活跃参与。

3. 交易数据

2015 年 4 月恒生指数期权成交量达 85 万手，为 2015 年 1~10 月月度最高水平，随后成交量波动中下降，10 月降至 47 万手，平均每日的成交量也由 4.5 万手降至 2.4 万手，下降幅度较大，具体数据如表 10-17 所示。

表 10-17 2015 年 1~10 月恒生指数期权交易数据

时间	交易日数	合约成交量				未平仓合约		
		平均每日	认购	认沽	总数	认购	认沽	总数
2015-01	21	29228	283952	329838	613790	88765	109195	197960
2015-02	18	23343	198492	221678	420170	94752	124060	218812
2015-03	22	29882	301326	356078	657404	80061	123778	203839
2015-04	19	44956	411919	442237	854156	107995	149395	257390
2015-05	19	29033	265844	285779	551623	97809	144365	242174

续表

月份	交易日数	合约成交量				未平仓合约		
		平均每日	认购	认沽	总数	认购	认沽	总数
2015-06	22	31908	317958	384012	701970	84079	118221	202300
2015-07	22	37904	365492	468388	833880	99259	146508	245767
2015-08	21	32111	312398	361927	674325	121188	164795	285983
2015-09	20	29289	272661	313115	585776	113201	144067	257268
2015-10	20	23734	221934	252742	474676	116421	148123	264544

资料来源：中国香港交易所，中国指数研究院综合整理。

第四篇
其他重要指数理论与实践

第十一章　商品指数理论

第一节　中国大宗商品价格指数

中国大宗商品价格指数（China Commodity Price Index，CCPI）反映我国大宗商品现货市场的发展概况，是研究我国经济活动的重要指标。

一、编制背景

2008 年金融危机以来，以原油、有色金属、农产品等大宗商品的价格急剧波动，给中国经济的发展、企业经营及投资者决策等带来了重大挑战。但是截至 2009 年下半年，我国国内尚无一个具有代表性的指标体系来及时、全面、准确地反映大宗商品市场变化趋势，由此，中商流通生产力促进中心开展了一系列研究，并结合中心的数据资源编制了中国大宗商品价格指数。

CCPI 的编制可以为研究商品市场的研究人士、决策者及商品市场的投资者提供指引，为他们了解中国大宗商品的历史价格走势、现状及未来发展趋势提供参考。

二、指数体系

中国大宗商品价格指数体系包含一个总指数和 9 个子指数，涵盖了能源、钢铁、矿产品、有色金属、橡胶、农产品、牲畜、油料油脂、食糖 9 大类别 26 种商品，如表 11-1 所示。

表 11-1 中国大宗商品价格指数涵盖的商品种类

类别	能源	钢材	矿产品	有色金属	橡胶	农产品	牲畜	油料油脂	食糖
	煤炭		铁矿石	铜	天然橡胶	玉米	猪	大豆（榨油用）	
	原油		铜精矿	铝	合成橡胶	稻谷	牛	棕榈油	
商品	天然气		铝土矿	铅		小麦	羊		
			铅矿	锌		大豆（非榨油用）			
			锌矿			棉花			

资料来源：中国流通产业网，中国指数研究院综合整理。

三、指数计算

中国大宗商品价格指数是依托“中国流通产业网”的大宗商品现货价格的周度数据库进行编制的定基指数。基期为 2006 年 6 月，基点为 100 点。计算方法采用的是加权平均法。

四、指数行情

2014 年 7 月以来中国大宗商品价格指数总指数持续下行（如图 11-1 所示），2015 年 7 月降至 100 点以下，环比下降 4.5 个点，降幅为 4.4%；同比下降 33.2 个点，降幅达 25.0%。分类来看（如表 11-2 所示），除油料油脂类、牲畜类外，其他类型的指数环比均为下降，其中矿产类环比降幅最大，达 11.3%；同比方面，仅牲畜类和食糖类指数同比增长，其他类型中能源类同比下降最多，降幅高达 40.0%。

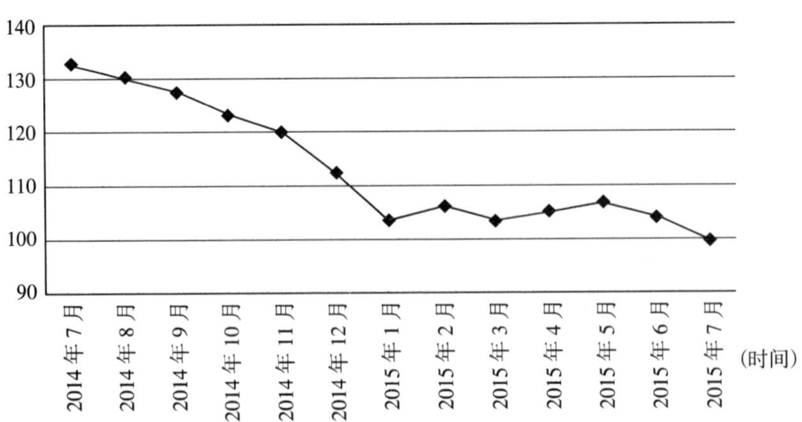

图 11-1 2014 年 7 月~2015 年 7 月中国大宗商品价格指数总指数月度变化

资料来源：中国流通产业网，中国指数研究院综合整理。

表 11-2　2015 年 7 月各分类指数的环比、同比涨跌

类别	7 月份	环比涨跌	环比涨跌幅（%）	同比涨跌	同比涨跌幅（%）	较年初涨跌	较年初涨跌（%）
总指数	99.59	-4.5	-4.4	-33.2	-25.0	-4.0	-3.8
能源类	72.86	-5.7	-7.2	-48.7	-40.0	-2.5	-3.4
钢铁类	63.36	-5.1	-7.5	-31.8	-33.4	-17.2	-21.4
矿产类	90.05	-11.5	-11.3	-26.0	-22.4	-8.0	-8.2
油料油脂类	151.06	0.5	0.4	-41.9	-21.7	-10.5	-6.5
橡胶类	57.68	-5.1	-8.1	-15.5	-21.2	-3.2	-5.2
有色类	64.87	-2.7	-4.0	-9.7	-13.1	-2.6	-3.9
农产品类	171.36	-1.7	-1.0	-6.2	-3.5	-3.3	-1.9
牲畜类	236.12	15.1	6.8	15.0	6.8	16.5	7.5
食糖类	100.62	-3.4	-3.3	12.9	14.7	13.5	15.5

资料来源：中国流通产业网，中国指数研究院综合整理。

第二节　企业商品价格指数

企业商品价格指数（Corporate Goods Price Index，CGPI）是反映我国国内企业之间物质商品集中交易价格变动的统计指标。其前身是国内批发物价指数（Wholesale Price Index，WPI），由中国人民银行于 1994 年 1 月编制。

一、编制背景

1992 年，中国人民银行为了全面监测物价的变化，测度通货膨胀水平，以及提高中央银行监测经济、稳定货币的能力，开始建立批发物价调查统计指数。1994 年 1 月开始试编制国内批发物价指数，其对我国物价形势的判断和宏观经济的监测发挥了积极作用，客观反映了我国经济运行的变化，为中央银行制定、调整货币政策提供了全面、及时反映我国币值稳定状况的价格指数指标。

近年来，随着我国经济的发展，一方面，经济结构和市场物流发生了明显变化，消费品流通中的中间销售环节越来越少，由生产商直接销售给最终用户的情况越来越多，因此，国内批发物价的价格采集环节应客观地向生产商偏移；另一方面，“批发物价”的表面字义容易混同于“商品批发”，基于此，中国人民银行将“国内批发物价指数”更名为“企业商品价格指数”。它是比较全面地测度我

国通货膨胀水平和反映经济波动的综合价格指数。

二、指数体系

根据我国宏观经济分析监测的需要，CGPI 有两种分类，分别为按国家标准行业分类（表示为基本类）、按生产过程和用途（需求）分类（表示为特殊类），如图 11-2 所示。

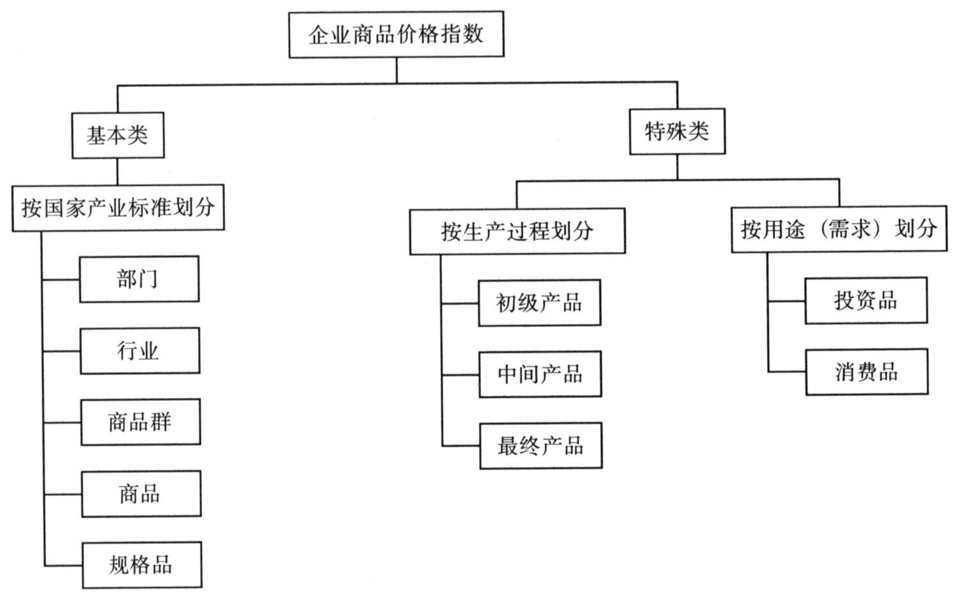

图 11-2　企业商品价格指数体系

资料来源：中国人民银行，中国指数研究院综合整理。

（1）基本类。

按照国家产业标准划分，可以分为五个层次，分别为部门、行业、商品群、商品和规格品。

（2）特殊类。

按照生产过程划分为初级产品、中间产品和最终产品。

按照用途（需求）划分为投资品和消费品，其中投资品既可以划分为固定资产投资品和非固定资产投资品，又可以分为生产用原材料、建设用材料和劳动资料；消费品既可以分为食品和非食品，又可以分为耐用消费品和非耐用消费品。

三、指数计算

CGPI 的计算过程可以分为价格调查、权数确定和计算方法三个方面。

1. 价格调查

（1）调查对象。

CGPI 的样本选择 791 种代表商品和 1700 个代表规格品，具体的价格调查对象包括：①在国内生产并在国内销售的物质商品；②资产交易由于权数巨大不稳定，不在调查范围之内；③对某些特殊物质产品如飞机等或获取权数困难或不能连续进行价格调查的产品不在调查范围。

（2）调查环节。

原则上，价格调查的是商品流通中企业间集中交易的价格，一般为第一次批发商品的销售价格。对于不通过批发环节直接销售至用户的产品，则调查出厂价格。

（3）调查地域。

以 36 个大中城市为重点，负责 70%的调查任务；200 多个中小城市为补充，负责 30%的调查任务。除西藏外，全国各省、区、直辖市均有调查点，报价基点企业约有 2700 个。

（4）采价频率及规模。

每月调查样本的 3 个时点价（5 日、15 日和 25 日），也可以分为上旬价、中旬价和下旬价。

总采价规模约 10500 条，平均每条规格品约有 6.5 条报价。

2. 权数确定

CGPI 权数的确定依据以下指标数据和资料：

（1）投入产出表的总产出等指标数据。

（2）工业普查的工业品销售额数据。

（3）农业统计资料。

（4）调查咨询资料。

CGPI 每 5 年更换一次权数。

3. 计算方法

CGPI 的计算采用指数法处理原始数据。首先，在指数计算过程中不计算单个商品报告期和基期的平均价，而是对该商品每个企业的报价，计算价格指数，再对这些价格指数进行加权平均来表示该商品的价格指数；其次，对所有商品的价格指数进行几何平均，逐层加权计算企业商品价格指数；最后，直接计算月环比指数，再推算定基指数和季环比、年同比指数等指数。其中，定基指数为基期至报告期所有月环比指数的连乘积；年同比指数是用 12 个月的月环比指数连乘计算；季环比指数即为该季度中各月的月环比指数连乘得出。

四、指数行情

2014 年 7 月以来企业商品价格总指数下行明显（如图 11-3 所示），特别是 2014 年下半年，总指数从近 100 点降至 95 点以下。2015 年 1~6 月，总指数相对平稳。

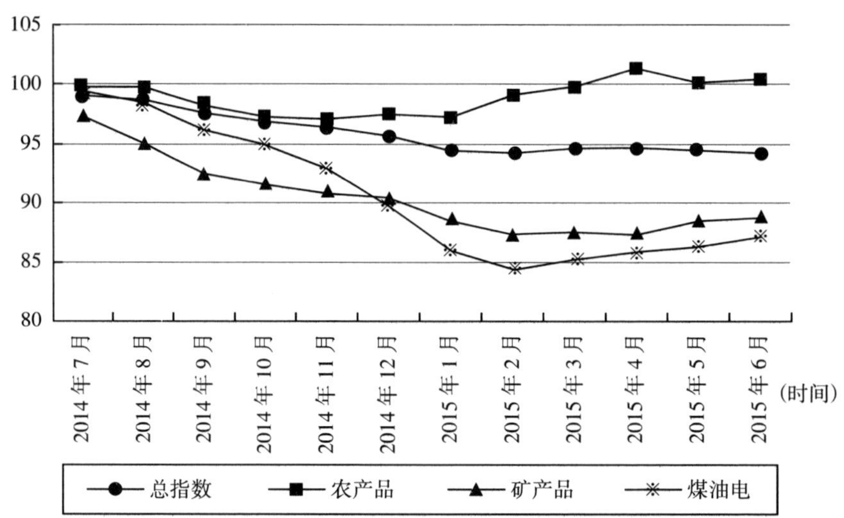

图 11-3　2014 年 7 月~2015 年 6 月企业商品价格指数变化情况

资料来源：中国人民银行，中国指数研究院综合整理。

第三节　义乌·中国小商品指数

义乌·中国小商品指数简称“义乌指数”，它是由国家商务部负责立项、论证、验收和发布，并由义乌市政府组织可行性研究和编制，具体由浙江工商大学统计科学研究所和现代商贸研究中心、恒生电子股份有限公司、浙江中国小商品

城集团股份有限公司联合研发，于 2006 年 10 月正式对外发布。

义乌指数是全面反映义乌小商品价格和市场景气活跃程度的综合指数。

一、编制意义

（1）行业主管部门和当地政府：义乌指数的编制帮助其准确地并及时地了解和掌握中国小商品的贸易动态、市场运行状况，从而为其制定相关行业的政策和发展规划提供依据。

（2）生产者和经营者：义乌指数可以为小商品生产者和经营者提供商情信息，从而生产出适销的产品，选择经营品种和进货时机，保持合理的库存，从而提高资金的利用率。

（3）市场管理者：为市场管理者进一步提高管理水平、改善服务质量等创造条件。

（4）消费者：义乌指数可以为广大消费者提供消费时尚及小商品发展方向等具有参考价值的市场信息。

二、指数体系

义乌指数是一个完整的指标体系，由价格指数、景气指数和监测指标指数三部分 23 个分项指数构成，从不同层次、不同方面全面反映义乌小商品市场的行情。其中，价格指数可以全面反映义乌小商品市场商品的价格变动及未来趋势；景气指数是综合反映义乌小商品市场景气状况、繁荣活跃程度的指标；监测指标指数作为景气指数的补充单独计算，用于监测义乌小商品市场运行状况。指标体系如图 11-4 所示。

三、指数计算

义乌指数是一个定基指数，各项指数均以 2006 年 7 月为基期，价格指数和监测指标指数的基点为 100 点，景气指数的基点为 1000 点。

指数以交易额作为权数，权数既不固定在报告期，也不固定在基期，而是采用交叉加权方法来保持权数的稳定性，即：

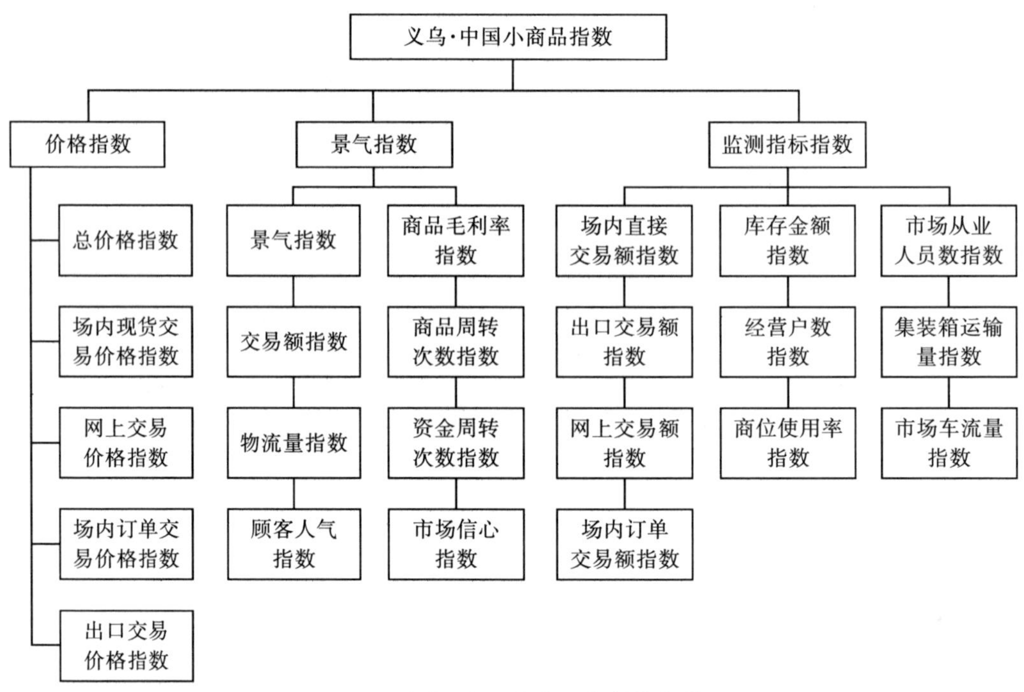

图 11-4 义乌·中国小商品指数指标体系

资料来源：www.YWINDEX.com，中国指数研究院综合整理。

$$权数=\frac{(报告期权数\ \omega_t+基期权数\ \omega_0)}{2}$$

该指数是依据统计指数与统计评价理论，采用多层双向加权合成指数的编制方法。商品类别之间通过客观指标结构加权，单项评价指标之间通过主观权重加权，整个指标体系表现为纵横双向的平衡表，来保证表内纵横两个方向统计平均值的高度统一。对于景气指数来说，其计算并不是采用传统的主观景气调查方式，而是采用多指标综合评价方式，综合的内容包括客观调查指标（规模类指标和效益类指标）与主观感受指标。

另外，该指数属于成份指数，计算指数的各项数据均为推算得到而非全面统计。

价格指数以星期为周期，每周发布一次；景气指数以月份为周期，每月发布一次。

四、指数行情

从义乌·中国小商品价格指数行情来看（如图 11-5 所示），近一年来指数保

持在 100 点上下，小商品价格整体平稳。从义乌·中国小商品景气指数（如图 11-6 所示）来看，2014 年 10 月以来小商品景气指数波动中上行，市场景气状况向好。

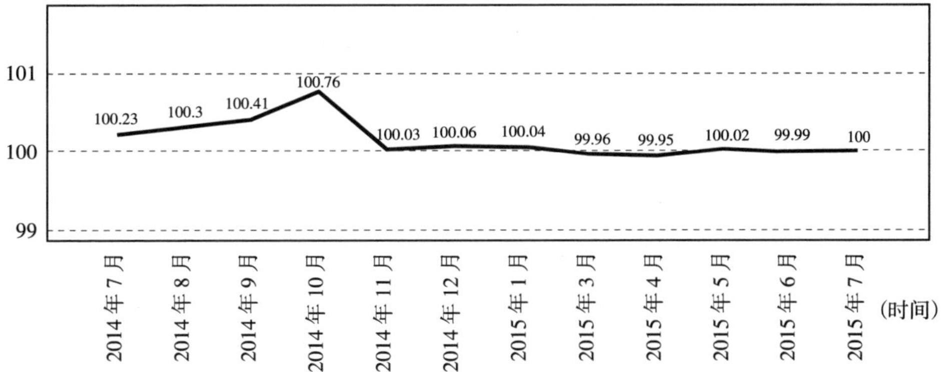

图 11-5　2014 年 7 月~2015 年 7 月义乌·中国小商品价格指数行情

资料来源：www.YWINDEX.com，中国指数研究院综合整理。

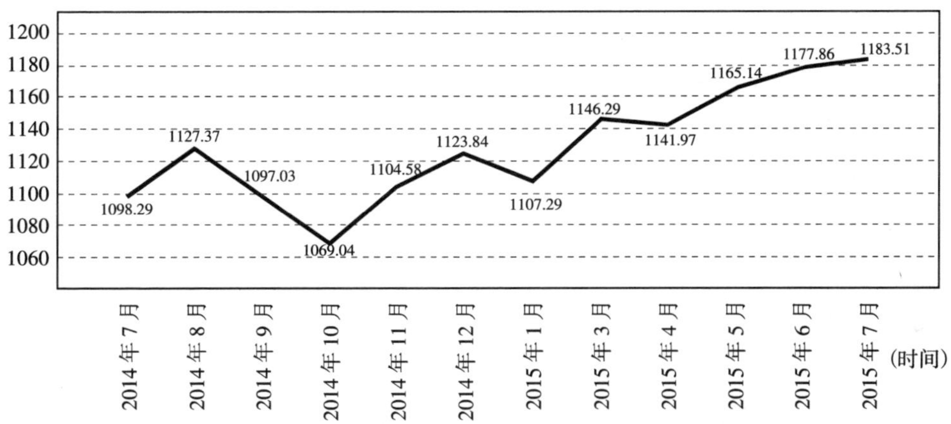

图 11-6　2014 年 7 月~2015 年 7 月义乌·中国小商品景气指数行情

资料来源：www.YWINDEX.com，中国指数研究院综合整理。

第四节　大宗商品供需指数

一、编制背景

大宗商品的供需关系一方面影响着价格，价格变化反映了供需关系的变化；另一方面也影响着经济的运行状况，作为国民经济最上游的大宗商品，监测其供需变化显然非常重要。生意社于 2012 年 1 月推出大宗商品供需指数（Bulk Commodity Index，BCI），其研究对象为大宗商品价格的环比涨跌变化，该指数的变化直接反映着制造业的景气程度。

二、指数计算

大宗商品供需指数选取八大行业最具代表性（数量大、用途广等）的 100 种基础原材料，采用企业直接询价的方式采集价格数据，按照基础原材料月初和月末的价格对比，统计月度上涨品种数和下跌品种数，然后利用上涨品种数减去下跌品种数除以总数，即可得到 BCI 指数，该方法也可称为占比相差法，公式表示为：

$$\text{BCI 指数} = \frac{\text{上涨品种数} - \text{下跌品种数}}{\text{总数}}$$

根据公式，BCI 的值域为［-1，1］，0 表示供需平衡点。当 BCI 大于 0 时，反映了制造业经济呈扩张状态；当 BCI 等于 0 时，反映了制造业经济呈平稳状态；当 BCI 小于 0 时，反映了制造业经济呈收缩状态。

指数的发布是在每月末的下午 5 点。

三、指数行情

2014 年 8 月~2015 年 7 月 BCI 指数行情如图 11-7 和表 11-3 所示。

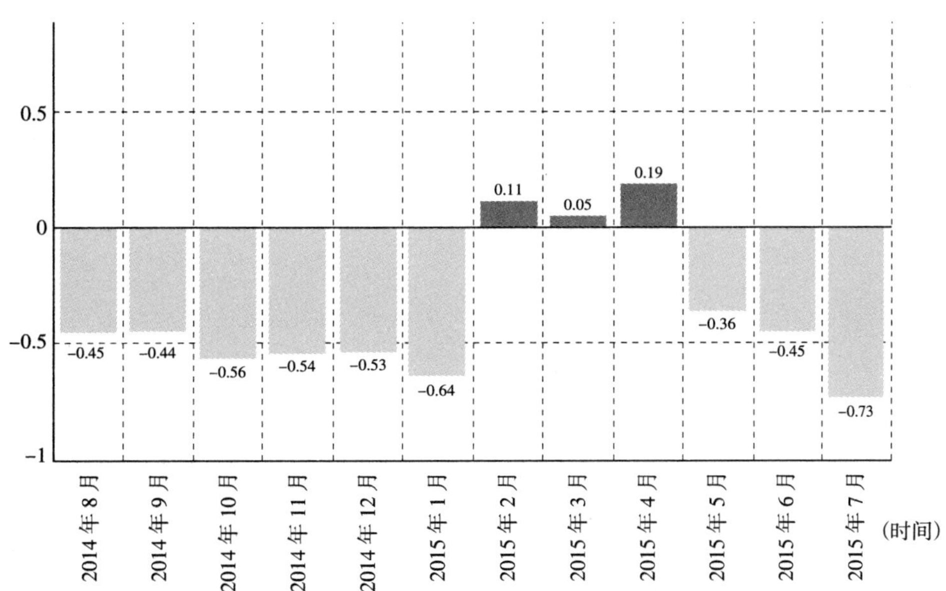

图 11-7　2014 年 8 月~2015 年 7 月 BCI 指数行情

资料来源：生意社，中国指数研究院综合整理。

表 11-3　2014 年 8 月~2015 年 7 月 BCI 指数行情

月份	涨数	跌数	BCI	均涨幅（%）
2014 年 8 月	25	70	-0.45	-0.66
2014 年 9 月	27	71	-0.44	-1.97
2014 年 10 月	21	77	-0.56	-1.99
2014 年 11 月	21	75	-0.54	-2.25
2014 年 12 月	22	75	-0.53	-5.95
2015 年 1 月	17	81	-0.64	-4.05
2015 年 2 月	53	42	0.11	1.76
2015 年 3 月	52	47	0.05	0.87
2015 年 4 月	59	40	0.19	3.21
2015 年 5 月	31	67	-0.36	-2.05
2015 年 6 月	26	71	-0.45	-1.59
2015 年 7 月	12	85	-0.73	-4.31

资料来源：生意社，中国指数研究院综合整理。

从 2014 年 8 月~2015 年 7 月的数据来看，BCI 仅在 2015 年 2~4 月大于 0，制造业经济呈现出扩张状态，其他时间均处在收缩状态。其中 2015 年 7 月，价格下跌品种数高达 85 个，BCI 为-0.73，为近一年的最低值。

第十二章　其他经济指数理论

第一节　居民消费价格指数

居民消费价格指数（Consumer Price Index，CPI）起源于美国。第一次世界大战期间，物资短缺，导致商品和服务价格急剧攀升，1919 年美国劳动统计局为 32 个城市分别发布了消费者价格指数，用以反映物价上涨幅度和生活成本增加情况。后来多个国家陆续发布居民消费价格指数，我国也于 1953 年开始编制居民消费价格指数。目前 CPI 已经成为观察通货膨胀水平的重要指标。

一、指数简介

1. 居民消费价格指数的定义

居民消费价格指数是反映居民家庭一般购买的消费商品和服务价格水平变动情况的经济指标。

各个国家对于 CPI 的定义和编制方法有所不同，2003 年第 17 届国际劳动统计学家大会上确定了 CPI 的定义：用于衡量家庭为消费目的所获取、使用或支付的商品和服务的总体价格水平的变化，其目的是衡量消费价格随时间而发生的变动情况。

在编制过程中，首先选取一系列代表性商品和服务作为“固定篮子”，这些商品和服务能够代表一定时期内家庭的支出水平，其次计算这些“固定篮子”价格水平随时间的变动情况。

2. 我国CPI编制历史

（1）起步阶段。

新中国成立以后，商业部物价局编制了北京、天津、上海的职工生活费用价格指数；并于1953年编制了10个城市的职工生活费用价格指数；1956年我国编制了29个城市自1950年以来的历年职工生活费用价格指数；1957年在全国范围建立了110个城市和103个县的零售物价指数季报，逐步将职工生活费用价格指数和城市零售价格指数合并编制，1984年编制了包括牌价、议价和市价的职工生活费用价格指数，汇编了城乡全体居民生活费用总指数。

（2）快速发展阶段。

随着改革开放的发展，经济快速增长，人民生活水平不断提高，我国CPI编制工作也有序推进。1990年国家统计局建立了消费品和服务项目的价格调查，编制了全国生活费用价格总指数和零售价格总指数，必报商品为434种，其中消费品352种，农业生产资料52种，服务项目30种。

1994年，国家正式取消了职工生活费用价格总指数和零售商品物价总指数，开始对居民消费价格总指数和商品零售价格总指数进行单独编制，居民消费价格指数包括城市居民和农村居民对消费品和服务的消费。

（3）发展成熟阶段。

随着市场经济的发展，服务消费在居民家庭支出中的比重越来越高，商品零售价格指数不能适应形势发展。2000年，价格指数的统计、公布和使用从以商品零售价格指数为主改为以居民消费价格指数为主。

3. 居民消费价格指数的分类

（1）根据城乡居民的收入水平和消费构成。

可分为城市居民消费价格指数和农村居民消费价格指数，是分别反映城市和农村居民家庭购买的生活消费品价格和服务项目价格变动趋势和程度的相对数。两者使用相同的计算方法，但商品和服务的权重不同，其权数分别来源于城市和农村住户调查。

（2）按照消费品和服务项目的用途分类。

可分为食品、烟酒及用品、衣着、家庭设备用品及维修服务、医疗保健和个人用品、交通和通信、娱乐教育文化用品及服务、居住八个大类。每个大类又可分为若干中类，每个中类又可分为若干基本分类。目前居民消费价格指数共包括262个基本分类。

二、指数的作用

1. 对消费者的作用

（1）CPI 可以反映货币购买力的变动情况。当消费者物价指数上涨，货币购买力下降；反之则上升。消费者物价指数的倒数就是货币购买力指数。

（2）CPI 可以反映职工实际工资的变化情况。CPI 的提高意味着实际工资的减少，反之则意味着实际工资的提高。可利用 CPI 将名义工资转化为实际工资。

2. 对国家了解经济发展状况的作用

（1）度量通货膨胀（通货紧缩）。CPI 是度量通货膨胀的一个重要指标，CPI 的高低可以在一定水平上说明通货膨胀的严重程度。

（2）国民经济核算。在国民经济核算中，需要各种价格指数，其中也包括 CPI。

3. 在其他方面，CPI 也发挥着重要作用

在薪资报酬谈判中，因为雇员希望名义薪资增长能等于或高于 CPI，希望名义薪资会随 CPI 的升高自动调整等。

三、编制方法

1. 计算方法

（1）基本分类计算。

1）月环比指数计算。

根据代表规格品价格变动相对数，采用几何平均法计算：

$$K_t = \sqrt[n]{G_{t1} \times G_{t2} \times G_{t3} \times \cdots \times G_{tn}} \times 100\%$$

其中，G_{t1}，…，G_{tn} 为第 1 个至第 n 个规格品报告期（t 期）价格与上期（t-1 期）价格对比的相对数。

2）定基指数计算。

$$I = k_1 \times k_2 \times \cdots \times k_t$$

其中，k_1 等为基期至报告期之间各期的月环比指数。

（2）类别及总指数逐级加权平均计算。

$$L_t = \left(\sum w_{t-1} \frac{P_t}{P_{t-1}} \right) \times L_{t-1}$$

其中，w 为权数，P 为价格，t 与 t-1 表示报告期和报告期的前一期。

（3）省（自治区、直辖市）指数计算。

省（自治区、直辖市）指数根据全省（自治区、直辖市）城市和农村指数按城乡居民人均消费支出金额和人口数加权平均计算。

（4）全国指数计算。

按照各种商品在全国的消费结构计算全国 CPI 指数。全国城市（农村）指数也是从全国的价格调查数据中分离出城市价格调查数据和农村价格调查数据，再按照全国城市 CPI 权重和农村 CPI 权重，计算全国城市（农村）CPI 指数。

2. 选择代表商品与服务

选择代表性的商品和服务是进行指数编制非常关键的一步，所选择的代表商品和服务必须满足如下条件：

1）选中的规格品必须是合格品。

2）消费量（金额）大。

3）价格变动特征与未选中的规格品之间相关性高。

4）代表规格品之间，性质差异较大，且相关性较低。

各省（市、区）可根据当地实际情况决定本地的代表规格品。每年规格品的数量可以适当变动，但一年中变动一般不超过 10 个。

3. 选择调查样本

CPI 指数采用抽样调查方法抽选确定调查网点，按照“定人、定点、定时”的原则，直接派人到调查网点采集原始价格。调查范围涵盖全国 31 个省（区、市）500 个市县、6.3 万余家价格调查点，包括食杂店、百货店、超市、便利店、专业市场、专卖店、购物中心及农贸市场与服务消费单位等。

首先抽选调查市县。将辖区内所有城市以年平均工资从高到低排序，再累加各个城市的常住人口数量，依据所需调查县的数量进行等距抽样，选择调查城市。

其次抽选调查点。将各种类型的商店、农贸市场、服务网点分别以人均销售额、成交额和经营规模进行排序，分别将销售额、成交额和经营规模进行累加计算，依据所需调查点的数量进行等距抽样。

4. 调查规则

（1）统一规格品的价格必须可比。

（2）商品和服务价格必须为实际成交价格。

（3）与居民生活密切相关、价格频繁变动的商品至少每 5 天调查一次。

（4）一般性商品每月调查 2~3 次、工业品每月调查 1~3 次。

（5）水、电及公共交通等政府监管或相对稳定的商品每月或每季度调查一次。

代表规格品的平均价格采用简单算术平均法计算。

5. 权重设置

（1）CPI 的权重根据消费支出确定。居民消费支出的大类、中类和基本分类的权重依次分层计算。大类权重为大类支出额占所有大类支出额总和的比重，中类权重为中类支出额占所在大类支出额的比重，基本分类权重为基本分类支出额占所在中类支出额的比重。

（2）各省（自治区、直辖市）先根据本省（自治区、直辖市）城镇居民家庭生活消费支出调查资料和农村居民家庭生活消费现金支出资料，分别计算本省（自治区、直辖市）城市 CPI 和农村 CPI 的权重，再以此为基础，以城乡人均消费支出金额和人口为权重，加权计算本省（自治区、直辖市）CPI 的权重。

（3）全国 CPI 权重则根据各省（自治区、直辖市）的权重，按各地人均消费支出金额和人口加权计算。

6. 指数行情

2014 年 11 月~2015 年 11 月全国居民消费价格涨跌幅如图 12-1 所示。

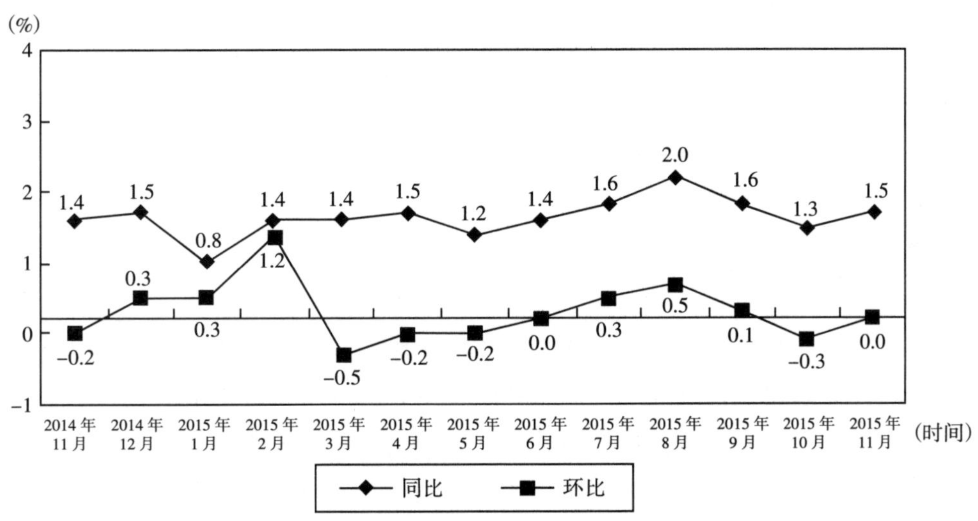

图 12-1 2014 年 11 月~2015 年 11 月全国居民消费价格涨跌幅

资料来源：国家统计局，中国指数研究院综合整理。

2015 年 11 月，全国居民消费价格总水平同比上涨 1.5%，较上月小幅扩大 0.2 个百分点。其中，城市、农村分别上涨 1.5%和 1.3%；食品价格和非食品价格分别上涨 2.3%和 1.1%；消费品价格和服务价格分别上涨 1.2%和 2.1%。环比来看，全国居民消费价格总水平与上月基本持平，其中城市、农村、食品、非食品和消费品价格均与上月持平，服务价格微跌0.1%。

四、指数发布

我国居民消费价格指数每月发布一次，一般在每月上旬由国家统计局进行发布。国家统计局还会发布相关的解读文章。

发布内容包括：各类商品及服务价格同比变化情况、各类商品及服务价格环比变化情况、居民消费价格主要数据三部分。

第二节　生产者价格指数

生产者价格指数（Producer Price Index，PPI）是用来衡量生产领域的商品及服务的价格变动方向和幅度的指数。生产者价格指数的编制最早可以追溯到20世纪30年代，1950年联合国统计委员会出版了《工业生产指数》，对指数的编制方法进行了详细介绍；随后，多个国家开始编制生产者价格指数（以工业生产者价格指数为主）。长期以来各国积累了不少编制经验和技巧，指数的编制也不断优化，但鉴于国情不同，各国的生产者价格指数存在一定差异。

一、指数简介

我国生产者价格指数包括农业生产者价格指数和工业生产者价格指数。前者由农业生产资料价格指数和农产品生产价格指数构成，后者由工业生产者出厂价格指数和工业生产者购进价格指数构成。本节主要介绍工业生产者价格指数。

工业生产者价格指数是工业产品出厂价格和购进价格在一定时期内变动的相对数，能够反映全部工业生产者出厂和购进价格变化趋势和变动幅度。工业生产者出厂价格指数反映了全部工业产品出厂价格总水平的变动趋势和程度，能够观察出厂价格变动对工业总产值的影响。

工业生产者出厂价格指数反映工业企业产品第一次出售时的出厂价格的变化趋势和变动幅度。工业生产者购进价格指数反映工业企业作为中间投入产品的购进价格的变化趋势和变动幅度。

二、指数的作用

PPI通过考察工业产品的出厂价格及购进价格的变化情况，反映工业品的价格变化和通货膨胀水平，为我国进行国民经济核算提供依据，促进政府政策决策的准确性。

1. 衡量通货膨胀

居民消费价格指数主要反映消费端价格变化情况，而生产者价格指数能够反映生产端价格变化情况。两者结合才能够综合反映通货膨胀情况。

2. 国民经济核算

生产者价格指数覆盖了较为广泛的产业和产品，与国民账户系统具有一致性，能够作为国民账户的工业产出和商品输入的平减指数。

3. 指导价值

生产者价格指数的具体信息对公共部门和私人部门有具体的用途，如某类商品价格指数被用作企业间长期购货合同中价格调整的依据。

4. CPI 的先行指标

生产者价格指数衡量企业购买“一揽子”物品和劳务的总费用，由于企业最终要把他们的费用以更高的消费价格转移给消费者，所以通常认为生产者价格指数对预测消费价格指数的变动具有一定的作用。

三、编制方法

1. 计算方法

（1）采用几何平均法计算代表规格品的价格指数 k_i。

$$k_i=\sqrt[n]{k_1\times k_2\times\cdots\times k_n}$$

其中，k_n 为第 n 个企业的规格品价格指数，是报告期的单价除以基期单价。

（2）采用简单算术平均法计算代表产品的价格指数 k_j。

$$K_j=\frac{\sum k_i}{n}$$

其中，K_j 为代表产品的价格指数，k_i 为第 i 个代表规格品的价格，n 为代表规格品的数量。

（3）运用加权算术平均法计算工业品出厂价格总指数 K。

$$K = \frac{\sum k_j w_j}{w_j}$$

其中，k_j 为第 j 个代表产品的价格指数，w_j 为第 j 个代表产品的权数。

用上述方法依次计算各小类行业、中类行业、大类行业及某些特定行业的价格指数。

2. 选择代表产品

工业生产者出厂价格统计调查涵盖 1702 个基本分类的 11000 多种工业产品的价格；工业生产者购进价格统计调查涵盖 900 多个基本分类的 6000 多种工业产品的价格。

选择代表产品对于指数编制非常重要。在选择代表产品时，应严格遵循以下原则：

（1）按工业行业选择代表产品。各个主要工业大类和 90%以上的中类行业，都必须选择足够的代表产品，以使价格指数能够较好地反映各行业工业品价格变化情况。

（2）应选择对国计民生影响较大、销售额较大的产品。

（3）选择价格比较稳定的产品。这是因为一旦被确定为代表品，就要连续调查 5 年，所以应考虑代表商品的稳定性。

（4）选择具有发展前景的产品。尽管部分电子产品、生物产品、高科技产品当期的销售额较小，但它们很有可能在未来一段时间内快速发展。同时，国家明令淘汰或即将被市场淘汰的产品，不应入选代表品行列。

（5）部分具有地方特色的产品，也应被选入代表品行列。

3. 选择代表企业

工业生产者价格调查采取重点调查与典型调查相结合的调查方法。年主营业务收入 2000 万元以上的企业采用重点调查方法；年主营业务收入 2000 万元以下的企业采用典型调查方法。工业生产者价格调查涉及全国 400 多个城市的近 6 万家工业企业。

在选择企业时，应遵循以下原则：

（1）按工业行业选择调查企业，工业行业划分标准的依据是《国民经济行业分类》（GB/T4754—2011），各种类行业原则上都要有代表企业入选调查行列。代表企业在行业间应做到合理分配，不可遗漏，也不能过于集中。

（2）应尽量涵盖所有大型企业，同时也应采用抽样方法适当选择一些中小企业。

（3）选择代表企业时，应选择生产稳定的企业。

（4）选择代表企业时，也应兼顾不同的所有制形式，国有企业、民营企业都应纳入进来。

4. 权重设置

代表产品数量较多，每种产品在工业经济中的地位和作用不同，对总指数的影响程度也不同。根据各种代表产品对总指数的影响程度，设置相应的权重，再使用加权平均法计算生产者价格指数。

工业品出厂价格指数的权重为某工业品销售额占总销售额的比重，原材料购进价格指数的权重是某种物资消耗额占总消耗额的比重。这些数据来源于工业普查数据，若近期没有工业普查数据，则可以用工业统计资料和部门统计资料推算。

权重并非固定不变的，而是 5 年调整一次。如果产品更新换代较快，影响到权重的代表性时，可以及时进行调整。

5. 指数行情

2014 年 11 月~2015 年 11 月全国工业生产者出厂价格涨跌幅如图 12-2 所示。

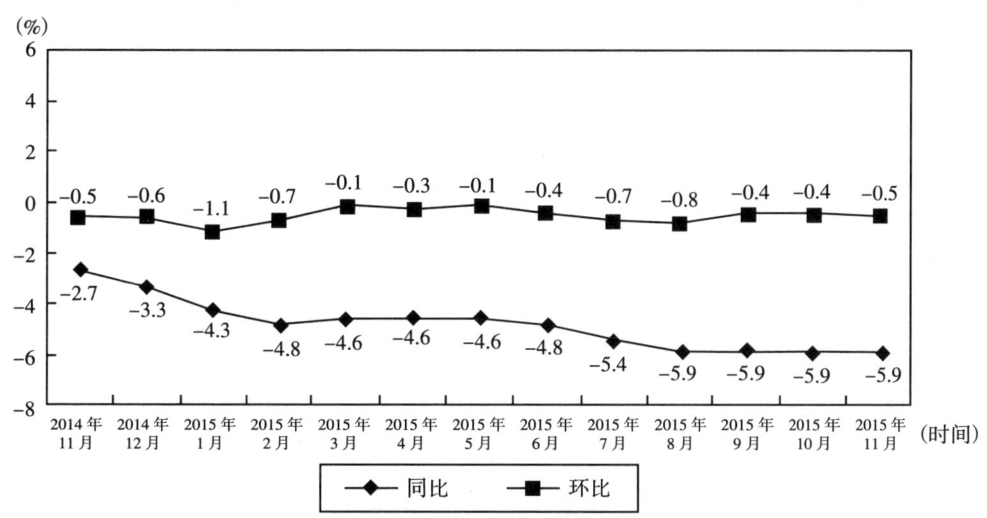

图 12-2　2014 年 11 月~2015 年 11 月全国工业生产者出厂价格涨跌幅

资料来源：国家统计局，中国指数研究院综合整理。

2015 年 11 月，全国工业生产者出厂价格指数环比下降 0.5%，同比下降 5.9%。其中生产资料出厂价格指数环比下降 0.7%，同比下降 7.6%，影响全国工业生产者出厂价格总水平分别下降约 0.5、5.8 个百分点；生活资料出厂价格指数环比下降 0.1%，同比下降 0.4%。

第三节　制造业采购经理指数

一、指数简介

1. 制造业采购经理指数定义

采购经理指数（Purchasing Manager Index，PMI）是通过对企业采购经理的月度调查结果统计汇总、编制而成的指数，它涵盖了企业采购、生产、流通等各个环节，是国际上通用的监测宏观经济走势的先行性指数之一，具有较强的预测、预警作用。PMI 通常以 50%作为经济强弱的分界点，PMI 高于 50%时，反映制造业经济扩张；低于 50%，则反映制造业经济收缩。

2. 制造业采购经理指数架构

制造业采购经理指数涵盖了采购、生产、流通等各个环节，涉及生产、新订单、员工、库存、物流配送等多个方面，指数也分为生产指数、新订单指数、从业人员指数、原材料库存指数、供应商配送时间指数五个分指数，如图 12-3 所示。

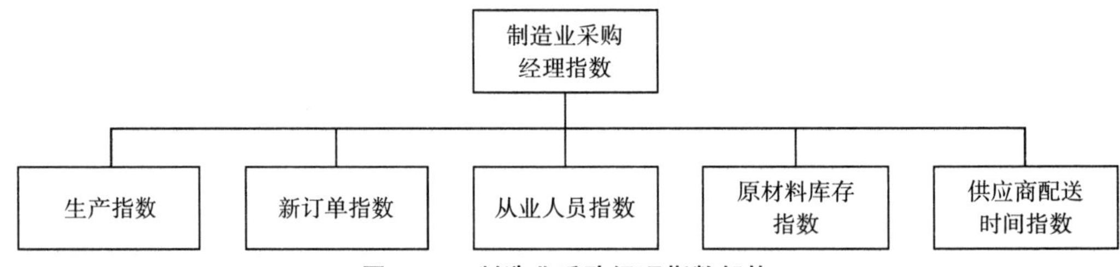

图 12-3　制造业采购经理指数架构

资料来源：国家统计局，中国指数研究院综合整理。

二、指数的作用

1. 反映经济运行状况

制造业采购经理指数的调查数据均来自市场中制造企业的采购经理，他们是活跃在市场一线的群体，他们对当月企业的生产和销售状况比较了解，能够掌握第一手的资料。PMI 的变化情况基本与工业增加值等相关指标高度一致，能够很好地反映当前经济发展状况。经济发展存在高涨与衰退、繁荣与萧条的交替波动，PMI 是准确识别宏观经济周期波动的重要标志，对政府采取合理的调控措施，避免经济波动过大，具有重要作用。

2. 全面掌握行业发展特征

样本选择涵盖了不同行业，对经济贡献度较大的行业样本较多，反之则较少；PMI 还考虑了样本的空间分布，所选择的样本企业均具有足够的地域代表性；另外还考虑企业规模，不同规模的企业均有代表。这样能够减少随机波动带来的误差，准确了解各行业发展状况。

3. 对企业的经营活动具有指导作用

PMI 调查涉及企业生产、采购、库存、销售等多个环节，能够比较全面地反映行业经营状况，对企业实际经营活动具有很强的指导作用，是大规模企业制定战略决策的一个重要参考指标。

三、编制方法

1. 行业选择

制造业采购经理指数所选择的行业为《国民经济行业分类》(GB/T4754—2011) 中制造业的 31 个行业大类 (见表 12-1)。所调查的样本数量自 2013 年 1 月起从原来的 820 家扩充到 3000 家。

表 12-1　制造业采购经理指数行业类别

代码	类别名称	代码	类别名称	代码	类别名称
13	农副食品加工业	24	文教、工美、体育和娱乐用品制造业	35	专业设备制造业
14	食品制造业	25	石油加工、炼焦和核燃料加工业	36	汽车制造业
15	酒、饮料和精制茶制造业	26	化学原料和化学制品制造业	37	铁路、船舶、航空航天和其他交通运输设备制造业
16	烟草制品业	27	医药制造业	38	电器机械和器材制造业
17	纺织业	28	化学纤维制造业	39	计算机、通信和其他电子设备制造业
18	纺织服装、服饰业	29	橡胶和塑料制品业	40	仪器仪表制造业
19	皮革、毛皮、羽毛及其制品和制鞋业	30	非金属矿物制品业	41	其他制造业
20	木材加工和木、竹、藤、棕、草制品业	31	黑色金属冶炼和压延加工业	42	废弃资源综合利用业

续表

代码	类别名称	代码	类别名称	代码	类别名称
21	家具制造业	32	有色金属冶炼和压延加工业	43	金属制品、机械和设备修理业
22	造纸和造纸品业	33	金属制品业		
23	印刷和记录媒介复制业	34	通用设备制造业		

资料来源：国家统计局，中国指数研究院综合整理。

2. 调查方法

制造业采购经理调查采用 PPS（Probability Proportional to Size）抽样方法，以制造业行业大类为层，行业样本量按其增加值占全部制造业增加值的比重分配，层内样本使用与企业主营业务收入成比例的概率抽取。

样本确定后，对每个制造业采购经理发放调查问卷，问卷涉及生产量、新订单、出口订货、现有订货、产成品库存、采购量、进口、购进价格、原材料库存、从业人员、供应商配送时间、生产经营活动预期 12 个问题。

3. 权重设置

PMI 是一个反映制造业总体发展水平的综合指数，由 5 个分类指数加权计算而成。5 个分类指数的权重是依据其对经济的先行影响程度确定的。权重分别为：新订单指数，权数为 30%；生产指数，权数为 25%；从业人员指数，权数为 20%；供应商配送时间指数，权数为 15%；原材料库存指数，权数为 10%。其中，供应商配送时间指数为逆指数，在合成 PMI 综合指数时进行反向运算。

4. 计算方法

问卷填写完毕后，将所有问卷进行整理和录入。对每个问题分别计算分类指数，即正向回答的企业个数百分比加上回答不变的百分比的一半。计算公式为：

$$PMI=\frac{S_{正向}+0.5\times S_{不变}}{S_{总}}$$

其中，$S_{正向}$为正向回答的样本数量，$S_{不变}$为回答不变的样本数量，$S_{总}$为所有参与回答的样本总数量。

例如，本月正向回答的样本数量为 1000，回答不变的样本数量为 1200，样本总数量为 3000 家，那么本月 PMI 为：（1000 + 0.5 × 1200）/3000 = 53.3%，高于临界点。

5. 指数行情

2014 年 11 月~2015 年 11 月中国制造业采购经理指数（经季节调整）如图 12-4 所示。

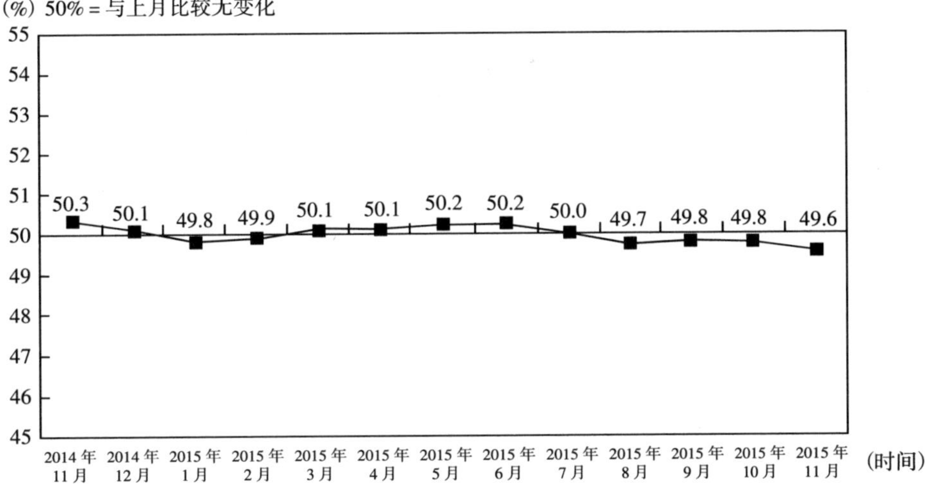

图 12-4　2014 年 11 月~2015 年 11 月中国制造业采购经理指数（经季节调整）

资料来源：国家统计局，中国指数研究院综合整理。

2015 年 11 月，中国制造业采购经理指数为 49.6%，比上月回落 0.2 个百分点。其中，生产指数为 51.9%，高于 50%临界点，表明制造业生产保持增长；新订单指数为 49.8%，比上月下降 0.5 个百分点，制造业市场需求回落；从业人员指数为 47.6%，比上月下降 0.2 个百分点；原材料库存指数为 47.1%，比上月微幅下降 0.1 个百分点，企业采购活动仍不活跃；供应商配送时间指数为 50.6%，高于 50%临界点，供应商交货时间加快。

四、指数发布

制造业采购经理指数为月度调查和发布，由于部分行业受季节性因素影响明显，数据波动较大，发布的指数均需经过季节性调整。

制造业采购经理指数每月第一个工作日由国家统计局对外发布。

第四节　人民币指数

一、指数简介

人民币指数由深圳证券信息有限公司和中央电视台财经频道联合编制发布，客观反映人民币与全球主要货币双边汇率的整体变化情况，表征人民币的综合价值。

该系列指数包括人民币名义有效汇率指数（人民币指数）和人民币实际有效汇率指数（人民币实际指数）。发布时间为 2013 年 11 月 21 日。

二、指数的特点

（1）人民币指数的设计兼顾了公正、透明和可复制性。表现在：1）指数由国家级媒体与专业指数机构联合编制，确保客观公正；2）指数的编制方案向市场完全公开，高度透明；3）指数采用市场公开数据进行计算，可复制验证。

（2）指数选取我国对外贸易和全球外汇交易市场中具有代表性和影响力的货币作为样本货币。

（3）创新性地使用双边贸易额占比和 GDP 占比 1∶1 的方法进行加权，间接实现了对转口贸易、第三国竞争力和国际垂直分工影响的调整。

（4）采用了几何加权方法进行指数计算，与国际惯例保持一致。

三、编制方法

人民币指数的基期为 2010 年 6 月 19 日，基点为 100 点。人民币指数选取美元、欧元、日元、港币、澳大利亚元、加元、英镑、俄罗斯卢布、马来西亚林吉特及新加坡元 10 种货币作为样本，使用双边贸易额占比和 GDP 占比 1∶1 加权。

1. 权重

样本货币的权重依据以下公式进行计算：

$$\omega_i = 50\% \times \frac{Trade_i}{\sum Trade_j} + 50\% \times \frac{GDP_i}{\sum GDP_j}$$

其中，$Trade_i$ 为 i 国与我国的双边贸易总额，计价货币为美元现值，统计数据来源为我国国家统计局，GDP_i 为 i 国的 GDP，计价货币为美元现值，统计数据来源为世界银行。2015 年各样本货币的权重如表 12-2 所示。

表 12-2　2015 年各样本货币的权重

币种	权重（%）
美元	30.96
欧元	24.73
日元	12.73
港币	9.45
澳大利亚元	4.89
英镑	4.65
俄罗斯卢布	4.42
加拿大元	3.32
马来西亚林吉特	2.78
新加坡元	2.07

资料来源：深圳证券信息有限公司，中国指数研究院综合整理。

2. 计算方法

人民币指数采用帕氏加权法，依据下列公式逐日连锁实时计算：

$$EER_t = EER_{t-1} \times \Pi\,(PD_{i,t}/PD_{i,t-1})^{-\omega_i} \times \Pi\,(PI_{j,t}/PI_{j,t-1})^{-\omega_j}$$

其中，EER_t 为当日人民币指数的收盘点位，EER_{t-1} 为上一个交易日人民币指数的收盘点位，$PD_{i,t}$ 和 $PD_{i,t-1}$ 分别为当日和上一个交易日采用直接标价法报价的货币 i 与人民币的汇率价格，$PI_{j,t}$ 和 $PI_{j,t-1}$ 分别为当日和上一个交易日采用简洁标价法报价的货币 j 与人民币的汇率价格，ω_i 和 ω_j 分别为采用直接标价法和间接标价法报价的样本货币权重，满足：

$$\sum \omega_i + \sum \omega_j = 1$$

Π 是指对纳入指数计算的样本货币价格涨跌幅进行连乘。

指数计算中所用到的汇率价格数据选择询价成交价进行计算，若询价交易无成交，而竞价交易有成交，则选择竞价交易成交价格进行计算。若询价交易和竞价交易均无成交，则选择上一交易日的收盘价。在样本货币连续多个交易日无成交等特殊情况下，则采用中国人民银行公布的中间价进行计算。

3. 指数调整

（1）样本货币调整。

1）样本货币入选方法。当银行间市场新增某外币对人民币即期交易时，该币种将在首次进行询价交易或竞价交易的次月纳入指数计算。

入选样本货币的条件：

第一，样本货币所属经济体过去三年在我国双边贸易总额占比均超过 1%。

第二，剔除通货膨胀严重、汇率高度不稳定的币种。

2）样本货币剔除原则。

第一，若样本货币出现终止即期交易的情况，则从终止交易当日起，将该币种从样本货币中剔除。

第二，若出现多种币种变成一个币种或一个币种分解成多个币种的情况，则进行临时调整（可参见权重调整）。

第三，若样本货币所属经济体出现严重的经济危机或通货膨胀，汇率异常波动时，则剔除该样本货币。

（2）权重调整。

1）定期调整。样本货币权重每年随着样本货币定期调整而调整，调整时间为每年 1 月的第一个交易日。

2）临时调整。

第一，当出现样本货币调整时，依据调整后的样本货币构成，重新计算各样本货币的权重。

第二，当样本货币所属经济体的对华贸易规模出现显著变化或其他原因导致其权重发生突变时，将决定是否对权重进行临时调整。

（3）价格平减因子的调整计算。

对于实际有效汇率指数，参与指数计算的汇率价格为经过价格平减因子调整之后的实际汇率价格。

1）采用直接标价法报价的货币，实际汇率价格为货币国 CPI 与中国 CPI 的比值乘以名义汇率价格。

2）采用间接标价法报价的货币，实际汇率价格为中国 CPI 与货币国 CPI 的比值乘以名义汇率价格。

价格平减因子根据各样本货币最新公布的 CPI 数据每季度调整一次，调整时间为每季度的第一个交易日。

第五节　消费者信心指数

消费者信心指数能够反映消费者对当前经济状况和对未来生活状态的预期。它往往是由政府部门编制，定期发布，是消费者对经济生活变化情况的主观感受，这一点与消费者价格指数、生产者价格指数有所区别。

1940 年美国密歇根大学编制了美国消费者信心指数，这是全球最早的消费者信心指数，随后世界各国也都采用类似方法开展信心指数的编制工作，至今世界各主要国家均发布了自己的消费者信心指数。1997 年我国国家统计局开始编制消费者信心指数，2002 年北京市也开始编制北京市消费者信心指数，近几年首都经贸大学和中央财经大学联合中国香港、澳门及台湾的大学定期发布消费者信心指数。目前消费者信心指数已经成为我国经济景气指数体系的重要组成部分，受到各界关注。本节主要介绍北京市消费者信心指数。

一、指数简介

1. 消费者信心指数定义

消费者信心指数（Consumer Confidence Index）是反映消费者信心强弱的指标，它能够综合量化反映消费者对当前经济形势评价及对经济前景、收入水平、收入预期和消费心理状态的主观感受，是预测经济走势和消费趋向的一个先行指标，是监测经济周期变化的重要指标之一。

消费者信心是指消费者根据所在国家或地区的经济发展形势，对于自身相关的就业、收入、物价等问题的综合判断，它是一种对目前经济状况的看法和对未来的预期。

2. 消费者信心指数架构

消费者信心指数是由消费者满意指数和消费者预期指数构成，通过对两者的加权平均计算出信心指数。满意指数是指消费者对当前就业形势、当前家庭收入情况和购买时机的判断，预期指数是指消费者对一段时期内就业形势和家庭收入情况的预期。

满意指数又分为三个分指数：就业状况满意指数、家庭收入状况满意指数、耐用消费品购买时机满意指数；预期指数又分为两个分指数：就业状况预期指数、家庭收入状况预期指数。如图 12-5 所示。

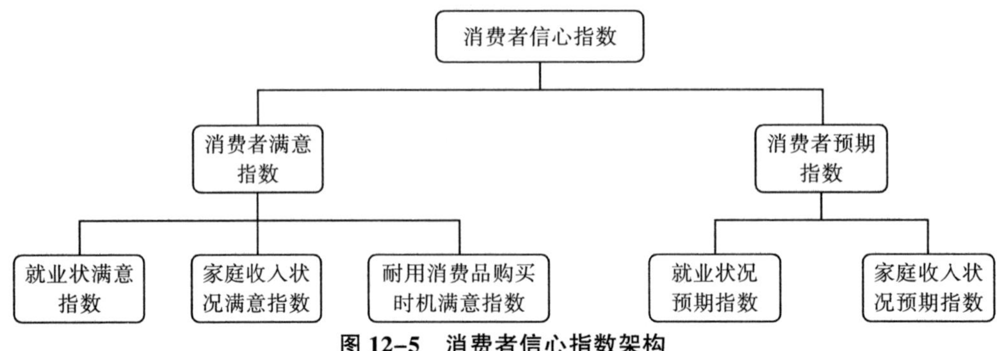

图 12-5　消费者信心指数架构

资料来源：中国指数研究院综合整理。

二、编制方法

1. 样本选择

北京市在全市范围内抽取 2000 个居住半年以上的 18~65 周岁城乡居民作为消费者信心指数的样本。定期通过电话调查的方式，进行分层随机抽样调查。

2. 计算方法

北京市消费者信心指数采用加权平均法进行计算，得出各类指数及综合指数。每期的指数值均介于 0 和 200 之间，100 为指数强弱的临界点。若指数超过 100，表明消费者信心处于强信心区，当数值由 100 趋近 200 时，表明消费者信心逐渐增强；而当指数值小于 100 时，表示消费者信心处于弱信心区，当数值由 100 趋近 0 时，表明消费者信心逐渐减弱。

3. 指数行情

2011 年以来北京消费者信心指数如图 12-6 所示。

2015 年第三季度，北京消费者信心指数为 108.1 点，结束了连续 2 个季度的微幅下降，比上季度提高 0.3 点，高于上年同期 3.1 点。其中，消费者满意指数为 109.5 点，分别比上季度和上年同期提高 0.5 点和 2.4 点；消费者预期指数为 107.2 点，分别比上季度和上年同期提高 0.2 点和 3.6 点。

五项小类指数中，指数上升 4 个，仅家庭收入状况预期指数下降。其中，就业状况满意指数和就业状况预期指数分别较上季度提高 0.9 点和 0.6 点，共拉动总指数上升 0.3 点，是拉动北京消费者信心指数上升的主要因素。

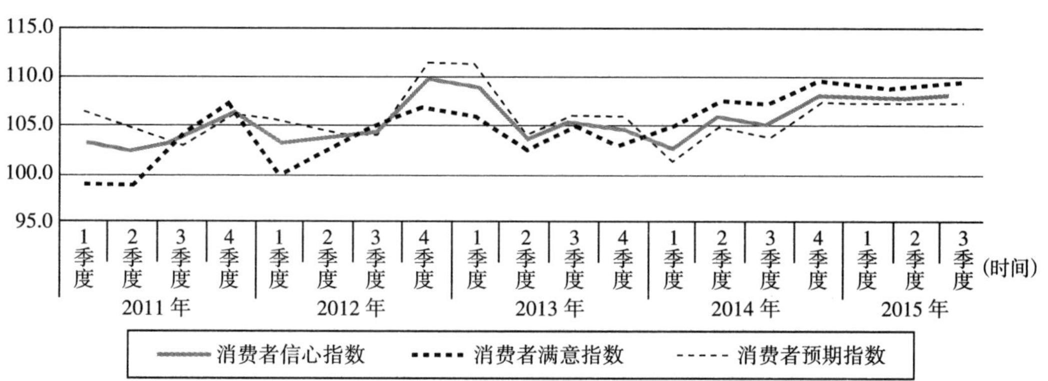

图 12-6　2011 年以来北京消费者信心指数

资料来源：北京市统计局，中国指数研究院综合整理。

三、指数发布

北京消费者信心指数由北京统计局和国家统计局北京调查总队定期开展调查，每季度发布一次。每年 1 月、4 月、7 月、10 月的月初由北京市统计局发布。

第六节　小微企业运行指数

随着我国经济进入“新常态”，国家提出“大众创业、万众创新”的创新模式，小微企业在创新体系中占据重要位置，小微企业的健康发展，事关科技创新力量的培育和成长，事关经济转型和社会发展的全局。

小微企业是我国经济发展的生力军，具有数量多、分布广、规模较小的特点，这也在客观上造成了小微企业的生存状态难以被全面准确地反映出来，给政策扶持、金融支持和配套服务带来制约。

一、指数简介

小微企业运行指数是由经济日报社与中国邮政储蓄银行在 2015 年 5 月联合发布的“经济日报—中国邮政储蓄银行小微企业运行指数”。

小微企业运行指数的覆盖范围是我国的六大区域：东北地区、华北地区、华东地区、西北地区、中南地区、西南地区；调查样本涵盖七大行业：制造业、批发零售业、建筑业、服务业、交通运输业、住宿餐饮业、农林牧渔业；选取了最能够反映小微企业发展状况的八大指标：市场指标、绩效指标、扩张指标、采购指标、风险指标、融资指标、信心指标、成本指标。如图 12–7 所示。

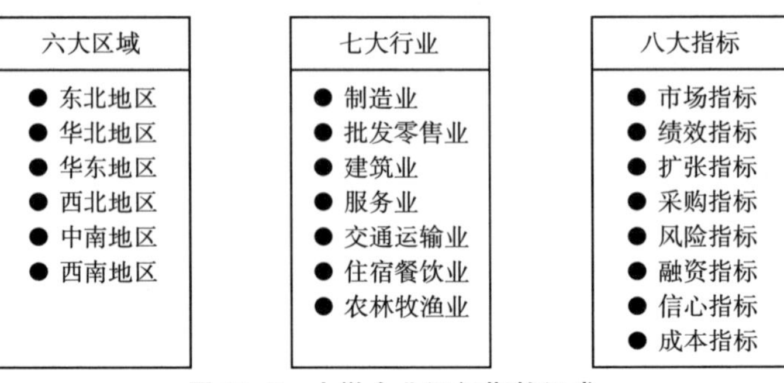

图 12–7 小微企业运行指数组成

二、编制方法

1. 选择样本

样本是编制指数的根本，为了保证样本的代表性，邮政储蓄银行筛选出 3.9 万个实体网店和 3.5 万名信贷经理每月进行定期调查，覆盖全国近 75%的县域地区，每月实际样本抽取数量不少于 2500 户。

2. 调查方法

在进行样本调查时，采用填写调查问卷、入户访谈等调查方法。通过智能化、云计算等新技术手段，将调查问卷和影音实时传输收集，有效提升了数据统计分析效率。

3. 计算方法

所有指标均为正向指标，取值范围为 0~100，50 为临界点，表示一般状态；指数大于 50 时，表示企业情况向好；指数小于 50 时，表示企业情况趋差。风险指数和成本指数都对原始数据进行处理，均已调整为正向指标，指数越大表明情况越好。

小微企业运行指数采用算术平均法：

$$I=\frac{a_1+a_2+\cdots+a_n}{n}$$

其中，a 为指标得分，n 为样本数量。

三、指数发布

每月初，小微企业运行指数由经济日报社和中国邮政储蓄银行发布。

指数内容包括宏观总指数和六大区域、七大行业、八大指标各分项指数。

第七节 海上丝路指数

航运指数综合反映了航运市场在不同时期运力、运价和成本等单一或综合因素的变化趋势和相对程度，是航运市场的“晴雨表”。航运指数按照不同的划分方法可以分为运价型指数、成本型指数、全球型航运指数、地域型运价指数等。我国编制的航运指数主要包括海上丝路指数、中国出口集装箱运价指数、上海出口集装箱运价指数等。

海上丝路指数（Marine Silk Road Index，MSRI）由宁波航运交易所发布，是衡量国际航运和贸易市场行情的综合指数。目前 MSRI 指数包括宁波出口集装箱运价指数（Ningbo Containerized Freight Index，NCFI）和宁波航运经济指数（Ningbo Shipping Economic Index，NSEI）。宁波出口集装箱运价指数包含综合指数和分航线指数，宁波航运经济指数包括航运业景气指数、航运企业信心指数、航运业景气信号灯。海上丝路指数架构如图 12-8 所示。

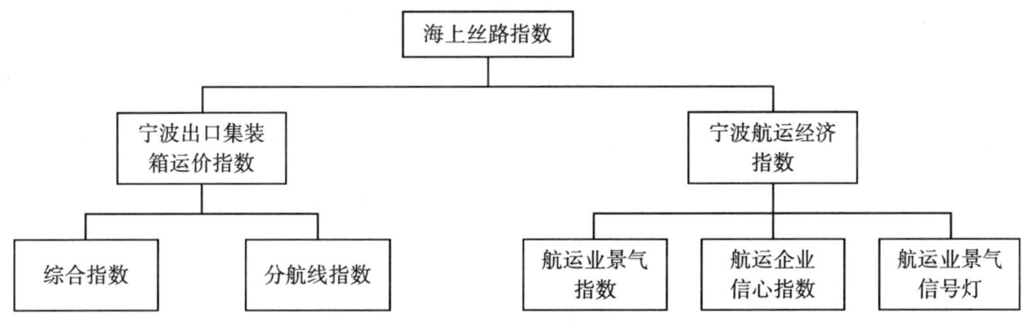

图 12-8 海上丝路指数架构

资料来源：宁波航运交易所，中国指数研究院综合整理。

本节针对宁波出口集装箱运价指数进行详细介绍。

一、指数简介

宁波出口集装箱运价指数是由宁波航运交易所和该运价指数编委会共同研发编制，于 2013 年 9 月 7 日正式对外发布试运行。它客观上反映了从宁波港出口的集装箱货运市场的情况和价格波动趋势，指数架构包括一个综合指数和 21 条分航线指数，分航线指数分别为欧洲、地西（地中海以西）、地东（地中海以东）、黑海、红海、西非、东非、南非、北非、美西、美东、南美西、南美东、中东、印巴、泰越、新马、菲律宾、澳新、日本关西和日本关东航线指数，其中四条具有代表性和国际认可度的航线指数——欧洲、中东、地东和地西航线指数从 2015 年 10 月 23 日起在波罗的海交易所官方网站同时发布，标志着我国航运指数首次得到国际认可。

NCFI 的发布填补了宁波航运指数的空白，对增强宁波航运软实力，提升国际竞争力具有重要意义。

二、编制方法

1. 基期

以 2012 年的第 10 周（2012 年 3 月 3~9 日）为基期，基点为 1000 点。

2. 价格采集

NCFI 编制所需的运价信息从指数编制委员会成员单位采集。编委会成员单位为航线优势明显，在行业内影响力显著，在宁波地区市场份额可观的一级货运代理公司。

3. 指数计算

NCFI 的计算采用了传统的指数计算模型，计算方法如下：

（1）删除异常数据（采用 3σ 原理进行删除）。异常数据是指在指数编制过程中会对结果造成异常影响的数据。

（2）计算平均价格。根据指数计算模型计算各港口不同类型集装箱的平均价格。

（3）计算港口集装箱价格指数。根据各类型集装箱的平均价格和各港口的基点平均价来计算港口集装箱指数。

（4）航线指数计算。将航线贸易量定为权重（动态权重），计算航线指数。

4. 指数行情

2015 年 12 月 19~25 日 NCFI 各指数表现及较上周变化如表 12-3 所示。

表 12-3 2015 年 12 月 19~25 日（周度）NCFI 各指数表现及较上周变化

航线	2015 年 12 月 12~18 日	2015 年 12 月 19~25 日	与上期比涨跌（%）
综合指数	417.54	410.28	-1.74
欧洲	393.17	441.95	12.41
地西	391.84	376.04	-4.03
地东	327.78	286.88	-12.48
黑海	365.53	303.61	-16.94
红海	252.10	260.04	3.15
西非	596.59	613.60	2.85
东非	460.09	455.10	-1.08
南非	505.97	513.92	1.57
北非	449.67	385.73	-14.22
美西	480.55	471.12	-1.96
美东	543.13	533.00	-1.87
南美西	103.27	107.93	4.51
南美东	142.18	140.59	-1.12
中东	224.44	218.54	-2.63
印巴	370.64	353.25	-4.69
泰越	428.15	408.37	-4.62
新马	493.05	463.51	-5.99
菲律宾	526.39	417.03	-20.78
澳新	612.26	576.61	-5.82
日本关西	938.58	886.98	-5.50
日本关东	954.22	894.36	-6.27

资料来源：宁波航运交易所，中国指数研究院综合整理。

从 2015 年 12 月 19~25 日的指数行情来看，NCFI 综合指数为 410.28 点，较上周下跌 1.74%。21 条分航线指数中，5 条航线指数上涨，16 条航线下跌。上涨的航线中，欧洲航线指数上涨 12.41%，涨幅最大；其他航线涨幅均在 5%以内。下跌的航线中，菲律宾航线指数下跌 20.78%，跌幅最大；其次分别为黑海、北非和地东，跌幅均超过 10%。其中黑海航线受市场运输需求增长受限的影响，供求关系出现回落，运价明显下滑。

三、指数发布

NCFI的发布周期为周度，于每周五的16：00（北京时间）由宁波航运交易所对外发布。指数发布日若遇法定节假日则顺延至节假日后第一个工作日发布。

附录一　中国房地产指数系统调查与调查问卷

中国房地产指数系统项目调查表

访员姓名：____________

访问日期：_____月_____日　访问时间：_____：_____至_____：_____

访问地点：____________

受访者个人姓名：____________　　职务：____________

A. 房地产开发项目的基本情况

A1	项目名称				
A2	项目类别	1. 普通住宅　2. 高档公寓　3. 别墅　4. 办公写字楼 5. 宾馆饭店　6. 商业服务用房　7. 其他 ________			
A3	发展商		A4	电话	
A5	代理商		A6	电话	
A7	项目位置		A8	地段等级	
A9	占地面积	平方米	A10	总建筑面积	
A11	开工时间	年月	A12	竣工时间年月	
A13	已竣工面积	平方米	A14	租售时间年月	
A15	施工进度（限未竣工项目填写）	1. 基础工程阶段　2. 地下室　3. 主体砌筑 4. 封顶阶段　5. 内外装修，设备安装 6. 其他（请注明）已获得土地证（未开工）			
A16	总可售面积	平方米	A17	已销售面积	平方米
A18	（其中）预售面积	平方米	A19		平方米

注：首次全面调查请使用 A、B、C、D 四张表，以后每季度调查只使用表 C 和表 D。

B. 该项目该类物业的整体销售情况

	1995年销售价格变动情况	内销				外销			
		成交价（人民币元）		成交量（平方米）		成交价（美元）		成交量（平方米）	
B1	1994年11月	B11		B12		B13		B14	
B2	1995年2月	B21		B22		B23		B24	
B3	1995年5月	B31		B32		B33		B34	
B4	1995年8月	B41		B42		B43		B44	
B5	1995年11月	B51		B52		B53		B54	
	1995年出租价格变动情况	（人民币元/平方米·月）				（美元/平方米·月）			
B6	1994年11月	B61		B62		B63		B64	
B7	1995年2月	B71		B72		B73		B74	
B8	1995年5月	B81		B82		B83		B84	
B9	1995年8月	B91		B92		B93		B94	
B10	1995年11月	B101		B102		B103		B104	

C. 本季度销售情况

				平方米		
出售情况	本季度	报价	C31	美元/平方米	C32	人民币元/平方米
		成交价	C41	美元/平方米	C42	人民币元/平方米
		成交量	C51	平方米	C52	平方米
	上季度	成交价	C61	美元/平方米	C62	人民币元/平方米
		成交量	C71	平方米	C72	平方米
平方米						
出租情况	本季度	租金	C81	美元/平方米	C82	人民币元/平方米
		出租率	C9	%		
	上季度	租金	C101	美元/平方米	C102	人民币元/平方米
		出租率	C11	%		
C12	其他需说明的情况					

D1. 外销房需求主体情况

		比重	注
D1	外销比例		外销占可销售面积的比例
D2	实际外销		占总销售量的比重
D21	其中：个人购买		占实际外销量的比重
D22	集团购买		占实际外销量的比重
D3	其中：港、澳、台地区		占实际外销量的比重
	备注		

D2. 内销房需求主体情况

		所占比重（按销售面积所占比重填写）
D4	本地	
D41	其中：单位购买	
D42	个人购买	
D5	外地	
D51	其中：单位购买	
D52	个人购买	
D53	其他	

调查须知

1. 调查访问对象的选定：项目调查对象最好是代理商中该项目的销售负责人，房地产开发商销售部门的负责人，或其他对项目情况比较熟悉的人员。

2. 调查时间应定为每季度最后一月即每年的 3 月、6 月、9 月、12 月上旬为宜，并以调查该季度中间月即每年的 2 月、5 月、8 月、11 月的售价租金情况为准。

3. 综合类项目按用途类别分别对应填写所占比重及销售和出租情况。例如，某综合楼 1、2 层是商业用房，占 20%；3~5 层为办公用房，占 30%；6~10 层为公寓，占 50%；则分别在表中对应填写。

4. 问卷中有关题目的说明：

（1）报价：以填写基本楼层价为主，若非基本楼层价，请作相应说明及标注，或按惯例标准和扣除相应楼层朝向等非市场因素差价。

例如，某幢住宅共 6 层，2、5 层为基本楼层，报价为 3000 元/平方米，3、4 层相应报价为 3500 元/平方米，两者报价比为 3000/3500 = 6/7。若本期同样的住宅 2、5 层已售完，且这时 3、4 层报价为 3200 元/平方米，则我们可以推算出本期 2、5 层的基本报价为 3200 × 6/7 = 2743 元/平方米，并按之填写。朝向等因素类推。

（2）成交价：以填基本楼层成交价为主，若非基本楼层请按习惯标准扣除差价。例如，2、5 层报价为 3000 元/平方米，3、4 层报价为 3500 元/平方米，本期 3、4 层成交价为 3300 元/平方米，则基本楼层 2、5 层的推算成交价为 3300 × 3300 ÷ 3500 = 2830 元/平方米，并按之填写。朝向等因素类推。

（3）租金：一般是指按使用面积计算的每平方米·每月租金（项目若按建筑面积出租，请注明）。

（4）可租售总面积指项目可以推向市场的租售总面积。

(5) 已租售面积指项目推向市场的面积中已租售的面积。

(6) 出租率指项目已出租面积与总的可出租面积的比重。

5. 表中货币单位外币以美元（$）计，内币以人民币（¥）计，其他货币请注明。

中国房地产指数系统专家调查问卷

一、间接（宏观）指标

1. 您认为当前本地区宏观经济形势对房地产业的发展（　　）。

A. 很有利　　B. 比较有利　　C. 一般　　D. 不太有利

E. 很不利

2. 您认为本地区总体物价水平（　　）。

A. 明显上涨　　B. 略有上涨　　C. 基本平衡　　D. 略有下降

3. 您认为本地的房地产投资环境（　　）。

A. 明显改善　　B. 略有改善　　C. 变化不大　　D. 有所恶化

E. 明显恶化

4. 您对问题 3 做出上述判断的主要依据是（　　）。

A. 政策法规对房地产业的支持程度

B. 税费总额变化

C. 基础设施状况变化

D. 前期工作的时间增减

5. 您认为最近一段时期，房地产的总有效需求（　　）。

A. 明显增多　　B. 略有增多　　C. 没变化　　D. 有所减少

E. 明显减少

6. 您认为最近一段时间，房地产投资者的数量（　　）。

A. 明显增多　　B. 略有增多　　C. 变化不大　　D. 略有减少

E. 明显减少

7. 您认为资金筹集的难度（　　）。

A. 明显增大　　B. 略有增大　　C. 没有变化　　D. 略有减少

E. 明显减少

8. 您认为最近一段时间新开发项目数量和规模（　　）。

A. 明显增加　　B. 略有增加　　C. 变化不大　　D. 略有减少

E. 明显减少

二、直接（微观）指标

	上升幅度				无变化	下降幅度			
	10%以上	6%~10%	3%~6%	1%~3%	±1%	1%~3%	3%~6%	6%~10%	10%以上
（一）出租									
1. 出租情况（出租率）									
2. 租金水平									
（二）销售									
1. 库存商品房总量									
2. 一年以上期房预售量									
3. 总预售量									
4. 普通住宅售价									
5. 商业、服务业用房售价									
6. 办公用房售价									
7. 厂房、仓库售价									
8. 高档物业售价									
（三）成本（平均综合成本）									
1. 单方综合成本									
1.1 土地费用（出让金、拆、补、普通）									
1.2 建安成本（建材、设备）									
1.3 相关税费									
2. 各类物业单方综合成本									
2.1 普通住宅									
2.2 商业、服务业用房									
2.3 办公用房									
2.4 厂房仓库									
2.5 高档物业									

注：表中的变化幅度百分数包括下限，不包括上限。

三、您对未来一定时期房地产形势的预测

1. 您认为未来一定时期总的房地产形势如何（　　）。

A. 看好　　B. 变化不大　　C. 比现在要差　　D. 难以预测

2. 您认为哪类物业会供不应求（可能不止一个答案）（　　）。

A. 住宅　　B. 商服用房　　C. 办公用房　　D. 厂房仓库

E. 高档物业　　F. 综合楼　　G. 都不会

2001 年月度典型指数项目数据调查表

单位盖章：2001 年　月　日

项目名称		编号	
开发商		联系人	
联系电话		传真	
销售套数		销售额	
销售面积		成交均价	
项目动态			
项目市场分析： 开发商可对本典型项目月度或近期的销售与进展进行分析或说明，如热销形势及原因分析、热销户型分析、购房者构成及其青睐本项目的原因、近期推广方式和内容等，以便典型指数分析报告有充分素材对典型项目进行分析			
典型项目新闻/动态： 内容包括工程进展、销售情况、营销举措、重要活动、新闻通报等所有相关信息，由各项目方主动不定时提供，中国房地产指数安排在搜房网 www.soufun.com “典型指数”栏目中报道。希望至少半个月提供一次			
备注： 1. 上表数据由　月　日至　日间统计，请于　月　日上午 12 时前传回 2. 中国房地产指数将按典型项目方意愿对提供的有关数据严格保密 3. 上表中文字叙述部分另附文字稿			
单位名称：中国房地产指数系统/搜房资讯有限公司 联系地址： 邮　　编：100022 联系电话： 传　　真： 联 系 人：			

附录二　1995 年关于对《中国房地产指数系统设计》课题的评审意见

1995 年 9 月 2 日，国务院发展研究中心邀请有关专家学者组成的评审委员会对国务院发展研究中心情报中心、中国房地产开发集团联合承担的课题《中国房地产指数系统设计》所提交的研究报告进行了评审，意见如下：

（1）系统的建立标志着我国房地产信息业的发展上了一个新的台阶。这一研究成果属国内首创，在国际上也处于先进行列。

（2）系统的建立，吸收了指数理论、系统理论、统计理论的研究成果，针对房地产的特点，从我国国情出发，用指数的形式进行城市房地产市场价格的比较分析，开辟了我国对房地产市场进行定量化市场研究的新领域，具有重要的理论意义。该系统的建立，可以比较全面、及时、定量、客观地反映房地产市场的态势和变化轨迹，对监控市场、引导投资、促进房地产业健康发展具有重要的现实意义。

（3）系统包括信息数据库，分城市、分物业的房地产指数矩阵框架结构，数据取得、计算方法都考虑了房地产的特点，系统设计合理，灵敏度高，能综合地反映市场态势。从 1994 年 12 月至 1995 年 8 月试行的效果来看，中房指数已成为各界了解、分析和把握房地产市场态势的重要工具。

评审委员们高度评价了这项研究成果，认为该课题独辟蹊径，勇于探索，理论基础可靠，系统设计完整，操作性强，具有重要的理论和现实意义，已实现了预期目标，予以通过。

评委会同时希望课题组继续努力，把研究成果不断深化并更好地用于我国房地产市场的实践，为此提出以下建议。

（1）不断完善指数的测算方案。该课题研究设计的一整套方案紧密结合了我国目前房地产市场发育程度和市场信息化水平，具有较强的可操作性。随着我国房地产市场的不断发展，指数测算方案应适时研究和调整，以适应变化了的新形式。

（2）积极推广指数运行系统。从试运行看，中房指数显示了较高的应用价值，得到了社会各界的广泛关注。但由于指数目前仅覆盖少数几个城市，且运行时间不长，尚不足以反映全国房地产市场的长期发展动态。建议根据情况，适当加速指数在全国各城市推广，并使指数在各市场的测算定期化、规范化，以更加充分地发挥指数系统的功能，为我国房地产市场的规范化和房地产业的健康发展做出更大的贡献。

国务院发展研究中心学术委员会

1995 年 9 月 2 日

附录三 《中国房地产指数系统设计》课题评审委员会

《中国房地产指数系统设计》课题评审委员会

姓名	工作单位及职务职称	签名
	主任委员	
孙尚清	国务院发展研究中心主任、教授	
	委员	
周干峙	建设部顾问、中国房地产与住宅研究会会长，中科院院士	
厉以宁	北京大学光华工商管理学院院长、教授	
李京文	中国社会科学院数量经济与技术经济所所长、教授	
周叔莲	中国社会科学院研究员	
萧灼基	北京大学经济学院、教授	
沈建忠	建设部房地产业司副司长	
张跃庆	首都经贸大学房地产系主任、教授	
印堃华	上海财经大学房地产经济研究中心主任、教授	

续表

姓名	工作单位及职务职称	签名
冯长春	北京大学不动产研究中心主任、副教授	
柴　强	建设部政研中心房地产研究所所长、副研究员	
季如进	清华大学房地产研究所副所长、副教授	

附录四 《中国房地产指数系统技术改进报告》摘要

一、中国房地产指数系统改进背景

中国房地产指数系统（China Real Estate Index System）是一套以价格指数形式来反映全国各主要城市房地产市场运行状况和发展趋势的指标体系。1994 年由国务院发展研究中心情报中心和中国房地产开发集团共同发起创立，在原建设部副部长杨慎的大力支持和中国房地产协会副会长孟晓苏博士的亲自主持下诞生，并于 1995 年通过国务院发展研究中心主持的最高级别的鉴定。目前，中国房地产指数系统由中国指数研究院负责日常运作，每月发布北京、上海、广州、深圳、天津、重庆、武汉、南京、济南等 10 多个主要大中城市的房地产指数分析报告。

基于 10 年来的市场历练和不断创新，中国房地产指数系统成长为国际国内房地产投资与开发和置业投资的权威依据，被称为中国房地产市场的“晴雨表”和引导投资置业的“风向标”。具体来说，它具有如下特点：①系统设计基于经济学和统计学理论，并参考众多专家的意见，将技术方案与房地产业具体特点相结合；②中国房地产指数系统是一个由各城市分物业组成的严密指数系统，内容完整、统一，各部分之间也能有机地联系起来；③系统同时兼有横、纵向可比性，不仅能在同一时段全面比较各地典型房地产市场情况，而且能在同一房地产市场比较不同时段的发展状况；④数据更新、处理迅速，配合精心设计的计算公式和指标，能及时地反映市场变化；⑤系统不断与外界进行最新的信息交换，这些信息不仅为国家实施宏观调控提供依据，同时也对引导市场行为起到重要作用。

中国房地产指数系统在发展过程中也发现了一些问题，主要表现在：①指数理论框架还需完善。目前中国房地产指数系统的核心理论是拉氏（Laspeyres）指数理论，该理论多用于一般商品价格指数的构建。由于房地产的独特性，基于拉氏理论的价格指数在反映城市房地产市场供求关系等方面需要完善。②指数测算方法缺乏对一些价格影响因素的考虑。中国房地产指数系统运用的拉氏公式采用基期的物业面积为固定权重，而中国房地产在 10 年里已经发生了结构性的变化，这使得反映基期市场结构的权重已逐渐与现期市场结构脱节，指数所反映的房价变化趋势与市场实际情况产生一定距离。另外，物价指数、季节性波动、房地产产品特征等因素对价格指数都会产生一定的影响，而这些影响并没有在指数编制过程中被排除。③部分城市的样本数据有限。中国房地产指数系统在编制房地产价格指数时采用了科学的抽样调查方法，这种方法适用于大部分市场条件较为成熟，房地产项目较多的城市。但对于一些起步较晚的新兴房地产市场，由于房地产项目还不是很多，抽样调查就造成了样本量偏少、各区域和物业类型的样本分布不均匀的问题。

为了完善中国房地产指数系统，更有效地服务于全行业，中国房地产指数系统自 2004 年 1 月起开始进行全面的技术改进。

二、中国房地产指数系统改进措施

（一）理论体系

中国房地产指数系统原有理论体系为拉氏指数理论，该理论需要加强对房地产行业的适用性。基于对国内外指数理论系统的文献回顾，结合中国房地产行业和市场特点，现将中国房地产指数系统理论由拉氏指数理论扩充为以拉氏指数为主，特征价格指数（Hedonic Price Index）理论为辅的结构框架，从而使中国房地产指数系统更加全面地反映中国房地产市场发展状况。

（二）计算方法

在理论体系扩充的同时，中国房地产指数系统也将在计算方法上加以调整和补充。首先，对原中国房地产指数进行基期、物价指数、季节三大方面的调整，重新建立各城市房地产市场的拉氏指数曲线；其次，引入广泛应用于国际房地产市场的特征价格模型（Hedonic Pricing Model），剥离物业特征对房价的影响，得到只受时间影响的纯粹价格指数，形成对中国房地产指数系统的有力补充。本次改进中，中国房地产指数系统以北京、上海、深圳、广州、天津、武汉、重庆、南京、杭州、成都10大城市为试点城市，重点对其住宅指数进行调整，并计算新的特征价格指数。

（三）指标与数据

对一些新兴房地产市场，中国房地产指数系统通过抽样所获得的数据量相对较少，不能满足各种调整方法的需要，如物价指数、季节的调整等。新引入的特征价格指数（Hedonic Pricing Index）对指标设置和数据量方面也提出了更高的要求。为此，中国房地产指数系统在10个试点城市对主要的房地产信息采用全样本收集方法，并结合专家调查问卷和有关政府部门、企业的统计资料，对全样本数据进行复核、修正。在特征价格指数计算方法中，以全样本数据为基础，将影响房地产价格变化的特征变量分为区位、结构、环境和时间四大类，共加入30个指标用于特征价格指数的计算。

三、中国房地产指数系统技术改进成果总结

中国房地产指数系统以北京等10大城市为试点城市，采用以全样本收集为主，有关政府部门、企业的统计资料为辅的方法，在扩充原有数据库内容的同时改善数据库结构。基于全样本数据库，并结合原有的核心理论框架和计算方法，对原系统进行了基期、物价指数和季节三方面的重点调整，重建了各城市的房地产指数曲线。同时，引入广泛应用于国际房地产市场的特征价格模型（Hedonic Pricing Model），剥离物业特征对于房价的影响，得到只受时间影响的纯粹价格指数，形成对中国房地产指数系统的有力补充。改进后的住宅价格指数与特征价格指数，不仅能反映各城市住宅价格的变化趋势及相对关系，有效地提高指数的横、纵向可比性，更能揭示不同市场的供求状况和产品特征对价格变化的影响。2005年以来，以10大城市为代表的长三角、环渤海、珠三角、中西部四大经济区在价格指数上由强到弱，区域分布特征明显。从指数曲线的长期变化看，长三角和中西部地区受供求关系的影响极为明显，需求增长带动住宅价格快速上涨；而环渤海和珠三角地区受供求影响相对较小，价格涨幅稳定在中低水平。随市场不断规范，居民和投资者对房地产的价值会有一个更为合理的预期，投资需求减弱而居民购房自住的有效需求仍然稳定。

附录五　关于对《中国房地产指数系统技术改进》成果的鉴定意见

2004 年 1 月至 2005 年 6 月，中国指数研究院对运营 10 年的中国房地产指数系统进行了全面回顾，并根据国际、国内房地产市场分析研究体系的最新发展和要求，对中国房地产指数系统进行了全面的技术改进。2005 年 6 月 25 日中国指数研究院邀请有关专家学者组成鉴定委员会，对《中国房地产指数系统技术改进成果》进行了鉴定，意见如下。

（1）改进的方法及方向是完全正确的，改进后的中国房地产指数不仅可以比较全面、及时、定量、客观地反映房地产市场的态势和变化轨迹，对监控市场、引导投资、促进房地产业健康发展具有重要的现实意义，同时为正确制定房地产政策提供了一种科学的决策依据。

（2）系统原有理论框架得到扩展。在吸收了国内外指数理论、统计理论的基础上，结合中国房地产行业和市场特点，中国房地产指数系统由拉氏指数理论扩充为以拉氏指数为主，特征价格指数（Hedonic Price Index）理论为辅的理论框架，增强了该系统对于房地产行业的适用性，更全面地反映中国房地产市场发展状况，并逐步与国际接轨。

（3）系统测算方法增加了对基期及价格影响因素的研究和调整。根据对北京、上海等 10 个城市的指数计算结果来看：①新的基期设置合理，根据新基期重新计算的指数所反映的房价变化趋势切合市场实际情况；②排除物价、季节性波动对价格指数的影响，改进结果符合我国房地产市场不断发展的现实状况，增强了指数系统的深度分析力；③特征价格模型的应用，剥离了物业特征对房价的影响，反映只受时间影响的纯粹价格变化，对中国房地产指数系统形成了有力的补充。

（4）系统采用以全样本收集为主、有关政府部门、企业的统计资料为辅的方法，将需调查的数据项扩充至区位、结构、环境、时间四大类共 30 个指标，不仅丰富了原有数据库的内容，更有效地改善了数据库结构。数据处理合理，解决多元变量之间相关性和共线性的问题。

鉴定委员们一致认为，此次改进在以往指数成果的基础上，勇于创新，理论基础更牢固，测算方法更科学，数据支持更完善，在中国房地产市场受到全球高度关注的今天，具有重要的现实意义。

鉴定委员会希望负责中国房地产指数系统日常运作的中国指数研究院，能以此次技术改进为契机，再接再厉，不断深化和完善指数系统，共同推动中国房地产行业的健康发展。具体提出建议如下：

（1）适当加速指数的地域性拓展。由于目前指数覆盖的城市多为直辖市或副省级的大城市，且在区域分布上较为集中，还不足以反映中国房地产市场的整体发展状况。委员们建议，可以适当选择一些经济发达地区的中等城市和经济不发达地区的大城市，加速指数的地域性推广，并形成规范化的定期成果，以充分利用指数系统及时、客观的优势，为全国及各地区房地产市场的健康发展提供量化支持。

（2）积极推进指数的纵深发展。目前，指数系统已经很好地应用于城市的住宅物业，而由于样本量少，数据较难获得等原因，商业物业和写字楼这两类分物业指数还比较欠缺。委员们建议，建立总指数与区域指数，探讨级差地租对指数的影响。以北京、上海等超大型城市为试点，将城市划分为内城、中间、外城来考虑各区域的基准价格。多方位、多层次地反映城市房地产市场变化。

《中国房地产指数系统技术改进成果》专家鉴定委员会

2005 年 6 月 25 日

附录六 《中国房地产指数系统技术改进成果》专家鉴定委员会

《中国房地产指数系统技术改进成果》专家鉴定委员会

姓名	工作单位及职务、职称	专家签名
冯长春	北京大学不动产研究鉴定中心主任、教授、博士生导师	
李京文	中国工程院院士、中国社会科学院学术委员会委员、教授、博士生导师	
李伏安	中国银行业监督管理委员会政策法规部副主任、博士生导师	
刘洪玉	清华大学房地产研究所所长、教授、博士生导师	
陈小洪	国务院发展研究中心企业所所长、研究员	
孟晓苏	中国房地产协会副会长	
杨　慎	中国房地产协会会长	
胡存智	国土资源部土地规划司司长	
秦　虹	建设部政策研究中心副主任	
贾　海	国家统计局固定资产投资司副司长	
柴　强	中国房地产估价师学会常务副会长兼秘书长、博士生导师	
谢伏瞻	国务院发展研究中心副主任、研究员	
谢家瑾	建设部总经济师、住宅与房地产业司司长	

附录七　关于“中证房天下大数据指数”的评审意见

2015 年 9 月 11 日，中国指数研究院、中证指数有限公司和博时基金“中证房天下大数据指数”研究组，邀请有关专家组成评审委员会，对该项研究进行了评审。评审委员会听取了指数编制研究成果汇报，经质询与认真讨论，形成以下评审意见。

（1）“中证房天下大数据指数”是我国首只与金融相结合的房地产大数据指数，填补了行业空白，促进我国房地产行业指数研究和应用再上新台阶。该指数的研制对探索我国房地产行业发展的客观规律、提高资本市场房地产板块走势预判的科学性和准确性具有较大的现实意义，对于完善充实中国房地产指数系统有重大作用。

（2）“中证房天下大数据指数”充分借鉴国内外相关理论研究，密切结合中国房地产行业运行特点，充分运用中国房地产指数系统数据，吸收了其他指数系统研究的成果，将大数据因子引入指数成份股选取的过程中，由此构建的模型不仅能反映行业运行态势，也能全面体现市场主体的情绪，据此选取的股票更具代表性，研究成果更具有科学性、先进性、系统性、准确性。

（3）“中证房天下大数据指数”模型基于土地储备情况、房屋销售情况、市场去化情况等指标对房地产上市公司业绩进行预测，并与企业股价走势进行拟合，测试结果表明这些指标与股价相关性较强。同时结合综合财务、市场驱动因子，共同选取指数成份股，使指数整体运行表现良好。

“中证房天下大数据指数”研究成果具有创新性和实用价值，开拓了房地产与金融研究新方向，同意研究成果通过评审。

希望研究组继续努力，将研究成果不断完善并对下一步改进提出以下建议：

（1）不断完善选股指标。根据指数的运行需要，选股指标应适时调整，以适应新的发展形势，使通过其选取的股票能更准确反映行业与资本市场走势。

（2）逐步稳定成份股数量。随着房地产市场不断发展，房地产企业逐步进入成熟阶段，未来该指数应继续探索研究，使成份股数量逐渐趋于稳定。

（3）加强与金融资本市场的创新融合。在该大数据指数基础上，结合具体情况，将该指数研究方法延伸到其他相关领域，进一步扩展指数覆盖领域，为中国社会经济发挥更积极的作用。

“中证房天下大数据指数”评审委员会

2015 年 9 月 11 日

附录八　“中证房天下大数据指数”评审委员会

“中证房天下大数据指数”评审委员会

姓名	工作单位及职务职称	签名
	主席	
孟晓苏	中国企业投资协会副会长、中国房地产开发集团理事长	
	委员	
卜永祥	中国人民银行金融研究所副所长	
柴　强	中国房地产估价师与房地产经纪人学会副会长兼秘书长	
陈小洪	原国务院发展研究中心企业研究所所长	
冯长春	北京大学不动产研究鉴定中心主任	
胡存智	中国土地估价师协会常务副会长、原国土资源部副部长	
贾　海	国家统计局投资司司长	
顾　林	中国银行总行托管部副总经理	
李伏安	渤海银行党委书记、原中国银监会业务创新监管协作部主任	

续表

姓名	工作单位及职务职称	签名
李俊波	国家统计局投资司副司长	
李京文	中国技术经济学家及数量经济学家、中国工程院院士	
刘洪玉	清华大学房地产研究所所长	
秦　虹	住房和城乡建设部政策研究中心主任	
任兴洲	国务院发展研究中心市场经济研究所所长	
沈建忠	中国物业管理协会会长、原住房和城乡建设部房地产市场监管司司长	
谢家瑾	原住房和城乡建设部总经济师	
张　涛	中国人民银行条法司司长	
周金涛	中信建投证券首席经济学家	

2015 年 9 月 11 日

参考文献

[1] 安宁. 我国股票价格指数投资功能研究 [D]. 西安：陕西师范大学硕士学位论文，2011.

[2] 博时基金管理有限公司. 博时裕富沪深 300 指数证券投资基金更新招募说明书 2015 年第 2 号 [Z]. 2015.

[3] 曹凤岐，姜华东. 中国发展股指期货研究 [J]. 北京大学学报（哲学社会科学版），2003（11）.

[4] [英] 查尔斯·M. 萨克里弗. 股指期货（第三版）[M]. 李飞，黄栋译. 北京：中国青年出版社，2008.

[5] 崔小龙. 美国股票市场金融指数波动对我国股票市场的实证分析 [D]. 长春：吉林大学硕士学位论文，2009.

[6] 杜金富等. 价格指数理论与实务 [M]. 北京：中国金融出版社，2014.

[7] 葛勇，叶德磊. 我国开展股指期货交易对现货市场波动性的影响 [J]. 金融理论与实践，2008（7）.

[8] 国世平，吉洁. 我国房地产价格与股票价格指数的关联性研究 [J]. 深圳大学学报（人文社会科学版），2012（9）.

[9] 韩嘉骏. 价格指数理论与实践 [M]. 北京：中国发展出版社，1992.

[10] 好买私募基金网. 好买·中国对冲基金指数介绍. http：//simu.howbuy.com/hedgefundindex.htm.

[11] 贺亮华. 沪深 300 指数期货与新华富时 A50 指数期货的价格发现研究 [D]. 长沙：湖南大学硕士学位论文，2011.

[12] 华仁海，刘庆富. 股指期货与股指现货市场间的价格发现能力探究 [J]. 数量经济技术经济研究，2010（10）.

[13] 冀燕彬. 债券指数编制的若干问题 [J]. 国际金融，2003（3）.

[14] 康跃，田新民. 指数化投资：理论与实务 [M]. 北京：首都经济贸易大

学出版社，2005.

［15］刘建辉. 对我国股价指数编制方法的探讨［J］. 财经理论与实践，2000（3）.

［16］刘俊山. 债券指数的编制及比较［J］. 中国货币市场，2009（11）.

［17］刘爽. 中国债券指数的编制及其投资应用研究［D］. 南京：南京理工大学硕士学位论文，2008.

［18］马骥. 指数化投资［M］. 北京：经济科学出版社，2006.

［19］南方基金管理有限公司. 南方中证 50 债券指数证券投资基金（LOF）招募说明书（更新）［Z］. 2015.

［20］宁波航运交易所. 宁波出口集装箱运价指数. http：//www.msri.cn/ncfi.

［21］欧洲期货交易所. 欧洲期货交易所股票和股票指数衍生产品交易策略［M］. 北京：中信出版社，2004.

［22］上海证券交易所研究中心. 上证研究指数专辑［M］. 上海：复旦大学出版社，2003.

［23］深圳证券信息有限公司，中国基金报，上海证券有限责任公司. 中国开放式主动管理基金系列指数编制方案［Z］. 2015.

［24］深圳证券信息有限公司. 国证上市基金系列指数编制方案［Z］. 2015.

［25］深圳证券信息有限公司. 人民币指数编制方案［Z］. 2013.

［26］深圳证券信息有限公司. 深证乐富基金系列指数编制方案［Z］. 2014.

［27］生意社. 大宗商品供需指数. http：//info.texnet.com.cn/test/zt/industry/bci/.

［28］孙清岩. 股票价格指数编制：理论、方法与创新［M］. 大连：东北财经大学出版社，2010.

［29］孙清岩. 新股上市计入指数的时间选择及测算方法［J］. 财经问题研究，2010（3）.

［30］檀向球. 全国统一指数及指数期货［M］. 上海：上海财经大学出版社，2002.

［31］唐衍伟，陈刚. 股票指数衍生工具［M］. 北京：科学出版社，2009.

［32］王诚诚. 对我国开展股指期货的探讨［J］. 商业研究，2001（9）.

［33］王健真. 经济指数方法论问题［M］. 北京：农村读物出版社，1986.

［34］王立民，薛雅嘉，朱晓慧. 世界股票市场统一指数设计与应用研究——对亚、美、欧三地区股票价格指数为样本的分析［J］. 北京科技大学学报（社会科学版），2012（3）.

[35] 王婷，倪志毅. 沪深两市基金指数协整性分析 [J]. 武汉金融，2006 (4).

[36] 王振民. 股票市场价格指数编制问题研究 [D]. 苏州：苏州大学硕士学位论文，2014.

[37] 魏文生. 浅析股指期货对我国股票市场的影响及对策 [J]. 经济研究导刊，2010 (17).

[38] 吴强. 看透指数：10 天造就长线、短线高手 [M]. 北京：经济科学出版社，2008.

[39] 伍超标. 统计指数的随机方法及其应用 [M]. 北京：中国统计出版社，2000.

[40] 伍旭. PPI：当前我国通货膨胀的现行指标——基于 PPI 引导 CPI 变动的研究 [D]. 广州：暨南大学硕士学位论文，2008.

[41] 肖禄梅. 沪深 300 指数及股指期货的研究 [D]. 北京：对外经济贸易大学硕士学位论文，2007.

[42] 谢贤高. 指数基金投资价值研究 [D]. 武汉：武汉大学硕士学位论文，2005.

[43] 徐国祥，吴泽智. 金融指数产品创新及其风险控制研究 [M]. 上海：上海财经大学出版社，2005.

[44] 徐国祥，吴泽智. 我国证券市场债券指数编制及其实证研究 [J]. 统计研究，2003 (4).

[45] 徐国祥. 基金价格指数研究 [J]. 统计研究，1999.

[46] 徐国祥. 统计指数理论及应用 [M]. 北京：中国统计出版社，2004.

[47] 叶湘榕. 基金指数化冷思考 [J]. 江苏商论，2004 (1).

[48] 叶永刚. 股票价格指数期货 [M]. 武汉：武汉大学出版社，2004.

[49] 义乌·中国小商品价格指数. http：//www.ywindex.com/cisweb/.

[50] 岳国明. 股指期货的境内外上市对网购股票市场的影响研究 [D]. 济南：山东财经大学硕士学位论文，2012.

[51] 中国金融期货交易所. 沪深 300 指数期货合约表. http：//www.cffex.com.cn/sspz/hs300/hy/.

[52] 中国金融期货交易所. 上证 50 指数期货合约表. http：//www.cffex.com.cn/sspz/sz50/hyb/.

[53] 中国金融期货交易所. 中证 500 指数期货合约表. http：//www.cffex.

com.cn/sspz/zz500/hy/.

［54］中国流通产业网. 中国大宗商品价格指数. http：//www.chncpi.com/.

［55］中国外汇交易中心. 银行间债券指数系列编制说明，http：//www.chinamoney.com.cn/fe/Channel/18217.

［56］中国指数研究院. 中国房地产顾客满意度指数系统理论与实践（第二版）［M］. 北京：经济管理出版社，2012.

［57］中国指数研究院. 中国房地产指数系统理论与实践（第二版）［M］. 北京：经济管理出版社，2005.

［58］中央国债登记结算有限责任公司. 中债—总指数编制方案［Z］. 2014.

［59］中证指数有限公司. 中证基金指数系列编制方案［Z］. 2008.

［60］中证指数有限公司. 中证全债指数编制规则［Z］. 2007.

［61］中证指数有限公司. 中证上市分级基金指数系列编制方案［Z］. 2013.

［62］中证指数有限公司. 中证债券型基金指数系列编制方案［Z］. 2015.

［63］周佳芮. 基金指数影响因素的数量分析［J］. 经济管理者，2011（6）.

［64］周丽晖. 中国居民消费价格指数的有关问题研究［D］. 成都：西南财经大学硕士学位论文，2006.

［65］左浩苗. 韩国股指期货市场的发展经验及启示［J］. 苏州：商场现代化，2006（8）.

［66］中央国债登记结算有限责任公司：中债指数编制说明，http：//www.chinabond.com.cn/jsp/include/CB_CN/cb-data/bzsm.jsp?ly=zs&sid=19873894.

［67］中国香港交易所：恒生指数期权合约概要，http：//www.hkex.com.hk/chi/prod/drprod/hkifo/options_c.htm.

［68］Bailey Martin J.，Muth Richard F.，Nourse Hugh O.，A Regression Method for Real Estate Price Index Construction［J］. Journal of the American Statistical Association，1963（18）.

［69］Case B.，Quigley John M.，The Dynamics of Real Estate Prices［J］. Review of Economics & Statistics，1991（73）.

［70］Case Karl E.，Shiller Robert J. Prices of Single-family Homes Since 1970：New Indexes for Four Cities［J］. New England Economic Review，1987（2）.

［71］CME Group Inc. S&P/Case-Shiller Home Price Composite Index Futures Final Settlement Procedure［Z］. June，2012.

［72］CME Group Inc. S&P/Case-Shiller Home Price Index Futures Daily Settlement Procedure [Z]. June, 2012.

[73] CME Group Inc. S&P/Case-Shiller Home Price Index Futures Final Settlement Procedure [Z]. June, 2012.

[74] CME Group Inc. S&P/Case-Shiller Home Price Indices Futures and Options [Z]. 2006.

[75] Eurex. IPD UK Annual All Property Index Futures-The Future of Property Investment [Z]. 2009.

[76] Eurex. Property Index Futures: Introduction of IPD UK Annual All Property Index Futures [Z]. January, 2009.

[77] Griliches Z. Price Indexes and Quality Change, Studies in New Methods of Measurement [M]. Price Statistics Committee Federal Reserve Board, Cambridge. Harvard University Press, 1971.

[78] Hang Seng Indexes Company Limited, Hang Seng REIT Index: Index Methodology, September, 2011.

[79] Hedge Fund Research, Inc., HFRI Hedge Fund Indices Defined Formulaic Methodology, 2014.

[80] Hill R.C., Knight J.R., Sirmans C.F. Estimating Capital Asset Price Indexes [J]. Review of Economics & Statistics, 1997 (79).

[81] Housing & Development Board. Improved HDB Resale Price Index [Z]. December, 2014.

[82] Housing & Development Board. Revision of HDB Resale Price Index (RPI) [Z]. December, 2014.

[83] HSBC Bank, Factsheet. Asian Local Bond Index (ALBI), December, 2013.

[84] Irving Fisher. The Purchasing Power of Money: its Determination and Relation to Credit, Interest and Crises [M]. New York: The Macmillan company, 1911, 1922 2nd edition.

[85] Merrill Lynch. HK Residential Property Indices Compared [Z]. December, 2007.

[86] Merrill Lynch. UK Residential Property Indices Compared and Contrasted [Z]. November, 2007.

[87] MSCI INC., MSCI Global Investable Market Indexes Methodology, July

2015.

[88] MSCI INC., MSCI US REIT Index Methodology, June 2015.

[89] Nationwide Building Society. Nationwide House Price Index Methodology [Z]. June, 2014.

[90] Rosen S. Hedonic Prices and Implicit Markets: Product Differentiation in Pure Competition [J]. Journal of Political Economy, 1974, 82 (1).

[91] S&P Dow Jones Indices LLC. S&P/Case-Shiller Home Price Indices Methodology [Z]. February, 2015.

[92] S&P Dow Jones Indices LLC. Technical Adjustment and Revision of Composite Index Weights For S&P/Case-Shiller Home Price Indices [Z]. May, 2014.

[93] Sun Hung Kai & Co. Limited and Sun Hung Kai Financial, ABN AMRO, GFI Colliers and The University of Hong Kong, Sun Hung Kai Financial and ABN AMRO Pioneer First Asian Property Derivative, Hong Kong, February, 2007.

[94] The Baltic Exchange, 宁波航运交易所 Ningbo Containerised Freight Index-an Overview. 2015.

[95] The University of Hong Kong. Index Construction Method for The University of Hong Kong All Residential Price Index (HKU-ARPI) [Z]. November, 2006.